함석헌평화연구소 시리즈 제6집

민중의 정치 미학

지은이	황보윤식 외
초판	2022년 5월 12일

펴낸이	배용하
책임편집	배용하
교열교정	김대식
등록	제364-2008-000013호
펴낸곳	도서출판 비공
	www.daejanggan.org
등록한곳	충남 논산시 매죽헌로 1176번길 8-54
대표전화	전화 041-742-1424 전송 0303-0959-1424
분류	사회과학	정치	민중
ISBN	979-11-976109-4-3 03340

 값15,000원

함석헌평화연구소 시리즈 제6집

민중의 정치미학

"상상한다는 것은 존재한다는 믿음"

차 / 례

한국의 새로운 정치를 위한 역사적 전망

"대한민국의 미래는 어떤 사회여야 할까"라는 생각을 담은 서민 여러분들의 '쪽배 글'들을 모아 책을 내 봅니다. 하얀 쪽배가 은하수를 건너는 것을 보며 사람들이 즐거워하듯 우리의 쪽배 글들이 대한민국 푸른 창공을 나르는 모습을 보고 모두가 기쁨과 희망을 보았으면 하는 기대를 해봅니다. 이 책은 함석헌 선생님의 평화사상을 세상에 펴고자 그의 평화사상과 상호부조주의를 연구하는 젊은 학자들이 모여 만든 단체《함석헌평화연구소》에서 기획하고 도서출반 비공에서 기꺼이 출판하겠다는 의지가 모여 만들어진 책입니다. 우리 연구소 편집진에서 저더러 머리글을 써 달라고 하여 몇 자 적어 봅니다.

우리나라 최고 기본 헌법 제1조 제1항에 보면, "대한민국은 민주공화국이다."라고 되어 있습니다. 민주공화국이라는 말은 좋은 민중정치를 바탕으로 세습 왕정이 아닌 나라 사람의 손으로 통치자를 뽑는 공화국이라는 뜻입니다. 우리나라는 1945년 분단형 해방을 맞고 미점령군 군정을 거쳐, 분단국가 대한민국 민주공화국을 세웠습니다. 8.15 나라를 세운 이후 오늘날까지 70여 년이 흘러왔습니다. 그렇지만 나라 사람이 사람답게 사는 세상을 만나본 세월은 그리 많지 않습니다. 염화적 권력욕에 찌든 개인 독재자에 의한 권력 장악 기간이 무려 절반 이상이나 됩니다. 게다가 부도덕한 주류들이 권력을 잡은 기간이 또 10년 이나 됩니다. 그러니까 도덕적 양심의 주류를 이루는 통치자가 권력을 잡은 기간은 15년 정도밖에 안 된다는 뜻입니다. 역사에서 보면 세상이 바르게 가는 데 걸리는 시간은 적어도 50년 이상이 됩니다. 아직도 더 많은 시간을 양심적인 도덕적 주류들이 대한민국을 이끌고 가야 한다는 이야기가 됩니다.

우리나라는 부패한 정치꾼과 타락한 언론계에서 대한민국의 정치 성향을 보수와 진보로 가름을 하고 있습니다. 이러한 구분기준은 크게 잘못입니다. 우리나라는 정치 성향을 가지고 결코 보수다, 진보다를 가를 수 있는 그런 사회 분위기가 전혀 조성되어 있지 못합니다. 영토가 이념에 의해 남북으로 갈라져 있기 때문입니다. 대한민국은 자본주의 경제체제를 가지고 있고 북조선은 공산주의 경제체제를 가지고 있습니다. 대한민국에 자유주의적 자본주의 경제질서라는 이념이 상존하는 한 대한민국 사람은 결코 공산주의 경제체제를 상상조차 할 수 없습니다. 따라서 한국 땅에는 공산주의자친북좌빨세력가 있을 수 없습니다. 강제된 이념만 있는데 어찌 좌파=친북=통일지향=진보, 우파=반공=분단고수=보수라는 이항대립의 구분이 있을 수 있겠는지요. 하여 글쓴이는 절대 대한민국에서는 진보와 보수라는 분류기준은 존재할 수 없다고 봅니다.

다만 오늘날까지 대한민국에서 존재하고 있는 정치 색깔은 보수와 진보가 아닌, 도덕적 양심을 가지고 있는 세력과 비양심적 부도덕한 주류만이 존재한다고 봅니다. 부도덕한 주류가 통치세력이 되었을 때 한국 사회는 '기득권층의 이익'만을 위해 정치가 진행되었습니다. 그리고 도덕적 양심 세력이 통치권력을 가지고 있을 때는 대한민국의 정치는 부족은 하였지만, 전체 국민의 이익을 위해 진행되었다고 봅니다. 사회적 약자를 위한 정치가 이루어졌다는 뜻입니다. 복지국가로 도약도 했다는 뜻입니다. 이러한 이항적 두 부류에 대하여 다시 민주주의와 민중정치로 나누어 설명해 볼 수 있습니다.

그리스의 민중정치인 데모크라시democracy라는 용어를 일본 학자들이 민주주의로 번역하였습니다. 이는 오역입니다. 데모크라시는 그리스어의 군중/시민을 뜻하는 데모스demos와 권력/지배/통치를 뜻하는 크라토스kratos의 모음글자입니다. 곧 '민인/민중의 권력', 또는 '민인/민중에 의한 지배/통치'를 뜻합니다. 따라서 데모크라시는 민중정치, 또는 대중정치로 번역함이 맞습니다. 유럽의 데모크라시의 알짬은 민인/인민의 저항에 있습니다. 유럽에서 탄생하는 민중정치는 민인의 권리와 자유를 억압하는 엘리트 권력에 대한 저항의 역사 속에서 만들어집니다. 곧 민중정치는 엘리트 귀족의 권력 독점에 대한 반대 투쟁을 통해 성취되었습니다. 엘리트 권력귀족과 독재에 대한 저항과 투쟁이 없다면 그것은 민중정치가 아닙니다. 데모크라시=민중정치란 자유롭고 평등한 시민의 자율적 정치형태를 말합니다. 곧 데모크라시는 정치이념이 아닙니다. 민인/인민 모두가 자유롭고 평등하다는 원리를 바탕으로 "민중이 필요로 하는 민중의 대표가 통치하고 나머지 민중이 통치를 받는" 정치형태를 말하는 용어입니다. 이러한 데모크라시의 원리를 정치 이데올로기인 민주주의로 번역한 것은 잘못입니다. 그러면 일제가 왜 민중정치를 민주주의로 오역하여 유통을 시켰을까. 그것은 일본제국주의라는 시대분위기에서 알 수 있습니다.

한자어의 민주民主의 원래 뜻은 군주王가 '민의 주인'이라는 뜻이었습니다. 이런 뜻을 갖고 있는 민주의 개념을 일제의 학자들이 그대로 인용하였다고 봅니다. 곧 일왕이 일본 '인민民의 주인主'이라는 뜻입니다. 그러니까 "민인이 주권을 갖는 정치", "대중/민중이 직접 하는 정치"라는 의미의 민중정치를 일제 어용학자들은 "일제왕主人에게 충실한 국민民"이라는 곧, 일왕이 일본 국민의 주인民主이라는 뜻으로 왜곡하여 유통시켰습니다. 그리고 민주라는 단어 뒤에 붙인 주의主義라는 말의 뜻은 "의로움義를 주主로 한다"는 뜻입니다. 主義 이 또한 원뜻을 ism주의/가르침으로 왜곡하였습니다. 따라서 일제가 유럽의 근대사조인 데모크라시democracy 민중정치와 리즘ism 주의를 엉뚱하게 합성하여 민주+주의라고 왜곡하였습니다. 곧 '국민의 주인이 가르치는 정치'라는 뜻이 민주주의입니다. 데모크라시민중정치를 굳이 정치사상으로 바꾸려면, '민권주의', 또는 '민본주의'가 바른 번역이 되리라 봅니다.

왜 이런 이야기를 하느냐 하면, 대한민국이 세워진 이후 부도덕한 개인독재 권력들이 통치권력을 장악하였을 때는 데모크라시가 '독재권력이 민중을 지도한다'는 뜻의 민주주의가 되었지만, 도덕적 양심 주류가 통치자가 되었을 때의 한국은 진정한 데모크라시, 곧 민중정치로 실현되는 사회였다는 뜻입니다. 이제 한국 사회는 당 독재와 개인 독재에 의한 민주주의 사회가 아닌 진정한 '민중에 의한 민중의, 민중을 위한' 민중정치 사회로 돌아가야 한다는 뜻입니다. 기득권층이 권력을 장악하면 민중정치는 요원합니다. 그것은 나라 전체의 이익이 아닌 잘 먹고 잘 사는 기득권층만을 위한 정치가 되기 때문입니다. 도덕적 주류가 통치자로 나올 때, 사회적 약자 편에 서서 정책을 펼 수 있다고 봅니다.

이분법적 설명이 되겠습니다만, 우리 사회는 기득권층과 사회적 약자층 두 부류로 나누어져 있다고 볼 수 있습니다. 이러한 이항대립적 구도는 부도덕한 주류들이 자신들의 이익만을 강조한 나머지 생긴 필연적 결과입니다. 기득권층은, 반평화통일=반민중세력=반환경적=불평등세력으로 분류가 됩니다. 그리고 사회적 약자는, 기득권층과는 정반대의 인식을 가지고 있습니다. 곧 통일지향적=민중친화적=정의사회적=환경친화적=평등사회 지향으로 분류가 됩니다. 그래서 부도덕한 주류에서 통치자가 나오면 기득권층의 이익을 옹호하는 입장에서만 정책을 수행하게 될 것이고, 도덕적 양심 주류가 통치자가 되면 사회적 약자를 옹호하는 입장에서 정책을 수행하게 되리라 봅니다. 이야기를 마쳐야겠습니다.

이 책이 나올 수 있게 옥고을 보내주신 필자 여러분께 깊은 감사를 드립니다. 어려운 시간을 내어 귀한 생각을 글로 써서 보내주심에 다시 한 번 고마움을 드립니다. 그리고 이 책이 나오기까지 마음과 수고를 해주신 분들이 있습니다. 함석헌평화연구소의 부소장인 김대식 박사입니다. 그리고 많은 조언을 아끼지 않은 안전시민사회연대 대표인 최창우님입니다. 감사를 드립니다. 그리고 이 책의 출판을 기꺼이 받아주신 도서출판 비공의 편집진에 고마운 마음을 전합니다

2022년 3월 4일 함석헌평화연구소 황보윤식 배상

대한민국, 이렇게 바꿔야 되지 않겠는가.

황보윤식 / 함석헌학회 공동학회장·함석헌평화연구소 소장

정치하는 사람은 인격이 바르게 된 자라야 한다

함석헌 선생님은 우리 사회 지도층 인사들의 말의 행태에 대하여 다음과 같이 말씀하셨다. "말이야 무슨 말을 하거나, 생각이야 무슨 생각을 가졌거나, 그것 때문에 같이 살지 못하는 것은 없다는 것이 민중의 맘씨다. 말과 생각 때문에 사람을 차별하고 죽이는 것은 학자·사상가·도덕가, 특히 정치다. 그들은 힘써 이름을 내세우고 명분을 주장하지만, 사실 그들이야말로 염치없다. 더럽다. 타락이다. 업신여기면서도 그 손에서 얻어먹고 그 행렬에 끼어가지 않나? 말은 지도라 하지만, 사실은 따라가는 것이다. 정치가가 민중을 이끌어가는 것이 아니라 무지한 민중이 나라를 이끌어 간다."〈새나라 꿈틀거림〉, 함석헌 저작집 제3집 《새나라 꿈틀거림》, 66쪽

이 말을 되새겨 본다. 나라를 이끌어 가는 것은 민중이지, 지도자가 아니다. 민중은 말과 생각에서 서로 차별을 두지 않는다. 이러한 차별 없는 말과 생각을 민중의 평등성이라고 한다. 그러나 데모크라시民衆政治 사회에서 지도층 인사라고 자칭하는 학자·사상가·도덕가·정치가들은 말과 생각에서 차별을 나타낸다. 불평등한 차별적 사고를 가졌기 때문이다. 이들은 결코 나라를 이끌어 가는 자들이 아닌데도 마치 자신들이 나라를 이끌어 간다고 생각한다. 그리고는 민중들과 자신의 말과 생각이 다르면 민중을 감옥에 가두고 심지어는 죽인다. 그

중 하나가 국가보안법이 아니었던가.

정치지도자는 '참'이어야 한다

함석헌 선생님은 또 다음과 같은 말을 했다. "이날까지 모든 영웅, 모든 사회경륜가, 모든 자칭 지도자, 혁명가들이 내세운 표어가 '목적을 위해서는 수단을 가리지 않는다.' '목적은 수단을 정당하게 만든다.'여서 그것으로 민중을 속이고 그 지지를 얻으려 했지만 그것이 참이 아닌 이상 어찌 오래 갈 수 있을 것인가….민중은 모든 혁명의 원동력이 되면서 결과는 늘 일부 특권자에게 뺏기고 속아왔다." 또 "이날까지 모든 혁명가 중 압박자로 타락하지 않은 경우가 없고 모든 지도자 중 협잡꾼으로 떨어져 들어가지 않은 경우가 없다."《함석헌저작집》4, 민중이 정부를 다스려야 한다. 한길사, 2007, 111쪽

다가오는 3월 9일이면 20대 정치지도자를 뽑았다. 다 아는 바와 같이, 여러 명이 말을 타고 달렸다. 큰 정당 출신 2명이 준마를 타고 앞서거니 뒤서거니 하며 달렸다. 그 뒤를 이어 소수정당의 후보들이 뒤섞여 나름의 명마들을 타고 달렸다. 그러나 인간의 육상경주에서 이미 1등이 정해져 있듯이, 이번 대선 경주에서도 1등은 이미 정해져 있다.사전 여론조사에 의해 다만 육상경주에서 세계신기록을 깨는 변수가 나오듯이 이번 대선에서도 1등이 바뀔 수도 있다. 그러나 그것은 변수일 뿐이다. 육상경주가 그렇듯이, 1등과 2등이 다투는 경주에서 나머지 후보들은 들러리일 뿐이다. 만약 들러리들이 없다면 경주는 재미가 없다. 둘이 뛰는 육상경주보다 7명이 뛰는 육상경주가 TV화면에 제맛을 제공하기 때문이다. 마찬가지로 이번 대선 경주에서 2명만 알짜고 나머지는 들러리이거나 명예를 얻고자 할 뿐이다. 이게 정당정치, 민주정치의 맹점이다. 그래서 정치 세계에서 고쳐야 할 것은 정당제도, 선거제도, 다수결원칙이라는 생각이다.

육상경주는 특별한 재주를 빼고는 일체 자신의 신체적 조건만 가지고 뛴다. 즉 깨끗한 경주라는 거다. 그러나 정치판에서 총선 및 대선 경주는 대중의 지지에서 1등을 하여야만 대권을 차지할 수 있다. 육상경주에서는 관중의 지지나 응원이 없어도 무관하지만, 정치판 선거는 꼭 지지자/응원꾼이 있어야 한다. 그래서 육상경기와 달리 선거 레이스는 지지자를 모으기 위해목적 자신의 정치적 소신과 나라 발전과 나라 사람들의 삶의 행복을 위한 정책수단을 유권자에게 제시한다. 그래서 나라 사람들이 어떤 정책을 많이 좋아하는지에 따라 지지도가 높아지게 되고 지지도가 많은 자가 1등이 된다. 이 1등만이 대권을 쥘 수 있다. 이게 오늘날 데모크라시민중정치를 하고 있는 자유주의 진영의 선거 원리다.

앞에서 선수들이 선거 레이스에서 1등이 되기 위해목적 나라 사람들에게 던지는 정책수단이 있다고 하였다. 이 정책은 1등이 되기 위한 수단이다. 그런데 대부분 대선 레이스에서 유력한 후보들이 취하고 있는 수단이 대체로 눈속임이라는 게 문제다. 1등이 되기 위해 육상선수가 약물을 복용하는 경우가 있다. 그것은 속이는 짓이다. 나쁜 행위다. 그래서 그것이 적발되면, 육상선수에게서 메달을 박탈하고 징벌을 내린다. 정정당당하지 못했다는 뜻이다. 그런데 오늘날 한국 정치판의 경우는 안타깝다. 역대 대선주자들을 보면 1등이 되기 위해 거짓된 수단을 총동원하여 유권자의 귀를 청소해 주고 권력을 장악해 왔다. 그리고 대권을 장악한 뒤에는 선거유세 기간 동안 약속한 정책들이 거의 거짓으로 드러나는 경우가 많다. 그런데 문제는 그 거짓 공약수단이 들통이 나도 처벌을 못 한다는 게 문제다. 이명박, 박근혜의 경우가 대표적이다. 이번 20대 정치지도자 선거를 위한 경주에서도 일부 후보들이 행하고 있는 수단이 잘못되었다는 생각이 든다. 그 중에서 전혀 이념을 달리하는 사람들을 마구잡이식으로 제 편으로 만들고 있다. 이것은 1등이라는 목적을 위해 동원하는 수단 중, 깨끗한 수단이 아니라는 생각이 든다. 그 인물 동원에 나서는 사람들을 보면, 참으로 어처구니없는 사람들이 많다. 곧 이것은 육상선수의 약물복용과 같다. 부도덕한 주류들이 아직도 권력을 잡으려고 수단과 방법을 가리지 않고 있다. 함석헌의 말마따나 이것은 참이 아니다.

새 혁명을 할 때다

진정한 정치지도자는 누구여야 하나 함석헌이 이런 말을 했다. "우리는 이제 다시 새 혁명을 시작해야 한다. 이미 결과가 어떠할지 뻔히 내다뵈는 더러운 정치 지도자 선거전에 정신을 뺏기지 말고". "우리가 야당을 지지하려 한 것은 반드시 그 인물들이 여당 사람보다 나아서는 아니었다. 인물을 말하자면야 가두의 판결문 그대로 '그놈이 그놈이지' 별 다를 것이 없다. 그보다도 우리가 보는 점은 그 취하는 노선에 있다. 그 의지하는 제도에 있다.《함석헌저작집》4 민중이 정부를 다스려야 한다, 105쪽

"앞으로 혁명은 있고 또 있을 수밖에 없다. 절대로 얼어 죽는 놈의 마지막 순간 같이 주저 않아서는 아니 된다. 우주선이 제 속에서 폭발하는 힘의 반동으로 별의 세계를 달리듯이 민중의 끊임없는 자기혁신에 의해서만 역사는 나아갈 수 있다. 무사주의 태평주의를 선전하는 독재자의 말에 속아서는 아니 된다."같은 책, 110쪽

이 글은 1963년 제5대 대통령선거가 있을 때 함석헌이 한 말이다. 박정희는 5.16쿠데타[1961]를 일으킨 다음, 민정 이양을 한다는 약속을 어기고, 권력욕에 불타, 사전에 김종필로 하여금 공화당을 창당케 한 다음 군복을 벗고 대통령에 출마하였다. 골수 친일파 군인으로부터 시작해서 이승만 독재까지 평생 군인으로 산 사람이 군복만 벗었다고 하여 그 머릿속에 있는 골수 친일적 사고를 지닌 군

인정신이 어디 가나. 그래서 함석헌이 기가 막혀 한 말이다.

박정희가 살았던 일제침략시대로 가보자. 일제는 1910년부터 무단정치를 자행한다. 이에 식민지조선인의 반발과 함께 독립운동이 일어나게 되었다. 그러자 일제는 문화정치라는 근사한 허울을 쓰고 더 악독한 식민지 탄압정책을 자행하였다. 무단정치 시절보다 문화정치 시절에 식민지한국인의 고통이 더 컸다는 것은 '역사적 사실'에서 잘 알 수 있다. 일제침략 시절, 황국신민을 자처하고 "천황폐하 만세"라는 혈서까지 썼던 박정희가 배운 것이 무엇이던가. 그는 일제가 한국인을 기만했던 방법을 똑같이 활용하였다. 한국의 대통령이 된 박정희는 쿠데타 군정 시기보다 민정 시기에 더 지독한 인권탄압과 독재를 자행하였다. 우리는 이것을 잘 알고 있다. 지금도 글쓴이를 포함하여 그 피해자들이 생존해 있다. 그리고 일제가 영구적인 한국식민화를 노렸듯이 박정희도 영구총통제를 노렸다. 그러다가 일제가 자기모순에 의해 연합군에게 패망하듯 박정희도 정권 내부의 자기모순에 의하여 자기 부하에게 총탄을 맞고 비극을 맞았다.

이렇듯 사람은 어느 시대에 어떤 태도로 살았느냐가 중요하다. 곧 자기가 살았던 시대에 어떻게 행동하였느냐가 중요하다. 일제하에서 친일행각을 한 사람이 대통령이라는 권력을 잡더니 결국 일제가 한국인을 두들겨 패는 통치방식과 똑같은 방식으로 제 국민을 때려잡았다. 그리고 일제가 식민지한국인의 온갖 것을 빼앗아 갔듯이 제 이익 챙기기에 급급했다. 그것이 오늘날, 정경유착의 발생, 재벌독재의 성장, 빈부양극화의 심화로 나타나 이제까지 이어오고 있다. 그는 또 영구통치를 위하여 민족분단을 악용하였다. 7.4남북공동성명 영구적 민족분단의 전착화와 영구적 유신총통제 음모였다. 그러나 박정희 독재 하에서 민주화운동을 하였고 민족통일을 저해하는 정권과 싸웠던 사람 김대중이 대통령이 되었을 때는 박정희의 통치방식과 전혀 달랐다. 우리 정치에서 독재적 요소를 제거하였다. 곧 민중정치로 나아갔다. 그리고 민족통일을 지향하였다. 게다가 무너져가던 국가경제를 반석에 올려놓았다. 파쇼자본주의를 무너트리고 대중참여경제로 돌려놓았다.

그렇다면, 20대 대선을 향해 말을 타고 달려왔던 대통령 후보들이 어느 시대에 살면서 어떤 행동을 했느냐를 살펴보아야 한다. 유력한 두 여야 후보 두 사람을 비교해 볼 때, 상당히 대조적이다. 한 사람은 배반의 논리를 가진 독재자 타입이고, 또 한 사람은 반독재운동을 하였던 사람이다. 누가 이 나라와 나라 사람에게 필요한 사람인지를 판단할 수 있는 판단기준이 되리라는 생각이었다. 그러나 우리는 잘못된 선택을 했다.

대통령/정치인은 최소한의 양심을 가져야 한다

대한민국은 김영삼과 김대중을 빼고는 대통령직을 그만두면 죄다 쫓겨나거나 격살을 당하거나 감옥에 갔다. 매우 슬픈 일이다. 왜 이런 일이 일어났을까. 그것은 대통령이 최소한의 양심조차 없었기 때문으로 보인다. 대한민국은 일제식민지에서 분단형 해방이 된 후, 삼권분립형 통치제도를 도입하였다. 그런데 질이 안 좋은 대통령들이 나와 이러한 제도를 묵살하였다. 이승만, 박정희, 전두환, 박근혜 등 반민주독재자들이 그들이다. 이들은 삼권분립을 명시한 헌법을 유린하였다. 그래서 사법과 입법이 모두 행정에 예속되고 대통령은 무소불위無所不爲의 독재권력을 행사하였다. 이 탓으로 이 나라는 민중정치데모크라시가 지체되었다. 인간의 기본권인 인권이 유린되었다. 그리고 근대화조차도 완성을 보지 못한 채 오늘에 이르고 있다. 그리고는 약간의 좋은 세월이 조금 있었다. 김대중, 노무현 등이 나왔을 때다. 그런데 2007년, 돈만 좇는 우민愚民들이 독재권력의 정치적 혈통을 물려받은 대통령을 뽑았다. 권력도 나쁘게 퇴화하는 사실을 여기서 본다. 뚱딴지같은 파쇼자본주의의 뒤를 이은 '자본적 권력독재'가 생겼다. 그리고 유신혈통이 뒤를 이었다. 자본적 권력독재들은 민족배반적, 민생파탄적, 환경파괴적 정치, 그리고 미국에 대한 자발적 종살이를 자처했다. 이 나라에 대한, 이 민족에 대한, 이 국민에 대한, 하늘에 대한 최소한의 양심조차 없었다. '천안함 기만' 세월호 참사 등, 반통일적, 반인륜적 정책으로 한반도에 신냉전체제와 비인간적 사회를 만들었다. 이 민족이 그토록 애써 노력해 왔던 '통일민족'의 길, 평화민족의 길을 강물에 내던졌다. 북조선 동포를 돕자고 내놓은 봉하마을의 '북한 수재민돕기 봉화쌀'도 반출을 봉쇄하였다. 이게 사람이 할 짓인가.

또 우리나라는 물 부족국가가 아니다. 그리고 교통망이 세계에서 제일 발달된 나라다. 그런데 웬 운하? 지금이 조선시대처럼 세금稅金을 배로 나르는 시대인가. 4대강을 시멘트로 멱살잡이를 했다. 이 때문에 조국산천의 모든 게 죽게 생겼다. 강물도 죽고, 바다도 죽는다. 민물고기도, 바다 고기도 죽는다. 한반도 역사도 죽는다. 여기에 도깨비 같은 성냥불한미FTA을 국민들에게 던졌다. 큰일 났다. 불똥이 튄다. 가난뱅이는 더욱 가난해서, 가난하다 못해 죽게 생겼다. 식량주권/식량평화도 포기되었다. 이제 농민들도 다 죽게 생겼다. 몸이 아파도 갈 병원에 없다. 돈이 없기 때문이다. 서민들, 병에 걸리면 큰일 난다. 이제부터 미국에 대한 자발적 식민지, 자발적 종살이를 할 판이다. 그뿐 아니다. 4대강 삽질로 강물과 사람이 죽는다고 아우성인 이 마당에 우리 땅덩어리도 수난의 소리가 들린다. 제주 강정마을 이야기다. 여기에 해군군사기지를 만든다. 강정마을 해안에서는 선사시대부터 조선시대의 유물이 엄청 쏟아져 나온다. 그래서 정부문화재청 스스로 지도의 이곳에 녹색표시를 했다. 녹색은 그 어떤 공사나 개발도 못 한다는 표시다. 그리고 강정마을 앞바다는 유네스코에서 지정한 생물권보전지역이다. 그런데 이명박 정부는 이를 무시하고 여기다 다이나마이트를 터트렸다. 게다가 이상한 소문까지 들린다. 강정마을 해군기지가 완성되고 나면 미국해군이 거저 사용하게 된다는 소문이다. 지금 미국은 중국과 동북아시아에서 군사적 패권을 다투고 있다. 왜 남 싸움에 우리가 껴드는지 모르겠다. 말리지는 못할망정.

한마디 더 하자. 이명박의 제왕적 독재 압력으로 자유언론이 봉쇄되었다. 그래서 수구언론조선, 동아, 중앙일보만 활개를 친다. 여기에 조·중·동의 종편綜合編成; 케이블 TV의 채널 종류까지 등장하였다. 이 때문에 우리는 알 것을 모르고 산다. 모두가 거짓과 속임에 놀아나고 있다. 이른바 가짜 뉴스가 창궐하고 있다. "아니면, 말구"라는 식이다. 역사교과서도 엉터리로 고친다. 일제식민지가 있었기에 우리가 잘 살게 되었다고 한다. 게다가 학생들도 잡아 족치고 있다. 전국적 일제고사다. 성장기에 있는 학생들을 마음껏 뛰어 놀게는 하지 못할망정, 웬 시험스트레스. 이 나라 사람들을 모두 경쟁사회에다 집어넣을 모양이다. 이 모두가 최소한의 양심도 없는 사람들이 권력을 장악해 왔기 때문이다. 우리는 여기서 부도덕한 주류들이 통치권력을 잡아서는 안 된다는 역사적 교훈을 얻는다. 법치만 알고 인문주의를 모르는 자들이 통치권력을 잡을까. 피눈물로 호소해 본다. '자본적 권력독재'의 정치적 혈통을 물려받은 사람과 법치만 알고 인문주의는 생각지도 않는 사람이 정치지도자가 되어서는 안 된다는 것을.

이제는 민주주의가 아닌 민중정치를 해야 한다

근대의 시작은 백성 대신 시민이 국가의 주체로 인식되는 시기다. 그래서 시민들이 시민혁명을 일으켜, 전제왕정을 폐지하고 공화국을 만들어냈다. 이러한 역사적 진행은 서구에서 시작되었다. 그리고 아시아, 우리 한반도에도 파급이 되었다. 뒤늦게 민주공화정을 하고 있는 대한민국이지만 자랑스럽게도 다른 아시아 국가들보다 진보적 정치발전을 거듭해 왔다는 사실이다. 이웃 선진국이라는 일본보다도 더욱 정치발전이 진화되어 왔다. 바로 3.15마산기의1960와 4.18, 4.19학생시민혁명기의1960, 그리고 5.18광주시민기의1980, 5.3인천시민기의1986, 6.10학생시민기의1987 등이다. 이의 영향으로 일본보다 앞서 당 독재와 개인독재를 뿌리치고 민주정부를 수립하였다. 그러나 불행하게도 먹는 것만 찾는 항민恒民, 외세친화적 수구세력들의 바보스런 투표 장난으로 기만적인 '자본적 권력 독재자'들이 통령으로 들어와 진화적 정치발전이 두 세 걸음 뒷걸음치는 세상을 만나게 되었다.

대한민국 사람들은 세계에서 가장 훌륭한 민주시민의 역량을 가지고 있다. 우리나라 민인들처럼 성숙한 시민의식, 공공선을 추구하는 민중의식을 가지고 있는 나라 사람도 없다. 그러나 정치판에 있는 정치꾼들은 대한민국 민인들 정치 수준의 발꿈치도 따라가지 못하고 있다. 대한민국은 세계 최초의 비폭력 '촛불혁명기의'를 일으킨 나라다. 이러한 대한민국의 수준 높은 시민들의 정치의식을 세계 어느 나라도 따라갈 나라가 없다. 평화적 '촛불혁명기의'는 이제 정치적 권력보다 상위에 존재하는 민중의 힘입니다. 이 촛불집회/촛불혁명의 주도세력은 사회적 약자다. 대한민국의 사회적 약자는 부도덕한 주류수골세력들이 자기 이권 챙기기 정책 탓으로 한없이 사회 밑바닥으로 추락해 내려간 사람들이다. 권력에 의해 강제된 약자들이 촛불집회나 촛불혁명 등 민중기의를 주도하는 것은 구제도의 낡은 틀을 깨고 권력의 수평적 행사, 재부의 평균적 분배, 인격의 평등적 권리, 문화의 균형적 소유가 이루어지는 새로운 사회를 만들고 싶은 희망 때문이다. 그러나 정치권력자들은 아직도 이를 내몰라라 하고 있다. 그래서 대한민국 사회를 바꿔야 한다는 소리가 나오는 이유다.

사람이 변해야 나라가 산다

함석헌이 이런 말을 했다. "아침에 모처에서 '너무 자극적인 말을 하지 말게 하라'는 애기를 전해 왔습니다. 대단히 섭섭한 말입니다. 자극은 밖에서 오는 게 아니라 인에 있는 것입니다. 여러분은 알아야 합니다. 우리의 정치가 부패하고 무능한 것을 고치는 사람은 바로 우리들 자신이라는 것을. 〈누구 믿을 때 아니다〉,《함석헌저작집》12, 한길사, 2009, 149-153쪽

함석헌의 말마따나, 세상을 변화시키는 것은 민중이다. 2022년과 함께 시작되는 새 시대는, 변하는 게 있어야 한다. 해방 이후 독재권력, 부패정권으로부터 강제된 사회적 약자들의 억울함을 풀어주어야 한다. 곧 부의 분배를 통한 창조적 복지정책이 이루어져야 한다는 생각이다. 그래서 억울하게 강제된 사회적 약자가 행복하게 살 수 있는 대한민국이 되어야 한다. 대한민국이 약자의 신분을 부여받은 것은 미국과 굴종된 외교관계로부터 시작된다. 먼저 우리 국민들은 미국과 맺은 현대판 '을사조약'으로부터 벗어나야 한다. 우리는 미국 자신들의 국익 때문에 너무나 많은 희생을 강요당해 왔다. 분단형 해방, '6.25국제이념전쟁과 양민학살', '반공이데올로기와 민족분단', '미국의 내정간섭과 독재부패권력의 재생산', '친미정권과 수많은 인재의 희생', '각종 불평등협약과 경제약탈', '알량한 한미동맹과 외교권 박탈' 등이 바로 그것이다. 지금도 끊임없이 물고 물리는 미국과의 불평등한 공법체제 때문에 한국의 국익은 희생당하고 있다. 이제라도 불평등 공법체제인 미국과의 제반 협정의 폐기, 주체외교의 확립, 한반도에서 미군의 완전 철수, 해외공관의 대대적인 개편과 인적 수술을 해야 할 때라고 본다.

이에 따라, 대한민국이 첫 번째로 세워야 할 국책은 '주체외교'의 확립이다. 지금 우리 사회는 미국에 대한 자발적 노예근성을 가진 자들을 빼고는 놀라울

정도로 반미적 정서가 폭넓게 확산되어 있다. 그리하여 한미혈맹 등 친미적 정서가 지금까지 독재정권과 부패권력들에 의해 강요되고 조작된 노예적 사고였다는 사실을 알게 되었다. 이 때문에 우리의 국익이 그 동안 엄청나게 손실을 입어 왔다는 것도 안다. 그런데 아직도 대한민국의 정치꾼들이 국민의 의식을 따라잡지 못하고 미국과의 불평등한 노예적 외교관계에서 헤집고 나오지 못한다면 그것은 대한민국이 자기모순에 빠지는 일이 된다. 우리 외교의 기조가 주체외교인지, 종속외교인지 따질 때가 되었다.

두 번째, 우리 세대의 당면과제는 조국통일이다. 아니면 남북이 국경을 헐고 수교를 하는 일이다. 미국에 대하여 남한공동체 사회는 상대적 약자다. 이제부터는 자발적 식민지인의 발상을 버리고 남북문제를 주체적으로 해결해야 한다. 먼저 북핵北核: 북조선의 핵 보유와 개발문제에 대하여 미국의 입장이 아닌 남한의 자주적 처지에서 초연하게 해결해야 한다. 미국이 한반도에 MD체제를 구축하여 가상 적에 대비한다고 하지만 그 가상 적이 북조선인 한 우리는 자주적이지 못하다. 또 그 가상 적이 소멸할 때 또 다른 가상 적은 남한이 될 수 있기 때문이다. 그래서 미국 이익에 편승하여 북조선=주적이라는 이데올르기적 등식을 버리고 미군을 남한공동체 사회에서 완전히 철수시키는 것을 원칙적 기조로 삼아야 한다. 미군이 남한사회에 주둔하고 그들이 전시작전권을 장악하고 있는 한 남한은 자주적 주권국가일 수 없다. 국방주권이 없는데 어찌 대한민국이 자주적 독립국가 일 수 있는가. 남한사회 전체에서 미군 철수가 불가능하다면 최소한 서울에서만이라도 미군을 철수시켜야 한다. 그리고 소파SOFA: 한미주둔군지위협정를 주체적으로 개정하되 미군을 주둔군으로 인정하는 개념부터 고쳐야 한다. 여기서 모든 불평등 요인들이 파생되어 온다.

그리고 북에 대한 남의 햇볕정책, 남에 대한 북의 햇볕정책은 계속되어야 한다. 평화적 통일을 전제로 북조선과 협의하여 쌍방이 국방비를 과감히 줄일 수 있는 방안도 강구해야 한다. 그러기 위하여서는 병역체제를 징병제에서 모병제로 과감히 전환하고 병역세를 신설해야 한다. 국방비 절감만이 남한의 경제성장을 촉진시키고 북조선에 대한 재정적 지원을 통한 통일의 밑거름을 쌓는 재원확보가 될 것이다. 여기서 평화적 남북통일을 가로막는 국가보안법도 완전히 폐지되어야 한다는 논리가 발생한다. 국가보안법은 사실상 부도덕한 주류를 이루고 있는 기득권세력의 권력유지 수단이었다. 이러한 우리 민족의 당면과제가 눈앞에 있는데도 부도덕한 주류주: 대한민국사회는 보수와 진보의 구분이 모호하여 인간적 양심에 의해 정치를 하는 집단을 '도덕적 주류', 부패, 타락한 정치를 하는 비양심적인 정치집단과 이를 추종하는 민중을 '부도덕한 주류'라고 구분한 이는 권서각 시인이다들이 권력을 잡으면서 햇볕정책과 6.15선언과 10.5선언을 하루아침에 헌신짝으로 만들었다. 이는 조국통일을 염원하는 한/조선반도인 모두에 대한 모독이다. 전쟁분위기를 만들어가면서 그것이 평화를 위한 수단이라는 언어도단도 불사하였다. 권력을 이용한 대국민 기만이요, 자기오만이다. 어떻게 전쟁이 평화의 수단이 될 수 있나.

세 번째, 앞으로의 인류는 중앙관리시스템에서 지역관리시스템으로 전환되는 시대이다. 곧 로컬리티로 가는 시대이다. 대통령은 시대의 흐름에 따라 '그리되도록' 국가와 사회를 안내하는 역할만 해야 한다. 올바른 대통령이라면, 대통령과 국회의원, 국무위원들이 갖는 국가적 특권을 대폭 줄이거나 없애야 한다. 그들 스스로 '국민의 종복'이라고 해놓고 국민 위에 군림하는 특권을 갖는다는 것은 자기모순이다, 대국민 기만이다. 권력자들의 오만이다. 국가의 모든 권력은 인민/민인이 가져야지, 대통령이나. 국회의원, 국무위원, 공무원이 가져서는 안 된다. 이들이 버려야 할 것은 엘리트 의식이다. 그리고 엘리트적 특권의식이다. 이와 더불어 박정희 독재정권 때부터 만들어진 제왕帝王적 행정부 우위체제를 청산해야 한다. 진정한 의미의 삼권분립 체제가 될 수 있도록 사법부대법원장와 입법부국회의장의 위상을 행정부대통령와 균등하게 만들어야 한다. 그리고 대통령이 행정부 이외의 사법부 인사에 간여하는 임명권제도도 폐지하여야 한다. 그럴 때만이 서로의 영역이 침범당하지 않고 상호 견제 체제가 조화될 수 있다. 그리고 대통령 임기도 5년에 중임제가 허용되도록 고쳐야 한다. 선거제도 또한 개혁해야 한다. 기득권을 가진 정치인만 권력의 위임을 받게 만들어놓은 선거기탁금제도를 폐지하고 남한공동체 구성원이라만 모두 참여할 수 있게 선거완전공영제를 도입하는 한편 정당명부식 투표제도와 소수대표제도 실시하여야 한다. 한편 국민소환제도 실시하여 국민 누구나 국정에 참여할 수 있게 하고 입법권을 사회 구성원 모두 가질 수 있게 국민발안제도 실시하여야 한다. 중앙의 권력특히 경찰권, 교육권, 과세권도 과감히 지방으로 이양하여 지방자치가 아닌 사실상 지역분권시대를 열어야 한다. 또 지방의회도 개혁해야 한다. 지금 대부분 지방의회는 사실상 지역주민의 이익 도모를 위한 선량들의 모임이 아니라 개인의 이권만을 챙기려는 파렴치한들의 이익집단에 불과하다. 또 민주화유공자에 대한 보상법도 완결하여 사회적 통합을 이루어야 한다.

네 번째, 약자들의 처지를 항상 염두에 두어야 한다는 점이다. 이제까지 부도덕한 친일−친미정권으로부터 착취를 당하고만 살아왔던 사회적 약자의 말에 귀를 기울어야 할 것으로 본다. 우리 사회에는 그동안의 강자편향주의 정책으로 말미암아 약자가 많이 양산되었다. 자본이 없어서 길거리에 내쳐져 노점상으로 겨우 생계를 꾸려가는 사람들. 회사나 직장의 구조조정으로 길거리로 내동댕이쳐진 실업자들. 태생적 또는 다른 원인으로 신체 불구가 되어 인간적 대접을 못 받는 사람들. 남성편향주의 정책 때문에 인격적 불평등을 강요당하고 사는 여성들. 국가조직의 구조적 부조리로 기득권을 가진 관료집단에서 밀려나 그들의 눈치만 보며 살아갈 수밖에 없는 아웃사이더 관료들. 미군 장갑차에 치어 목숨을 잃고도 미국의 위력 때문에 폭력을 저지당한 채 촛불시위로만 위안을 삼아야 하는 우리 시민들. 이외도 많다. 이렇게 우리 사회에 약자가 많은 것은 지금까지의 정치가 강자기득권층=부도덕한 주류 위주로만 정책이 조직적/구조적으로 수행되어 왔기 때문이다. 이제까지 우리 사회에 지속적으로 내려오고 있는 "낡은 정치"를 청산하기 위하여서는 약자들이 인간답게 살 수 있는 사회적 구조의 틀을 짜기 위한 제도의 개혁을 할 때이다.

다섯 번째, 박정희, 이명박에게서 보는 개발독재형 자본주의도 청산해야 한다. 우리 사회 경제계에서 늘 사회악으로 존재하는 경제적 불평등 구조를 개혁해야 한다. 경제적 불평등 구조의 개혁은 우리나라만 존재하는 문어발식 재벌을 개혁하는 데서부터 시작되어야 한다. 박정희 때 형성된 재벌들의 문어발식 기업확장은 중소기업을 죽이는 행위가 된다. 중소기업과 대기업이 공존하는 경제구조와 함께 분배정의도 확립되어야 한다. 분배정의는 곧 사회복지정책이 될 수 있다. 사회복지정책으로 우리 사회에 만연되어 있는 빈부격차를 해소해야 한다. 그러기 위해서는 정경유착, 금융특혜, 연고주의로 인한 자본의 독점, 사회적 낭비, 부패의 순환고리를 끊어야 한다. 한편 지하자원이 풍부하지 못한 우리나라 미래의 국가 재원은 관광자원에 있다고 볼 수 있다. 미래의 관광자원은 산림자원이 된다. 따라서 지금부터라도 남한의 전 산림을 관광자원화한다는 기본 원칙을 세우고 장기적 안목에서 무계획적 산림개발이 이루어지지 않도록 해야 한다. 특히 골프장은 부유층과 엘리트층만의 놀이터이다. 나라 사람 모두를 위한 놀이터가 아니다. 따라서 일부 특권층만을 위한 놀이터 조성으로 인하여 대한민국의 천연자원을 훼손시켜서는 안 된다. 한국의 산림은 매우 독특하여 이를 잘 보전해야 할 가치가 있다. 훗날 우리 후손들의 삶의 재원이 된다.

여섯 번째, 사회문화면에서 중앙정부의 교육부를 폐지하고 교육정책을 모두 지역의 교육자치기구로 이관해야 한다. 그리고 교육제도를 선진적으로 개혁해 나가되 지금까지 미국을 모델로 하던 교육제도를 지양해야 한다. 그러기 위해서는 교육부 내의 안일무사주의로 일관하는 서울대학교 출신 교육학 전공자미국유학파를 대부분 교체해야 한다. 바꾸어 말해서 서울대 출신 소수의 관료가 그들의 기득권 유지를 위한 임기응변식 제도의 남발로 인하여 비非일류대 출신의 다수가 피해를 입지 않게 해야 한다. 또 서울대학교를 안 나왔고 유학파가 아니라는 이유로 대학의 전임교수에 들어가지 못하고 월 평균 70만원도 안되는 급여로 생계를 꾸려가는 처참한 박사급 시간강사들의 인력 낭비도 막아야 한다. 한국의 대학에서 많은 세월 공부를 하여 박사가 된 이들의 사회적 역할이 운동선수 등 예능인에 비하여 못할 이유는 없다. 사회기여도에 따라 경제적 보상을 받는 제도적 장치가 마련되어야 한다. 자본주의의 기능성 구조 때문에 능력 있는 인재들이 아무 말 못 하고 푸대접을 받는 사회풍토가 그대로 방치되어서는 안 된다.

이외에도 고치거나 염두에 두어야 할 문제들이 많다. 식량안보에 대한 장기정책의 수립, 비정규직에 대한 경제적 평등 조치, 농민노동을 대놓고 착취하는 농협중앙회와 지역농협의 개혁내지 혁파 등도 있다. 식량안보/식량평화는 남북민족이 함께 살아가는 시대를 대비하여 무엇보다 긴요하다. 이러한 정책들이 성공적으로 수행되거나 실현될 때 대한민국은 세계를 선도하는 중요한 나라가 되리라 본다.

전쟁부터 끝내야죠

이재봉 / 전 원광대학교 정치외교학, 평화학 명예교수

국가 목표 두 가지는 죽고 사는 문제와 먹고사는 문제 해결입니다. '죽고 사는 문제'는 평화와 안보요, '먹고사는 문제'는 경제와 복지이고요. 분단과 전쟁 상태의 우리나라에서는 두 가지가 긴밀하게 연결돼 있습니다. 전쟁 끝내지 않으면 지속적이고 천문학적 무기구입 비용이 경제 발목 잡으며 사회복지 희생시키거든요.

1. 종전선언에 대해

한반도에서 가장 비정상적인 전쟁부터 끝내야 합니다. 1950년 시작된 전쟁을 70여년 지나도록 아직도 끝내지 못하고 있는 게 얼마나 비정상적인가요? 세계 어디에 이런 전쟁이 또 있겠어요?

70년 넘은 전쟁 끝내자는 데 공개적으로 반대하는 대통령후보가 있다는 자체가 소름끼칩니다. 이런 후보가 신랄한 비난을 받거나 욕먹기는커녕 적지 않은 동조나 지지를 받는 건 더욱 충격적이고요. 시비할 만한 가치도 없는 탓인지 정계에서나 언론계에서나 또는 시민운동 쪽에서도 비판하거나 꾸짖는 소리가 별로 안 나오는 것 같아요. 이 역시 비정상적이죠.

전쟁 종식이 얼마나 절실하고 왜 필요한지 깨닫지 못하는 걸까요? 두 가지만 얘기하겠습니다.

첫째, 2년 전부터 코로나가 널리 퍼지기 시작했습니다. 언제 끝날지 모르겠고 금세 사라질 것 같지 않습니다. 지금까지 정부에서 재난지원금 20-30만원씩 두 번 주었습니다. 그때마다 논란이 일었어요. 모두에게 줄지, 가난한 사람에게만 줄지, 70%에게 줄지 80%에게 줄지. 과거 학교무상급식 시작할 때도 비슷했습니다.

재난지원금 수십만 원 주거나 어린 학생들 수천 원짜리 밥 먹이자는 데는 예산 부족하다거나 세금 더 내야 한다면서 엄살떨거나 아우성치는 사람 많습니다. 그러나 수백억 원짜리 미사일 수없이 쏘아대고 수천억 원짜리 전투기 무수하게 사 들여와도 예산이나 세금 얘기 하는 사람 극히 적습니다. 아예 모르는 사람이 더 많지요. 왜 그런가요? 전쟁이 끝나지 않고 있어서 밥값 아껴 무기 사들이는 데 무감각해진 겁니다. 전쟁 끝내면 그렇게 천문학적 무기 구입비 줄일 수 있지 않겠어요? 더구나 재난지원금이나 학생급식비는 많은 사람이 먹고 살자는 돈이요, 무기 구입비는 누군가 죽이자는 돈인데.

둘째, 요즘 방탄소년단 병역특례 문제로 논란이 일었습니다. 체육과 예술분야에서 특별한 성적 거둔 남자에게 특별한 병역 혜택주는 건 70년대부터 시행해 왔습니다. 요즘 특히 민감한 공정성과 형평성 때문에 변경되기도 하고 중단되기도 했지만요.

우리나라 남자들은 왜 인생에서 가장 생산적이고 창의적인 20대에 공부하다 말고, 일하다 말고, 사랑하다 말고 군대 가야하는가요? 소위 백 있고 돈 많으면 안 가기도 하고, 군대 가기 싫어 자기 몸 일부러 망가뜨리기도 하고, 해외로 도피하기도 하는 등 병역 비리가 끊임없이 일어나는 이유가 뭔가요? 적성에 맞지 않거나 종교적 신념으로 다른 일로 더 오래 국가에 봉사하겠다는데도 감옥에 보내거나 억지로 군대 끌고 가는 이유는 뭐고요? 서해교전이나 천안함 침몰 또는 연

평도 포격 등 남북 사이의 갈등이나 무력충돌 때문에 희생된 젊은이들보다 해마다 군대 안에서 자살이나 사고로 죽어가는 청춘들이 비교도 할 수 없이 훨씬 많다는 것 아세요?

전쟁 끝내지 않거나 못하고 있으니 그런 거죠. 전쟁 끝내면 이 조그만 땅덩어리에 남북 양쪽이 60만이나 100만 병력 유지하고, 경제와 복지 희생시키며 천문학적 국방비 쓸 필요 있을까요? 종전하면 징병제를 모병제로 바꿔, 군인을 직업으로 삼겠다는 젊은이, 군생활이 적성에 맞겠다는 젊은이, 군대 가야 사람된다고 생각하는 젊은이 등 원하는 사람들만 모집해 단결심과 충성심 강한 군대 만드는 게 바람직하지 않겠어요?

거듭 말씀드립니다. 보수에게나 진보에게나 남녀노소 모두에게 가장 절실하고 꼭 필요한 두 가지 국가 목표는 평화정착과 경제번영입니다. 우리에겐 죽고사는 문제와 먹고사는 문제가 긴밀하게 연계돼있어요. 전쟁 끝내지 못하고 있으니 죽고사는 문제가 불안하고 먹고사는 문제가 희생당하고 있잖아요. 먹고 살자는 조그만 밥값엔 민감하면서, 사람 죽이는 천문학적 무기 값엔 무감각하면서요. 전쟁 끝내지 않으면 소모적 무기비용 끝없이 늘려야 하고, 생산적 복지비용 확대하기 어렵습니다.

그런데 북한 핵무기 때문에 전쟁 끝낼 수 없다고요? 거짓이고 억지입니다. 1958년부터 1991년까지 남한에 핵무기 수백 수천 개 있었습니다. 북한엔 한 개도 없었고요. 북한은 1970년대부터 전쟁 끝내고 평화협정 체결하자고 했습니다. 미국과 남한은 줄기차게 반대했지요. 당분간 정전협정 유지해야 한다면서요. 그 '당분간'이 40-50년 지속된 겁니다.

이젠 북한이 핵무기 가졌으니 전쟁 끝내면 안 된다는 게 말 돼요? 핵무기와 미사일 개발할수록 그것 써먹을 일 없도록 하루빨리 전쟁 끝내야죠. 전쟁 끝내지 않으면 핵무기 폐기하기는커녕 더 만들지 않겠어요? 재래식 무기로는 남한에 밀리니까요. 전쟁 계속하겠다면 어느 쪽이 미치지 않은 한 자기 무기 먼저 버리겠어요? 북한 핵무기 폐기를 이끌기 위해서라도 전쟁 하루빨리 끝내야 합니다. 비핵화 진짜 원한다면 전쟁부터 먼저 끝내야 한다고요.

미국이 북한 핵무기 폐기할 때까지 종전선언과 평화협정 반대하겠다는 건 적대관계 이용해 자국 이익 챙기겠다는 거죠. 온 세상이 다 알 듯, 미국의 가장 큰 목표는 떠오르는 중국 견제하고 봉쇄하며 세계 1등 유지하며 패권 지키는 겁니다. 북한과 전쟁 끝내면 한미동맹 강화할 명분 약해지겠죠. 한국군에 대한 작전통제권 계속 틀어쥐고 있을 필요성 줄어들고요. 싸드 추가 배치할 이유 사라지게됩니다. 중국 견제와 봉쇄 위해 북한과 전쟁 끝내지 않는다는 말입니다.

거듭 강조합니다. 우리 국가목표는 평화와 통일 그리고 경제와 복지입니다. 평화와 안정이라는 목표를 이루기 위한 수단의 하나가 주한미군과 한미동맹이었고요. 그런데 미국이 주한미군 감축하거나 철수할까봐 전쟁 끝낼 수 없고 평화협정 맺지 못한다는 게 도대체 말 되는가요? 수단방법을 지키기 위해 목표성취를 미루거나 포기하는 게 말이 되냐고요.

문제는 미국이 자국 이익을 위해 종전 원치 않고 북한 비핵화도 속으로는 바라지 않는다는 겁니다. 요즘 민주주의와 인권 내세우며 중국 봉쇄하고 북한 제재하는 것도 그 일환이지요.

2. 미국과 중국 사이에서

우리는 중국을 통해 먹고 삽니다. 중국은 2004년부터 한국의 최대무역국이거든요. 2009년부터 한국-중국 무역량은 한국-미국 무역량 두 배 넘습니다. 한-미, 한-일 무역량을 합친 것 보다 훨씬 많기도 합니다. 무역흑자 역시 대부분 중국에서 얻고 있고요. 무역으로 먹고사는 한국이 무역흑자 대부분을 중국에서 얻으면서, 한미동맹과 주한미군 때문에 중국을 적으로 만드는 게 바람직할까요? 이러한 중국을 대통령후보가 대놓고 혐오하면 나라 경제를 어떻게 살릴 수 있을까요?

어느 나라든 대외정책의 변치 않는 제1 목표는 국가이익을 추구하는 것입니다. 개인 간의 관계에는 사랑이나 의리가 가장 중요하겠지만, 국가 관계에서는 국익보다 중요한 게 없습니다. 어제의 적이 오늘은 친구가 되고, 오늘의 친구가 내일은 적이 되는 게 국제관계의 현실이죠. 중국은 1950년대엔 우리와 전쟁을 치렀던 적국이고, 1980년대까지는 짝퉁이나 만드는 후진국이었지만, 1990년대부터는 우리와 친구가 되었고, 이제는 세계 1위를 넘보는 경제대국입니다. 이렇게 변해온 국제정세에서 중국을 대놓고 혐오하면 어떻게 하겠다는 것인가요?

참고로, 중국에 대한 비판적 시각은 크게 두 가지인 것 같습니다.

첫째, 중국의 과거를 직시하자는 것입니다. 삼국시대부터 우리를 수없이 침략하며 조공을 받은 종주국이었다고요. 맞습니다. 슬픈 역사죠. 그런데 이들은 중국의 과거는 '수천년 전' 역사까지 끄집어내 경계하자면서, 미국이나 일본의 과거는 '수십년 전' 역사도 덮자며 미래를 지향하자고 합니다. 이재명 후보가 지난달 1905년 태프트-카쓰라 밀약, 1910-1945년 일본의 조선 강점과 약탈, 1945년 미국에 의한 분단과 점령 등을 얘기하자 얼마나 시끄러웠어요. 당연히 과거보다 미래가 중요하고, 과거에 집착하는 것보다 미래를 지향하는 게 바람직합니다. 그러나 중국이나 북한에겐 '과거 집착'을 강조하고, 미국이나 일본엔 '미래 지향'을 중시하는 건 요즘 널리 회자되는 공정과 형평에도 어긋나지 않습니까?

둘째, 중국은 비판받을 점이 많다는 것입니다. 맞습니다. 당연하죠. 어느 나라든 좋은 점과 나쁜 점 다 있거든요. 미국이든 중국이든 남한이든 북한이든, 지지하며 찬양할 대목도 있고, 반대하며 혐오할 대목도 있습니다. 그런데 어떤 나라의 특정 정책을 비판하는 것은 바람직한 일이지만, 나라 전체를 싸잡아 혐오하며 적으로 만드는 것은 위험천만한 일이지요. 무역으로 먹고 사는 나라의 대통령이 되겠다는 후보가 최대 무역상대국의 특정한 정책을 비판하는 게 아니라, 중국을 적으로 만들 수 있는 발언을 공개적으로 하는 건 그야말로 영혼 없는 사람의 끔찍한 짓 아닌가요?

이런 터에 미국 정책이라면 물불 안 가리고 무조건 추종하는 건 민족과 역사에 역적 노릇하는 겁니다. 미국을 무조건 추종할 게 아니라, 반대할 건 반대하고 비판할 건 비판하며 설득할 건 설득해야죠.

미국이 보복하면 어떻게 할 거냐고요? 많은 사람들이 그걸 걱정하더군요. 보복 당하지 않도록 하며 국익 추구하는 게 뛰어난 외교입니다. 외교의 본질이자 목표는 무엇보다 국가 이익을 추구하는 것입니다. 물론 쉽지 않겠죠. 그러나 한국은 과거 고래 사이의 새우가 아닙니다. 경제력은 세계 10등 또는 최상위 5% 안에 들고, 군사력은 세계 6등 또는 최상위 3% 안에 속합니다. 문화력은 케이팝, 방탄소년단, 기생충, 오징어게임 등이 보여주듯 세계 최고 수준이고요.

미국의 보복 당하지 않고 자주적으로 평화와 통일로 나아가며 경제번영을 이룰 수 있는 외교정책을 도저히 실시할 수 없다면, 둘 중 하나를 선택해야겠지요. 미국의 일시적 보복이 두려워 분단과 전쟁에서 벗어나지 못하고 영원히 종속되다시피 살아가는 게 좋은지, 미국에게 일시적 보복을 당해 당분간 고통스럽더라도 자주적으로 평화와 통일 성취해 자랑스런 복지국가 만들어가는 게 바람직한지.

대통령은 국민에게 물어보고 국민의 뜻에 따르는 게 바람직합니다. 국민이 원한다면, 의지와 능력, 배짱과 추진력을 두루 갖춘 지도자가 미국이나 국내 극우

세력의 총을 맞을 수도 있다는 각오로 나아가야 합니다.

3. 통일 방법에 대해

이준석 국힘당 대표가 작년 흡수통일을 선호한다고 했습니다. 흡수통일은 대박이 아니라 쪽박입니다. 거덜 나는 거예요. 북한이 망해야 흡수통일 할텐데, 먼저 북한이라는 국가나 체제가 무너질 가능성 극히 희박합니다. 남한에선 1960년 이승만 정부가 부정선거와 독재에 따른 4월혁명으로 무너졌습니다. 1961년 장면 정부가 5.16쿠데타로 무너졌고요. 1979년 박정희 정부가 부하 총에 맞아 무너졌습니다. 2016년 박근혜 정부가 무능과 부패에 따른 탄핵으로 무너졌고요. 이렇게 정부가 네 번이나 붕괴됐어도 나라와 체제는 망하지 않았습니다. 김정은 정부도 쿠데타나 암살 또는 인민봉기로 무너질 수 있겠지요. 그렇다고 북한이라는 나라와 체제가 망할까요?

만에 하나 북한이라는 나라와 체제가 붕괴되더라도 남한에 의해 고이 흡수통일 이루어질 가능성 역시 거의 없습니다. 북한에 엄청나게 투자해놓은 중국이 자기 안보 위한다고 우리보다 먼저 북한에 들어갈 게 확실합니다. 북한 군부가 남한 정부에 처형당하는 것보다 싸워죽는 게 낫다고 투항 대신 저항할 수도 있습니다. 북한이 무너질 위기에 빨치산 후예들이 전쟁 불사하면 얼마나 끔찍해질까요?

중국이 개입하지도 않고 북한 군부에 의한 무력충돌도 없이 박근혜나 이준석의 희망대로 흡수통일 이루면 정말 대박 날까요? 저는 남한도 무너질 수 있다고 생각합니다. 점진적 평화통일 아니라 북한 붕괴에 따른 갑작스런 통일은 엄청난 사회혼란과 그야말로 천문학적 통일경비가 들테니까요.

서독이 동독 흡수한 것 생각해보세요. 1990년 통일 당시 서독과 동독 인구비율이 약 4:1이었습니다. 남한보다 잘 사는 서독사람 4명이 북한보다 잘 사는 동독사람 1명을 껴안는데도 상당히 어려웠지요. 서독보다 가난한 남한사람 2명이 동독보다 가난한 북한사람 1명과 더불어 살려면 얼마나 더 힘들지 짐작할 수 있겠죠? 북한 지도자들이 좋아서도 아니고 북한 체제가 바람직해서도 아니라, 남한 사람들이 편하게 살고 남한 체제를 안전하게 지키기 위해서라도 북한 붕괴 막아야 합니다. 북한에 대한 원한과 적개심만 갖고 북한 붕괴와 흡수통일을 추구하는 건 반역이나 마찬가지에요. 흡수통일 좋다는 이준석 국힘당 대표를 비판 없이 가만 놔두는 것은 역적 방조가 되는 것이고요.

이재명 후보가 지난 11월 대학생들 만나 통일이 어렵다며 사실상 통일을 추구해야 한다고 하니 진보적이라는 분들 특히 통일전문가들이 거칠게 비판했습니다. 이 분들 성질 너무 급해요. 불완전한 신문기사 제목만 보고 그러는 것 같거든요. 애정어린 비판일지라도 보수는 부패로 망하고 진보는 분열로 망한다는 말이 떠오르더군요.

이 후보가 통일 포기하자고 했어요? 당장 실현하기 어려우니까 현실을 냉정하게 생각하며 장기적 목표로 통일 지향하되, 중단기적 목표로 평화 공존하면서 교류협력 늘려가자는 취지였습니다. 이 후보 말에 조금 서툰 점이 있었지요. 그러나 내용은 학자들 또는 전문가들이 말하는 사실상 de facto 통일과 다른 게 뭐 있습니까?

이게 바로 우리 정부의 공식 통일방안 1단계입니다. 1989년 노태우 정부가 처음 만들고, 1994년 김영삼 정부가 살짝 고쳐, 김대중-노무현 정부에 이어, 이명박-박근혜 정부 거쳐, 문재인 정부까지 이어지는 2021년 12월 현재 대한민국의 민족공동체 통일방안 3단계 중 1단계라는 겁니다. 70여년 서로 다른 이념과 체제 아래서 살아왔기에 흡수통일 같은 급격한 통일은 가능성도 낮고 바람직하지도 않으니까, 수십 년 걸쳐 점진적으로 이루자고 한 거죠.

이재명 후보 말에 대해 국힘당과 〈조선일보〉에서 '통일 포기 선언'이라고 비판하더군요. 박근혜 말처럼 진짜 영혼 없거나 정말 **뻔뻔한** 사람들이죠. 김대중-노무현 정부가 만든 게 아니라 자기들 조상인 노태우 정부와 김영삼 정부에서 만든 통일정책조차 모르거나 부정하는 거니까요. 민주당이나 진보세력이 이에 대해서도 역시 비판할 가치가 없는 탓인지 아무런 반박을 하지 않은 것 같더군요.

우리가 어릴 때부터 우리의 소원은 꿈에도 소원은 통일이라 노래부르면서도 지금까지 통일 진전시키지 못한 이유가 분단과 전쟁 통해 기득권 지키려는 국힘당과 〈조선일보〉 같은 호전적 반통일 세력의 힘과 영향력이 강하기 때문 아니에요? 만에 하나 이런 세력이 정권 잡으면, 분단 더 굳어지고 통일 더 멀어집니다. 전쟁 끝나지 않고 군비경쟁 지속될 테고요. 아울러 부자 세금 줄고 사회복지 축소될 거고요. 유권자 여러분의 현명한 선택을 기대합니다.

다함께 민생조국통일 거국정권 창조하자
2022년 새해 판문점 가상대담

박해전 / 사람일보 대표

* 때 : 2022년 1월 1일 정오
* 곳 : 판문점 도보다리 대담장
* 출연 : 사회자: 김동학 사람일보 기자
    대담자: 통일대통령 후보
    대담자: 박해전 자주통일평화번영운동연대 상임대표
* 주최 : 사람일보
* 생중계 : 사람일보텔레비전

김동학 사람일보 기자 / 시청자 여러분, 안녕하십니까? 여기는 문재인 대통령과 김정은 국무위원장이 2018년 4월 27일 세계적인 관심 속에 허심탄회하게 둘만의 대화를 나누웠던 판문점 도보다리 대담장입니다. 2022년 1월 1일 정오 새해에 즈음하여 오늘 이곳에서는 제20대 대통령선거를 앞두고 '다함께 민생조국통일 거국정권 창조하자'를 주제로 통일대통령 후보와 박해전 자주통일평화번영운동연대 상임대표의 가상대담이 열립니다.

사람일보 주최로 진행되는 이 가상대담의 사회를 맡은 저는 사람일보 기자 김동학입니다. 사람일보텔레비전이 누리 사회관계망을 통해 생중계합니다. 오늘 대담에서는 대선 후보 토론회에서 다루고 있는 민생을 비롯한 여러 현안문제들을 포함하여 제20대 대통령선거의 역사적 과제에 대하여 깊이 있는 대화를 나누게 됩니다.

저는 오늘 가상대담에서 1894년 동학혁명 선열들의 염원을 꼭 기억해야 한다는 뜻으로 제폭구민, 척양척왜, 보국안민의 구호를 새긴 세 개의 깃발을 들고 이곳에 나왔습니다. 그럼 가상대담에 참석한 통일대통령 후보와 박해전 대표의 인사말을 듣겠습니다. 통일대통령 후보부터 시작해주시지요.

통일대통령은 제20대 대통령선거의 시대정신

통일대통령 후보 / 남북해외 8천만 동포 여러분, 안녕하십니까? 저는 오늘 특정 정당의 통일대통령 후보로서 이 자리에 온 것이 아닙니다. 제20대 대통령선거에 출마한 각 정당 대선후보 모두를 대신하는 보통명사로서 참가하였습니다.

역사는 망국적인 분단정치에서 통일정치로, 분단경제에서 통일경제로, 분단문화에서 통일문화로 대전환하는 통일대통령을 부르고 있습니다. 우리 민족의 자주통일 대강령인 6.15 남북공동선언과 평화번영의 실천강령인 10.4 선언을 계승한 역사적인 판문점선언에 따라 온 겨레가 행복한 민족자주와 조국통일을 완수해야 할 통일대통령은 제20대 대통령선거의 시대정신입니다.

김대중 대통령과 김정일 국방위원장이 2000년 6월 15일 평양에서 우리 겨레의 염원을 받들어 채택한 6.15 선언, 노무현 대통령과 김정일 국방위원장이 2007년 10월 4일 평양에서 합의한 10.4 선언, 문재인 대통령과 김정은 국무위원장이 2018년 4월 27일 이곳 판문점에서 발표한 한반도의 평화와 번영, 통일을 위한 판문점선언은 우리 민족이 외세에 의한 식민과 분단의 모든 적폐를 청산하고 자주통일과 평화번영, 세계평화를 실현하는 길을 뚜렷이 밝혀주고 있습니다.

통일대통령 후보는 하루빨리 우리 민족의 살길인 이들 남북공동선언을 완수할 책무를 안고 있습니다. 저는 이런 의미에서 이들 선언을 각각 새겨 넣은 세 개의 깃발을 마련하였습니다.

그러나 아쉽게도 아직까지 통일대통령을 공약한 후보가 눈에 띄지 않습니다. 지금부터 통일대통령과 민생조국통일 거국정권 창조를 2022년 대선의 핵심의제로 설정해 제 갈길을 찾지 못하고 있는 대선판의 먹구름을 걷어내야 합니다. 오늘 대담에서 온 겨레가 기대하는 통일대통령 후보의 정견을 밝히도록 노력하겠습니다. 뜻깊은 2022년 새해 판문점 가상좌담을 기획한 주최측에 감사드립니다.

국민주권자들의 출마 선언과 출정식

박해전 자주통일평화번영운동연대 상임대표 / 국민주권자 여러분, 안녕하십니까? 저는 우리 민족의 염원인 자주통일, 평화번영, 세계평화를 각각 수놓은 세 개의 깃발을 안고 판문점 도보다리 대담장으로 달려왔습니다. 국민주권자들을 대변하여 이 깃발에 담긴 민심을 통일대통령 후보에게 올곧게 전달하겠습니다.

우리가 바라는 대통령은 누구입니까? 온 겨레의 숭고한 염원을 받들어 촛불혁명 정신으로 식민과 분단의 모든 적폐를 청산하고 역사적인 판문점선언에 따라 자주통일과 평화번영, 세계평화를 이루는 민생조국통일 대통령입니다.

저는 오늘 개최된 통일대통령 후보와의 대담이 제20대 대통령선거에서 통일대통령을 올바로 선택하기 위한 국민주권자들의 출마 선언과 출정식의 의미를 갖는다고 생각합니다. 대선 출마 선언과 출정식은 피선거권자인 대선 후보들의 전유물이 아닙니다. 선거권자인 국민주권자들이 통일대통령을 올바로 선출할 결의를 다지는 출마 선언과 출정식도 필요하다고 봅니다.

그동안 대통령선거 때마다 저는 국민주권자로서 통일대통령을 바라는 여론을 모아내기 위하여 힘썼습니다. 2002년에는 김대중 국민의 정부 계승과 6.15 공동선언의 이행을 공약한 노무현 대통령 후보를 중심으로 단결해 이회창 한나라당 후보의 대세론을 물리치고, 6.15 정치 지형과 통일정국을 살려야 한다는 간절한 염원을 담은 책 『희망의 나라』를 출간하고 백범김구기념관에서 출판기념회를 열었습니다. 이재정 전 통일부장관이 노무현 대통령 후보를 대신해 출판기념회에 참석해 축사를 해주었습니다.

또 2007년 대선 때는 『박해전의 여론일기』를 간행하여 김대중 노무현 대통령을 계승해 6.15를 완성할 평화통일 정권을 수립하는 것은 우리 민족의 절박한 요청이며, 역사의 순리라는 대의를 밝혔습니다. 2012년에는 『안철수의 생각』을 비판하는 『박해전의 생각』을 내어 6.15 10.4 시대정신에 충실한 통일대통령을 뽑아 역사의 물줄기를 바로잡아야 한다고 역설하였습니다.

지난 2017년 대선에서는 『우리 모두 통일대통령』을 출판하여 '제폭구민 척양척왜 보국안민'의 기치를 높이 들었던 19세기말 전봉준 장군을 비롯한 동학혁명 선열들의 피맺힌 원한을 잊지 말고 우리 모두 6.15 시대정신에 따라 통일대통령의 주권을 실현하자고 호소했습니다.

노무현 대통령은 국민이 대통령이고 대통령은 국민주권자의 봉사자라고 강조했습니다. '주권은 국민에게 있고, 모든 권력은 국민으로부터 나온다'고 명시한 헌법 제1조 정신에 일치합니다. 오늘 국민주권자의 바람을 경청하기 위하여 출연한 통일대통령 후보께 감사드리며, 이 대담이 제20대 대통령선거에서 민생 조국통일 거국정권을 창조하는 깃발이 되었으면 좋겠습니다.

김동학 / 두 분의 인사말 잘 들었습니다. 고맙습니다. 시청자 여러분, 지금 이곳 판문점 도보다리 대담장에는 아홉 개의 깃발이 순풍에 물결치고 있습니다. 각 깃발에 적힌 제폭구민, 척양척왜, 보국안민, 6.15 공동선언, 10.4 선언, 판문점 선언, 자주통일, 평화번영, 세계평화의 글자가 선명하게 나부끼는 감동적인 모습이 보이십니까?

이제 본격적인 대화로 들어가겠습니다. 두 분 모두 대담 주제와 관련해 자유롭게 말씀해 주시면 됩니다. 먼저, 식민과 분단 적폐청산과 관련해 지난해 8.15 광복절 기념식에서 발표된 김원웅 광복회장의 기념사를 함께 음미하면 좋겠습니다. 김 회장의 기념사는 통일대통령 후보와 국민주권자들이 반드시 공유해야 할 감동적인 역사의식을 담고 있습니다.

한국 사회의 모순은 친일 미청산과 분단

김원웅 광복회장은 서울역에서 거행된 제76주년 광복절 경축식 기념사에서 "독립운동가들이 꿈꿨던 나라, 어떤 나라였을까? 일제에 빌붙어 동족을 배반한 자들이 입법, 사법, 행정의 최고위직을 차지하는 나라는 아니었다. 외세에 의해 분단된 나라에서 남북의 형제들이 서로 가슴에 총구를 겨누고 싸우는 나라는 아니었다"고 밝혔습니다.

김 회장은 또 "한국 사회의 모순은 친일 미청산과 분단"이라며 "최근 독일 검찰은 나치수용소 간수였던 100세의 노인을 법정에 세웠다. 만약 제2차 세계대전 후 프랑스나 독일에서 나치 협력자에게 면죄부를 주고 권력을 잡게 했다면 이것 자체가 범죄행위로 처벌당했을 것"이라고 비판했습니다.

분단 극복과 친일적폐 청산이 한국 사회의 핵심과제라는 김 회장의 역사인식을 어떻게 받아들이는지 말씀해주시지요.

통일대통령 후보 / 김원웅 광복회장의 식민과 분단 적폐 청산을 역설하는 기념사는 정정당당합니다. 독립운동가의 큰아들 역할을 제대로 했다고 봅니다. 정론직필의 기념사는 제20대 대통령선거가 식민과 분단 기득권에 안주하여 식민과 분단 기득권을 나누기하는 정치놀음으로 끝나서는 절대로 안된다는 경종을 울렸습니다. 정치권의 각성이 절실하다는 생각이 듭니다.

한 세기가 넘도록 우리 민족을 피눈물 나는 고통에 몰아넣은 식민과 분단 적폐청산의 결의가 없는 사람은 대선 후보 자격조차 없습니다. 통일대통령 후보는 이번 대선에서 6.15공동선언과 10.4선언, 판문점선언의 깃발을 더욱 높이 들고 반드시 식민과 분단 적폐를 일소하고 민족자주와 조국통일 위업을 성취해야 합니다.

박해전 / 옳습니다. 국민주권자들은 항일독립운동의 연장선상에서 친일 정권과 맞서 싸웠습니다. 4.19혁명으로 이승만 친일정권을 무너뜨렸고, 국민 저항의 정점에서 박정희 반민족 군사정권은 자체 붕괴되었습니다. 전두환 정권은 6월항쟁에 무릎 꿇었고, 박근혜 정권은 촛불혁명으로 탄핵되었습니다. 국민주권자들은 친일에 뿌리를 둔 역대 정권을 무너뜨리고, 또 무너뜨리고, 또 다시 무너뜨리고, 처절하지만 위대하고 찬란한 투쟁의 반복된 승리를 창조해왔습니다. 김회장의 이러한 발언 역시 역사의 진실을 밝힌 것입니다. 올해 대선에서 식민과 분단 기득권 재편만을 획책하는 정치기술자들은 모두 퇴출되어야 합니다.

김동학 / 독립운동가의 후예로서 광복절 경축식에서 민족정통성의 깃발을 들고 역사의 진실을 밝힌 김원웅 광복회장에게 대담자들이 지지와 성원의 뜻을 밝혔습니다. 그럼 이제 온 겨레의 숭고한 뜻을 담은 남북공동선언의 역사적 의의에 대하여 말씀을 나누겠습니다.

남북공동선언은 21세기 대전환의 이정표

통일대통령 후보 / 남과 북 정상들이 온 겨레의 염원을 받들어 마련한 역사적인 6.15 공동선언, 남북관계 발전과 평화번영을 위한 10.4선언, 이를 계승한 판문점선언은 우리 민족이 민족자주와 조국통일을 이루어 모두 사람답게 행복을 누리며 살 수 있는 길을 열었습니다. 이들 남북공동선언은 우리 민족의 가장 숭고한 시대정신이며, 21세기 대전환의 이정표입니다.

남북공동선언에 의하여 낮은 단계의 연방제 조국통일은 가시권에 진입하였습니다. 최근 한미정상회담에서 문재인 대통령과 바이든 대통령이 판문점선언과 6.12 싱가포르 조미공동성명을 존중하는 기초 위에서 남북미 관계를 발전시켜야 한다고 합의한 것은 남북공동선언의 생활력과 견인력을 잘 보여주고 있습니다. 우리 사회는 이들 남북공동선언을 완수하는 통일대통령을 중심으로 대단결하여 식민과 분단체제를 극복 청산하고 자주통일 평화번영체제로 대전환해야합니다.

박해전 / 남북 정권이 연대 연합하여 창조한 이들 남북공동선언은 자주, 평화통일, 민족대단결의 조국통일 3대원칙에 기초하여 우리 민족의 식민과 분단 극복운동을 총결산하는 의미를 갖고 있습니다. 정치, 경제, 사회, 문화 모든 생활영역에서 제기되는 문제에 대한 해법이 남북공동선언에 담겨 있습니다. 특히 판문점선언은 우리 민족의 자주통일과 평화번영의 강령일 뿐 아니라 세계평화의 새로운 장을 열었습니다. 김정은 국무위원장과 트럼프 미국 대통령이 2018년 6월 12일 사상 첫 조미정상회담을 열어 발표한 싱가포르 공동성명은 바로 판문점선언의 연장선에 있는 것입니다.

김동학 / 남과 북은 판문점선언에서 우리 민족의 운명은 우리 스스로 결정한다는 민족자주의 원칙을 확인하였으며 이미 채택된 남북 선언들과 모든 협의들을 철저히 이행함으로써 관계 개선과 발전의 전환적 국면을 열어나가기로 하였습니다. 또 완전한 비핵화를 통해 핵 없는 한반도를 실현한다는 공동의 목표를 확인하였습니다.

김정은 국무위원장과 트럼프 미국 대통령은 싱가포르 정상회담 공동성명 제1항에서 미국과 조선민주주의인민공화국은 평화와 번영을 위한 양국 국민의 바람에 맞춰 미국과 조선민주주의인민공화국의 새로운 관계를 수립하기로 약속한다고 선언했습니다. 또 제3항에서 2018년 4월 27일 판문점선언을 재확인하며, 조선민주주의인민공화국은 한반도의 완전한 비핵화를 향해 노력할 것을 약속한다고 천명하였습니다.

이러한 판문점선언과 싱가포르 공동성명이 세계평화에 얼마나 이바지할 수 있는지 말씀해주십시오.

한반도 비핵화는 세계 비핵화를 견인하는 원동력

통일대통령 후보 / 조미 정상들은 싱가포르 공동성명에서 새로운 조미관계를 수립하는 것이 한반도와 세계의 평화, 번영에 이바지할 것이라는 점을 확신하고, 역사상 처음으로 이뤄진 조미 정상회담이 거대한 중요성을 지닌 획기적인 사건이라는 점을 확인하였습니다. 조미간 수십 년의 긴장과 적대행위를 극복하면서 새로운 미래를 열어나가기로 약속하였습니다.

이에 따라 한반도 정전협정 당사국들이 하루빨리 한반도 종전선언과 함께 평화협정을 체결하여 항구적 평화체제를 구축하고 조미 국교정상화를 해야 합니다. 이제 그 누구도 판문점선언에 의거한 우리 민족의 자주통일과 평화번영의 앞길을 막을 수 없습니다.

판문점선언과 연결된 싱가포르 공동성명에서 밝힌 한반도 비핵화는 핵무기 없는 세계, 세계 비핵화를 견인하는 원동력이며 세계평화의 새 지평을 열었다고 봅니다.

박해전 / 그렇습니다. 완전한 비핵화를 통한 한반도 비핵화는 곧 세계 비핵화로 연결될 것입니다. 조미간 핵대결의 역사를 돌아보면 조미간 핵전쟁을 막고 평화 공존하는 길은 한반도 비핵화와 미국을 비롯한 세계 비핵화를 동시에 단계적으로 추진하는 방법밖에 다른 선택이 없습니다. 핵보유 국가들의 회담에서 어느 일방의 핵무장 해제만을 강요하는 거래방식은 통할 수 없기 때문입니다.

김동학 / 이제 더불어민주당 대통령 경선후보 토론회에서 거론된 헌법 개정에 대한 두 분의 견해를 듣고 싶습니다.

헌법 개정 어떻게 할 것인가

통일대통령 후보 / 우리 사회는 1987년 6월항쟁으로 마련된 대통령 5년 단임 직선제 개헌 이후, 엄청난 변화에도 불구하고 불완전한 헌법에 단 한 차례도 손을 대지 않았습니다. 시대 발전에 따라 헌법 규범도 바뀌어야 합니다. 우리 헌정사에서 9차례의 개헌을 했지만, 대부분 독재자들의 집권 연장을 위한 수단이었고 국민주권을 제대로 실현하지 못했습니다.

문재인 대통령은 2018년 3월 26일 개헌은 헌법파괴와 국정농단에 맞서 나라다운 나라를 외쳤던 촛불광장의 민심을 헌법적으로 구현하는 일이라며 국민기본권을 강화하고 토지공개념을 구체화하는 헌법 개정안을 발의했습니다. 그러나 국회는 대통령이 발의한 개헌안의 가부를 헌법이 정한 기간 안에 의결하지 않고 투표 불성립으로 무산시켰습니다. 국회가 헌법을 위반했고, 국민주권자들은 찬반을 선택할 기회조차 갖지 못했습니다. 국회가 개헌안을 따로 발의하지도 않았습니다.

노무현 대통령도 2007년 사회 변화를 반영한 개헌안 발의를 추진했으나, 당시 야당인 한나라당의 격렬한 반대에 부닥쳤습니다. 노 대통령은 18대 국회에서 개헌을 추진한다는 여야 정당들의 약속을 받고 이를 포기했지만, 국회는 이를 지키지 않았습니다.

개헌은 더 이상 미룰 수 없는 절박한 과제입니다. 무엇보다 먼저 6.15 공동선언과 10.4선언, 판문점선언과 촛불혁명 정신을 개헌안의 핵심으로 담아 자주통일과 평화번영, 세계평화를 완수하는 헌법을 만들어야 합니다.

박해전 / 개헌 논의가 대통령 4년 중임제와 같은 권력구조 재편 수준에 머물러서는 안됩니다. 문재인 대통령은 6.15공동선언과 10.4선언의 법제화 제도화를 공약했습니다. 역사는 식민과 분단의 적폐청산을 완결하고 민족자주와 조국통일을 당장 실현하는 단일민족 1국가 2체제의 판문점선언 연방통일헌법을 요구하고 있습니다. 이미 김두관 대통령 경선후보는 2012년 8월 15일 6.15 공동선언과 10.4 선언의 정신을 헌법에 포함시키겠다는 통일헌법 제정 구상을 밝힌 바 있습니다.

김동학 / 정부가 봉오동 전투와 청산리 대첩을 이끌었던 항일독립전쟁의 영웅 홍범도 장군의 유해를 서거 78년 만에 카자흐스탄에서 조국땅으로 모셔와 최고훈장을 추서하고 국립현충원에 안장한 것은 늦게나마 참으로 잘한 일입니다.

저는 이참에 갑오년 항일농민전쟁의 지도자 전봉준 장군께도 국가 최고훈장을 추서하고 척양척왜 반외세 동학혁명 정신을 함양하면 좋겠다고 생각합니다. 전봉준 장군이 이끈 항일농민전쟁은 독립의병과 항일독립군의 원천입니다. 제폭구민, 척양척왜, 보국안민, 동학혁명군의 반외세 애국애민 정신을 헌법 전문에 담을 것을 요청하고 싶습니다.

통일대통령 후보 / 중국은 헌법 서언전문에 "1840년부터 봉건국가이던 중국은 점차 반식민지반봉건국가로 전락하였다. 중국인민은 나라의 독립과 민족의 해방, 민주주의, 자유를 위하여 앞사람이 쓰러지면 뒷사람이 계속 따라서면서 용감하게 싸워왔다."라고 명시하고 있습니다. 바로 영국의 아편전쟁에 맞선 반침략 반외세 투쟁의 역사를 헌법에 수록하고 있는 것입니다.

우리도 근현대사의 빛나는 화폭을 창조한 전봉준 장군을 비롯한 동학혁명 선열들의 투쟁의 역사를 개정 헌법에 담아야 할 것입니다. 이와 함께 미군정에 맞선 4.3항쟁을 기록하고 4.19혁명까지를 기술하고 있는 헌법 전문에 1980년 5.18민중항쟁과 1987년 6월항쟁, 2000년 6.15 공동선언, 2007년 10.4선언, 2018년 판문점선언과 9월 평양공동선언을 담아 식민과 분단을 극복하고 민족자주와 조국통일을 이루는 빛나는 역사를 창조해야 합니다.

김동학 / 그럼 이제 대선후보 토론회에서 논의하고 있는 지대개혁, 일자리, 기본소득, 기본주택, 기본자산, 복지, 저출산, 생태환경 문제 등 민생과 관련한 의견을 말씀해주시기 바랍니다.

민생문제의 해법은 통일에서 찾아야 한다

통일대통령 후보 / 우리 사회의 구조화된 불공정, 불평등, 양극화를 해결하기 위한 토지공개념에 기초한 지대개혁은 절실합니다. 하지만 이를 포함하여 대선 후보들이 저마다 내세우는 민생과 복지정책은 조국통일을 전제로 하지 않으면 사상누각에 그칠 수 있습니다.

그동안 선거 때마다 후보들은 민생과 복지를 소리 높이 외쳐왔지만 사회정의와 역사정의가 실종된 분단체제에서 신기루 같은 환상에 지나지 않았고, 삶의 질은 갈수록 악화되었습니다. 모든 민생 문제의 해결은 조국통일에서 찾아야 합니다. 분단체제에서는 더 이상 희망이 없습니다.

박해전 / 평화통일이 곧 '밥'이고 경제이며, 민생을 살리는 근본임을 우리 정치사는 일깨워주고 있습니다. 이명박 박근혜 정권은 민생경제의 출로인 6.15공동선언과 10.4선언을 부정하고 김대중 노무현 정권이 건설한 민족통일경제의 상징인 금강산관광과 개성공단 가동을 전면 중단시키는 용납 못할 범죄를 저질렀습니다.

남북경협을 차단하고 외세와 재벌을 대변한 이명박 박근혜 정권에서 민생경제의 희망은 사라지고 국가채무와 가계부채가 기하급수적으로 불어나면서 미래의 주인공인 청년들이 연애, 결혼, 출산, 취업, 주택, 인간관계, 희망, 외모, 건강을 포기하는 '9포세대'라는 말이 떠돌게 되었습니다.

천문학적인 분단비용을 지출하는 한 보편적 복지 비용을 충당할 수 없습니다. 청년 일자리 문제를 비롯한 민생경제의 해법은 남북의 인적 물적 자원을 공동 개발해 민족 공동의 이익을 도모하고, 남북이 서로 지혜와 힘을 모아 온 겨레가 행복한 민족통일경제를 실현하는 데 있습니다. 이런 통일을 외면하면서 모든 국민을 잘살게 해주겠다고 속이는 빈말 정치는 사라져야 합니다.

민족통일경제건설공사 설립해 청년들의 취업 100% 보장

통일대통령 후보 / 대한민국이 마침내 개발도상국에서 선진국으로 진입했습니다. 수출량도 지난해 세계 7위를 기록했습니다. 그러나 이러한 외형적 성장에도 불구하고 국가부채와 기업부채, 가계부채는 폭증하고 민생고는 가실 줄을 모르고 있습니다. 우리 사회의 불공정, 불평등, 양극화의 심화는 조국분단의 구조적 모순의 산물입니다.

정치인으로서 무엇보다 가슴아픈 것은 우리 나라 출산율이 세계 최하위권에 머물러 있고, 자살률은 세계 1위를 기록하고 있는 점입니다. 우리 사회가 총체적 난국에 빠져 있고, 사람이 사람답게 살 수 없는 사회임을 말해주는 지표입니다. 이런 추세라면 우리 사회의 장래는 매우 어두울 수밖에 없습니다. 시골과 지방이 소멸하고 우리 민족이 사라질지도 모른다는 탄식이 나오고 있습니다. 몇 년 전에 벌써 『한국이 소멸한다』는 책까지 등장했습니다. 반만년 단일민족의 유구한 역사를 이어온 조상님들께 면목이 없습니다.

국민들을 절망에 빠뜨린 민족분단경제를 민족통일경제로 근본적으로 바꿔 새세대 청년들에게 희망을 안겨줘야 합니다. 청년들이 겪고 있는 등록금 문제, 일자리 문제, 복지 문제, 군대 문제 모두 분단을 극복하고 민족통일경제를 이루면 완전히 해결될 수 있습니다. 통일이 되면 일자리가 비약적으로 확대돼 청년실업이 해결될 것이고, 전쟁위기 없는 평화로운 환경에서 학업과 자기 계발에 집중할 수 있습니다. 조국통일이야말로 청년들의 운명을 근본적으로 개척하는 지름길이자 만능해법입니다.

저는 오늘 뜻깊은 판문점 대담에서 우선 청년 일자리 문제의 완전한 해결을 공약하겠습니다. 남과 북은 10.4선언에서 민족경제의 균형적 발전과 공동의 번영을 위해 경제협력사업을 공리공영과 유무상통의 원칙에서 적극 활성화하고 지속적으로 확대·발전시켜나가기로 하였습니다. 10.4선언에 명시된 남북경제협력공동위원회를 열어 즉각 개성공단과 금강산관광을 재개함으로써 민족통일경제의 대동맥을 잇고 남북의 인적 물적 자원 공동개발종합계획을 수립하겠습니다. 이를 바탕으로 민족통일경제건설공사를 설립해 일자리를 원하는 청년들의 취업을 100% 보장하겠습니다.

청년들은 모두 민족통일경제 건설의 역군으로서 긍지와 희망을 안고 적령기에 배우자를 만나 행복한 가정을 꾸리게 될 것입니다. 저는 청년 신혼가정의 신생아 출산문제, 보육문제, 교육문제를 정부가 모두 전액 책임지도록 하고, 아이를 낳은 신혼부부에게는 최우선적으로 공공주택을 공급하겠습니다. 그리하여 전국 방방곡곡에서 정겨운 어린아이 울음소리가 되살아나게 하겠습니다.

민족통일경제는 세상에서 제일 잘 사는 일등국가로 이끌 것

박해전 / 청년들의 일자리를 보장하겠다는 공약이 큰 울림을 줍니다. 민족통일경제는 남북의 천문학적인 분단비용을 민족 복지 예산으로 전환시켜 민생과 복지 문제를 완전히 해결할 것입니다. 남북경제공동체 운영의 상승 효과로 국가경쟁력을 획기적으로 높여 부강 번영하는 나라로의 지속 가능한 발전을 보장할 것입니다.

남북 민족통일경제 공동체는 또 세계 최고의 물류기지, 금융의 중추, 관광대국의 길을 열어 온 국민의 일자리를 보장하고 국민소득 10만달러도 머지않은 장래에 실현되게 할 것입니다. 민족통일경제의 발전 전망은 대단히 휘황합니다. 남북공동선언에 의거한 민족통일경제는 골드만 삭스 같은 국제신용평가기관이 예측하듯이 우리 나라를 동북아중심국가로 우뚝 세우고 일본 경제를 뛰어넘어 세상에서 제일 잘 사는 일등국가로 이끌어갈 것입니다.

통일대통령 후보 / 미래세대를 위해 삼천리 금수강산의 생태환경을 보호하고 개선하는 일도 중요합니다. 추미애 더불어민주당 경선후보가 '대한민국은 인류생존을 좌우할 기후 위기에 대응하여 생물다양성과 환경을 지키며 누구도 기후약자가 되지 않도록 기후 정의를 구현하고, 이를 국민의 기본적 권리로 보장할 의무를 진다'는 내용의 기후 정의를 기본권으로 담는 헌법 개정을 하겠다고 공약한 것은 큰 의미가 있다고 봅니다.

김동학 / 추미애 전 법무부장관은 검찰개혁과 언론개혁의 절박성에 관하여 누리 사회관계망을 통해 "검·언·정·경 카르텔은 해방 이후 청산되지 못한 마지막 잔재이다. 해방 후 70여 년, 무소불위 권력을 지니게 된 검찰을 중심으로 한 사법권력, 더욱 교묘해지고 정치권력화된 보수언론, 사익 추구와 내로남불로 대표되는 뻔뻔한 보수야당은 해방 이후 그들만의 견고한 카르텔을 지켜왔다. 주권자 촛불시민의 요구를 외면하고 반촛불혁명 의사를 노골적으로 드러내고 있다"며 "민주적 통제의 대상인 검찰권력의 수장과 최고 감사기구인 감사원장이 중도에 직을 버리고 보수야당의 대선후보가 되겠다고 나서는 기가 막힌 형국이 되었다. 이를 보수언론은 최소한의 언론으로서 갖춰야 할 본분도 망각한 채 오히려 적극 옹호하며 여론을 호도하고 있다"고 밝힌 바 있습니다.

먼저, 검찰개혁에 대한 의견을 들려주세요.

과거 악폐에 머물러 있는 검찰을 선진국형으로 개조해야

통일대통령 후보 / 추미애 전 장관이 저서 『추미애의 깃발』에서 강조한 바와 같이 인간의 존엄성을 회복하고 보호하는 선진국으로 나아가기 위해서는 과거의 악폐에 머물러 있는 검찰을 선진국형으로 개조해야 합니다. 그것이 검찰개혁입니다. 특히 일제의 잔재가 가장 진하게 남아 있는 마지막 권력이 검찰권력입니다.

검찰개혁은 복잡하지 않고 단순한데도 어려운 까닭은 검찰이 누구도 감히 건드릴 수 없는 무소불위의 조직으로 성장했기 때문입니다. 그동안 검찰은 견제와 균형을 비효율적이고 거추장스럽게 여기는 군부 통치에 협조하면서 어느 나라에도 없는 막강한 권력이 되었습니다.

선진 사법국가에서는 이미 수사와 기소가 분리되어 견제와 균형, 분권의 민주적 원리가 작동하고 있습니다. 그러나 한국 검찰은 아직도 수사가 기소에 복무해야 한다는 등 다른 나라의 법이론에서 볼 수 없는 논리에 집착하고 있는 것입니다.

이러한 검찰 적폐를 청산하도록 추 전 장관이 제안한 대로 검찰개혁법안수사·기소권 분리 및 중대범죄수사청 설립이 국회에서 반드시 처리되어야 합니다.

박해전 / 검찰개혁법안 처리와 함께 식민과 분단기득권에 뿌리를 둔 검찰조직문화가 근본적으로 바뀌어야 합니다. 과거 반민주정권 시기에 검찰은 불의한 정권의 시녀가 되어 무고한 민주인사들에 대하여 경찰의 수사를 지휘하고 기소함으로써 반국가단체 고문조작 국가범죄를 저질렀습니다.

박정희 쿠데타 유신독재정권에서 인혁당재건위사건이 반국가단체로 고문 조작되었고, 5공 전두환 내란반란정권에서는 아람회사건을 반국가단체로 고문 조작했습니다. 두 사건 모두 형사재심에서 무죄선고를 받았지만 천인공노할 고문 조작 국가범죄에 책임 있는 검찰 그 누구도 처벌받지 않았습니다. 또 검찰개혁을 추진했던 노무현 대통령의 비극적인 서거와 조국 전 법무부장관 일가가 당한 고초를 생각하면 국민주권자로서 충격과 분노를 금할 수 없습니다.

특히 검찰이 훗날 유죄로 판결된 이명박 비비케이사건을 2007년 대선 당시 공정하게 처리했다면 희대의 범죄자가 대통령이 되어 김대중 대통령과 노무현 대통령이 심혈을 기울여 이룩한 6.15 공동선언과 10.4 선언을 무참히 짓밟은 대참사를 미리 막을 수 있었습니다.

검찰은 군부독재정권에서는 불의한 정권의 시녀가 되어 민주주의를 요구하는 시민들을 탄압하고 검찰개혁을 추진한 민주정권에는 저항한 행태를 반성하고 새로운 민주검찰 조직문화를 창조해야 합니다. 검찰은 일제식민통치를 거치며 비뚤어진 권력기관의 어두운 그림자를 완전히 벗어버려야 합니다.

검찰개혁의 핵심은 검찰조직 스스로 식민과 분단 적폐를 청산하고 국민주권자의 인권을 옹호하면서 남북공동선언에 따라 자주통일과 평화번영에 기여하는 검찰조직으로 거듭나는 것이라고 봅니다.

김동학 / 이제 언론개혁의 견해를 듣겠습니다.

통일대통령 후보 / 언론매체의 고의 중과실에 의한 허위 조작보도에 대한 징벌적 손해배상제를 뼈대로 하는 언론개혁법안은 원칙적으로 필요하다고 봅니다. 가짜 보도로 고통을 겪은 사람들의 피해를 정당하게 구제해야 합니다.

언론의 편파, 왜곡, 과장 보도는 사람을 죽음으로 내몰기도 하는 범죄이며 엄청난 사회적 해악입니다. 언론의 무소불위 권력을 통제하기 위해 언론의 오보에 대한 '징벌적 손해배상제' 도입이 오랜 기간 논의되어 왔고 국민적 공감대도 충분합니다. 이제 '가짜뉴스 처벌법징벌적 손해배상제'을 더는 미룰 수 없습니다.

법안에 피해자가 허위·조작보도임을 입증해야 하는 문제, 열람차단청구권 남용 문제, '고의·중과실 추정' 조항이 오히려 표현의 자유를 위축시킬 수 있다는 지적은 보완되어야 할 것입니다.

식민과 분단 적폐언론청산특별법을 제정하여 친일반민족언론 퇴출시키자

박해전 / 저는 한겨레신문사에서 창간기자로 참여해 자주언론운동을 벌이다가 해직을 경험한 사람으로서 언론개혁에 대해서는 정말 할 말이 많습니다. 무엇보다 우리 사회의 공기인 언론이 바로서야 사회정의와 역사정의를 실현할 수 있습니다. 언론개혁의 핵심도 검찰개혁과 마찬가지로 촛불혁명 정신으로 식민과 분단에 기생해온 적폐언론을 일소하고 우리 민족의 염원인 자주통일과 평화번영을 실현하는 데 올바로 복무하는 언론을 세우는 데 있다고 봅니다.

프랑스는 제2차세계대전 후 나치 독일의 점령기간 동안 나치에 부역했던 언론인들과 언론사를 철저하게 처단하고 폐간시켰습니다. 독일이 점령하고 있던 4년 동안 15일 이상 펴낸 신문은 모두 나치에 협력한 것으로 간주하여 폐간조처를 하고 신문사의 재산을 몰수했습니다. 독일에 협력했던 언론인들은 가차없이 처형했습니다.

언론에 대해 이렇게 엄격했던 것은 이들이 독일의 정책 수행을 돕고, 국민 여론을 오도하는 데 결정적 역할을 했다고 판단했기 때문입니다. 수십 수백만의 사람들에게 직접적 영향을 끼치는 언론을 개인의 부역과 같이 다룰 수는 없었던 것입니다.

드골 프랑스 대통령은 당시 "국가가 애국자들에게는 상을 주고, 배반자에게는 벌을 줘야만 비로소 국민이 단결할 수 있다"며 "프랑스가 외국인에게 점령될 수는 있어도 내국인에게는 더이상 점령당하는 일은 없을 것"이라고 선언했습니다. 그는 또 말년의 회고록에서 "언론인은 도덕의 상징이기 때문에 첫 심판대에 올려 가차없이 처단했다"고 기록했습니다.

전후 프랑스 사회가 빠르게 민주화되고 도덕성과 윤리 그리고 민주적 법질서가 잡힌 것은 나치에 협력한 민족반역자들과 적폐언론을 모두 찾아내 철저하게 응징한 결과입니다. 프랑스는 민족반역자의 범죄에 대한 시효를 없애는 법을 제정해 그렇게 철저하게 끝까지 적폐언론을 청산한 것입니다.

그러나 우리 사회는 36년간 일제에 의한 식민지배를 당하고도 친일반민족 언론을 청산하지 못했습니다. 역사의 심판에는 시효가 없습니다. 우리 사회도 언론이 판문점선언시대 자주통일과 평화번영에 기여하는 참언론으로 거듭나도록 식민과 분단 적폐언론청산특별법을 제정하여 과거 일제강점기에 친일매국행위를 한 조선일보와 동아일보, 박정희 쿠데타정권과 5공 내란반란정권의 시녀 노릇을 한 반민주언론, 6.15 10.4선언과 판문점선언에 역행하는 반민족 반통일언론과 기레기들을 엄벌하고 퇴출시켜야 할 것입니다.

판문점선언시대 언론인의 역할과 과제

통일대통령 후보 / 언론인들은 판문점선언 시대의 대변자로서 사명과 책임을 다하여 우리 민족의 자주통일과 평화번영, 세계평화 위업을 앞당겨야 할 것입니다. 시대의 선각자로서 판문점선언과 9월평양공동선언을 적극 지지하고 실천하는 데 앞장서야 합니다. 지면과 방송에서 남북 공동선언 실천을 핵심의제로 설정해 현시기 당면과제를 올바로 해결해야 합니다.

언론인들은 남북공동선언 이행을 후퇴시키고 동족 사이에 대결과 긴장을 불러올 수 있는 민족분열적인 보도를 배격하고 남북관계 발전과 평화번영에 이바지하는 방향에서 보도해야 합니다.

조국통일을 가로막고 있는 외세와 그 추종세력들의 입장만을 대변하는 편파보도와 의도적인 왜곡보도를 용납하지 말아야 합니다. 상업주의와 선정주의를 배격하고 비본질적이고 부차적인 현상들을 확대 과장하여 민족의 단합과 화해를 해치는 반민족 반통일 언론을 일소해야 합니다.

판문점선언과 9월평양공동선언에 따라 평화통일을 하루빨리 앞당기는 것은 우리 민족의 절박한 요청입니다. 언론인들은 정파와 정당, 계급과 계층을 초월해 모든 애국애족세력이 남북공동선언 이행을 중심에 놓고 연대연합하여 조국통일을 실현하는 데 자신의 역할을 다하여야 할 것입니다.

상품과 상호, 간판들을 모두 우리 말글로만 표기해야

김동학 / 더불어민주당은 제20대 대통령선거 후보 예비경선에서 '국민면접'을 내걸고 '블라인드 면접'과 '정책언팩쇼'를 벌였습니다. 국어기본법에 따라 국어 사용을 촉진하고 민족문화 발전에 기여할 책무가 있는 집권여당의 중요한 정치행사에서 이처럼 외래어와 외국어를 남발하는 행태를 보인 것은 참으로 잘못된 일입니다.

올바른 민족문화 창달과 계승을 위한 고견을 말씀해주시기 바랍니다.

통일대통령 후보 / '블라인드 면접'과 '정책언팩쇼'를 '가림막 면접'과 '정책발표회'로 바꿔 썼더라면 좋았을 것입니다. 더불어민주당 대통령 경선 후보들은 이러한 잡탕말 예비경선을 반성하고 국적 불명의 온갖 외래어와 외국어가 득세한, 문화사대주의에 빠진 우리 말글살이를 올바로 살리는 정책을 적극 제시해야 합니다.

지난날 이름난 정치인들의 이름을 영어 약자로 호칭한 일이 있습니다. 언론 매체들도 김대중을 디제이DJ로, 김영삼을 와이에스YS로, 김종필을 제이피JP로 쓰기도 했습니다. 그러나 정치인을 외국어로 지칭하는 행태들은 박정희의 창씨개명 '오카모도'를 떠올리게 하는 문화제국주의에 빠진 또 하나의 사대매국적 변종 창씨개명이라는 비판을 받을 수 있습니다. 이런 얼빠진 행태는 사라져야 합니다. 이들 이름을 굳이 약자로 쓰고 싶다면 ㄷㅈ, ㅇㅅ, ㅈㅍ로 우리 글자로 쓰면 될 일입니다.

우리 나라도 프랑스 말글정책처럼 국어기본법을 강화하여 국내에서 사용하는 상품과 상호, 간판들은 모두 우리 말글로만 쓰게 하도록 해야 할 것입니다.

박해전 / 우리 사회가 겪고 있는 병든 말글살이와 민족문화의 위기는 외세가 강요한 식민과 분단체제, 외세의 민족말살정책에서 비롯된 것입니다. 그로부터 민족성을 살리는 민족문화 발전이 가로막히고 민족성을 죽이는 문화제국주의와 정보제국주의가 관철되었습니다. 외세에 의한 식민과 분단이 불러온 대재앙입니다.

외세가 주입한 문화제국주의와 정보제국주의로 인하여 애국애족의 민족성은 빛을 잃고 극단적인 개인주의와 이기주의가 팽배한 가운데 총체적 난국에 빠졌습니다. 민족 분단이 일제 강점기의 배가 넘게 지속되면서 우리 사회에서 핏줄과 언어, 문화, 지역의 공통성에 기초하여 역사적으로 형성되고 공고화된 사회적 집단으로서의 민족 의식은 점차 흐릿해졌습니다. 미국식 다인종 다문화가 정상인 것으로 간주되고 미국 말글과 외국어가 범람하는 잡종문화가 득세하여 민족성을 살리는 민족문화의 발전을 가로막고 있습니다.

자기 땅에서 유배된 사람들처럼 농촌 남성들은 배우자를 구하기 어려워 동남아 여성들을 돈을 주고 데려오는 것이 능사로 되었습니다. 도시에서는 '쥴리'처럼 미국 말글로 이름을 지어 부르는 신판 창씨개명도 유행처럼 번지고 있습니다. 상품 이름과 상표, 광고 간판도 우리 말글로 된 것은 적고, 대부분 외래어로 표기되거나 우리 말과 외래어를 합성한 것으로 둔갑하고 있습니다. 우리 민요와 미풍양속은 푸대접을 받고 미국식 음악과 영화를 비롯한 외래 제국주의문화가 판을 치고 있는 것이 가슴 아픈 현실입니다.

통일대통령 후보 / 단일민족문화의 위기를 극복하려면 마땅히 외세가 강요한 식민과 분단체제, 민족말살정책을 청산하고 사대매국적인 식민과 분단문화를 일소할 민족성을 살리는 민족통일문화를 창조해야 합니다.

민족성을 살리는 민족통일문화는 민족의 역사와 핏줄을 이어주는 원천입니다. 민족영구분단론이자 민족해체론인 미국식 다인종 다문화론을 용납하지 말아야 합니다. 문화제국주의와 정보제국주의를 배격하고 유구한 단일민족문화를 올곧게 계승 발전시켜야 합니다.

6.15 공동선언과 10.4선언, 판문점선언으로 우리 민족은 식민과 분단의 역사에 마침표를 찍고 민족성을 살리는 민족통일문화를 창조할 수 있는 대통로를 열었습니다. 남북공동선언 실천에 매진하여 자주통일과 평화번영의 위대한 민족통일문화의 꽃을 피워야 하겠습니다.

김동학 / 제2기 진실·화해를위한과거사정리위원회위원장 정근식가 제1기 위원회 활동 종료 후 약 10년 만에 다시 구성되어 활동에 들어갔습니다. 항일독립운동·한국전쟁 직후 민간인 학살·권위주의 통치 시 인권침해 등에 대해 조사할 계획입니다. 제2기 위원회의 과거사 청산 활동과 관련해 의견이 있으면 말씀해 주세요.

통일대통령 후보 / 이명박 박근혜 정권에서 중단되었던 진실화해위원회의 활동이 재개되어 다행스럽습니다. 진실화해위원회의 과거사 청산은 식민과 분단 체제에서 불의한 국가폭력에 의해 피해를 당한 사람들의 고통이 완전히 해결될 때까지 중단 없이 계속되어야 합니다.

그런데 이와 관련해 숙고해야 할 문제가 있습니다. 팀 셔록 미국 언론인은 제주 4.3 학살과 5.18 광주 학살의 책임이 미국에 있다며 미국 대통령이 사과해야 한다고 밝혔습니다.

팀 셔록은 제주 4.3항쟁과 관련해 "1947년과 1948년, 우익 경찰의 폭력에 맞선 대중시위와 군인들의 항거 이후 미국은 제주를 '레드 아일랜드'빨갱이섬으로 선포하고 10만명이 넘는 사람들을 죽인 잔인한 진압작전을 승인했다. 서북청년단은 수개월 동안 지속된 대학살을 자행했다. 그것은 미군정과 미국 군사고문단의 지원이 뒷받침된 현대판 홀로코스트였다. 한국 전쟁은 1950년 6월 25일 훨씬 이전에 시작됐다"고 전했습니다.

그는 또 5.18 민중항쟁과 관련한 미국 국무부의 2급 비밀문건 '체로키 파일'을 입수해 광주시에 전달했습니다. 비밀문건에는 전두환 신군부의 '무력진압'을 미국이 방조하고 승인한 사실이 담겨 있었습니다.

진실화해위원회가 미국과 관련된 과거사 청산을 위하여 노근리 민간인학살을 포함하여 팀 셔록 기자가 제기한 미국의 책임 문제를 다룰 수 있는지, 아니면 또 다른 기구에서 처리할지를 검토해야 할 것입니다.

진실화해위원회의 결정이 짓밟힌 진실을 규명해야

박해전 / 이명박 박근혜 정권은 박정희 유신독재와 5공 전두환 내란반란정권의 반국가단체 고문조작 국가범죄 가해책임자 박정희와 전두환 심판에 나서기는커녕 인혁당재건위사건과 아람회사건을 표적 삼아 피해자들의 원상회복을 부당하게 짓밟았습니다. 이것은 과거사 청산을 부정한 또하나의 국가폭력이자 국가범죄입니다. 제2기 진실화해위원회는 이에 대한 진실을 규명하여 과거사 청산의 대의를 밝혀야 할 것입니다.

제1기 진실화해를 위한 과거사정리위원회 위원장 송기인는 2007년 7월 3일 5공 아람회사건 반국가단체 고문조작 국가범죄의 진실을 규명하고 "국가는 피해자들과 그 유가족에게 총체적으로 사과하고 화해를 이루는 적절한 조치를 취하라"고 결정했습니다. 진실·화해를 위한 과거사정리 기본법 제36조에는 '정부는 규명된 진실에 따라 희생자, 피해자 및 유가족의 피해 및 명예를 회복시키기 위한 적절한 조치를 취하여야 한다'라고 규정되어 있습니다.

진실화해위원회의 아람회사건 진실규명 결정과 서울고등법원의 재심 무죄판결에도 불구하고 5공 반국가단체 고문조작 국가범죄가 발생한 지 40년이 지나도록 대한민국 공직책임자들은 아람회사건 피해자들에 대한 사죄와 원상회복을 비롯한 국가범죄 청산 직무를 유기하고 있습니다.

제1기 진실화해위원회의 진실규명 결정이 제2기 진실화해위원회가 출범한 오늘날까지도 이행되지 않은 것은 대한민국의 수치입니다. 5공 아람회사건 반국가단체 고문조작 국가범죄 청산에 대한 정부의 직무유기는 진실화해위원회 활동의 정당성과 존립 근거를 부정하는 국가범죄입니다. 반인륜적 고문조작 국가범죄에는 시효가 없습니다. 제2기 진실화해위원회가 아람회사건에 대한 제1기 진실화해위원회의 결정이 짓밟힌 진실을 규명하고 합당한 조치를 취하는 것은 진실화해위원회의 존립과 직결되는 중대사입니다.

김동학 / 김원웅 광복회장은 앞에서 언급했듯이 한국사회 모순의 핵심은 분단과 친일미청산이라고 강조했습니다. 김 회장은 이어서 "그런데 그런 것을 주장하면 조중동과 친일세력으로부터 빨갱이라고 몰린다. 그런 면에서 백범 김구 이후에 역사의식을 갖고 그런 입장을 표명한 사람은 6.15 공동선언을 채택해 분단을 극복하려고 한 김대중 대통령과 노무현 대통령이라고 생각한다.

그런 역사의식이 투철하지 않은 사람들이 대선 후보 토론회에서 김대중 노무현을 거론하면서 자기가 승계자라고 얘기할 때 속으로 웃음이 나온다. 조중동이 그 사람을 빨갱이라고 몰고 불편하게 생각하고 공격하지 않는 여당의 대선 후보는 그건 가짜다. 그러니까 김대중 노무현 노선을 가겠다고 말하려면 조중동으로부터 저놈 빨갱이야 좌빨이야 이 말 안듣고 그런 말 하겠다면 그건 가짜다. 용기 없는 사람이다. 세상을 못 바꾼다.

그런 사람 하는 거나 다른 당 하는 거나 무슨 큰 차이가 나겠는가. 핵심적인 것은 친일미청산과 분단에 대하여 친일반민족세력들과 맞서 싸울 용기가 없는 사람, 그런 신념이 없는 사람은 기회주의자라고 생각한다." 이렇게 지적했습니다.

김 회장이 밝힌 대선 후보의 품성과 자질에 대한 견해를 말씀해주시지요.

대통령선거 후보의 품성과 자질

통일대통령 후보 / 김대중 대통령과 노무현 대통령은 여러분이 잘 아시다시피 대선 후보로 선출되는 과정과 대통령선거 과정, 대통령에 당선되어 역사적인 6.15 공동선언과 10.4 선언을 채택하기까지 수구세력과 수구언론의 온갖 모함과 공격을 받았습니다.

그렇지만 두 대통령은 식민과 분단의 역사를 극복 청산해야 한다는 투철한 역사의식을 갖고 굴함없이 온갖 난관을 뚫고 우리 민족의 자주통일과 평화번영의 이정표를 창조하는 공적을 쌓았습니다. 이런 점에서 김원웅 광복회장의 대선후보들에 대한 지적은 설득력이 있고 모두가 경청해야 한다고 봅니다. 대통령 후보들은 색깔론을 정치에 악용하는 수구세력과 수구언론의 구태를 타파하고 역사의 진실만을 말해야 합니다.

정의와 공정, 법치의 진정한 의미는 무엇인가

박해전 / 김 회장의 지적은 대선 후보들이 이구동성으로 말하는 우리 사회의 정의와 공정, 법치의 진정한 의미가 무엇인가를 묻고 있는 것 같습니다.

지구상에서 우리 민족처럼 한 세기가 넘게 외세에 의한 식민과 분단의 고통을 겪고 있는 나라가 있습니까? 외세에 의한 식민과 분단이야말로 가장 참혹한 불의와 불공정, 무법치가 아닐 수 없습니다. 이러한 식민과 분단의 적폐를 완전히 청산하고 남북공동선언에 따라 우리 겨레의 염원인 자주통일과 평화번영, 세계평화를 실현하는 것이야말로 최고의 정의와 공정, 법치라고 생각합니다.

제20대 대통령선거에서 식민과 분단 기득권에 안주하여 그 기득권을 계속 유지하려는 정치기술자 대선 후보는 필요가 없습니다. 국민주권자들은 6.15 공동선언의 주인공 김대중 대통령, 10.4 선언의 주인공 노무현 대통령, 판문점선언의 주인공 문재인 대통령에 못지않은, 아니 그 이상의 정치력을 발휘하여 조국통일을 선포할 통일대통령을 갈망하고 있습니다. 국민주권자들은 통일대통령을 부르고 있습니다.

김동학 / 그렇습니다. 우리 겨레의 염원인 자주통일과 평화번영, 세계평화를 실현하는 것이야말로 최고의 정의와 공정, 법치라는 말씀에 깊이 공감합니다. 조국통일은 우리 민족의 절절한 염원이며, 분단으로 인해 나서는 모든 문제의 근원적인 해결책이자 유일한 해결책입니다.

그럼 이제 논란을 빚고 있는 야권 대선후보들의 발언과 관련한 말씀을 듣겠습니다.

국민의힘 대선 예비후보였던 최재형 전 감사원장은 대선 출마 기자회견에서 역대 대통령 중 누구를 가장 존경하느냐는 기자의 질문에 이승만이라며 "우리 나라의 대통령 중 헌법 가치를 가장 잘 지킨 대통령은 이승만 대통령"이라고 주장했습니다. 이 발언을 어떻게 평가하십니까?

한미상호방위조약은 한일합방조약에 버금가는 사대매국노예조약

통일대통령 후보 / 식민과 분단의 적폐청산과는 너무나도 동떨어진 역사의식을 단적으로 드러낸 기가 막힌 망언입니다. 3.15 부정선거의 원흉 이승만은 4.19혁명으로 단죄되었습니다. 우리 헌법 전문은 4.19혁명을 민주이념으로 명시하고 있습니다. 최재형 예비후보의 이승만 찬양 발언은 이러한 헌법 가치를 부정하는 것입니다.

박해전 / 이승만 사대매국정권이 1953년 대한민국의 군사주권을 미국에 넘긴 한미상호방위조약은 절대로 양도할 수 없는 국민주권을 침해한 것으로 원천무효입니다. 이완용을 비롯한 사대매국노들이 1910년 대한제국의 국가주권을 불법으로 일본에 넘긴 한일합방조약에 버금가는 사대매국조약입니다. 이 사대매국노예조약에 근거해 미국은 한국의 군사주권을 지배함으로써 주한미군을 배치하고 천문학적인 방위비분담금을 요구해왔습니다.

노무현 대통령이 군사작전권 환수에 나서 2012년까지 돌려받기로 했으나, 이명박 박근혜 정권은 이를 취소하고 무기한 연기하고 말았습니다. 근본적으로 군사주권 회복은 불평등한 한미상호방위조약을 폐기해야만 가능합니다. 일본 군대는 일제강점기 36년 동안 한국에 주둔했지만, 주한미군은 그 곱절을 기록하고 있습니다. 세상에 외국군대가 이토록 오랫 동안 남의 나라에 진을 친 역사가 어디에 또 있겠습니까?

통일대통령 후보 / 최재형 국민의힘 예비후보에게 묻겠습니다. 불평등 불공정 한미상호방위조약으로 국가주권의 핵심인 군사주권을 미국에 넘긴 이승만이 정말 헌법 가치를 가장 잘 지킨 사람입니까?

김동학 / 윤석열 전 검찰총장은 윤봉길의사기념관에서 연 대선출마 기자회견에서 한일관계 개선 방안을 묻는 일본 방송기자의 질문에 "수교 이후 가장 관계가 열악해지고 회복이 불가능할 정도까지 관계가 망가졌다. 어떤 이념 편향적인 죽창가를 부르다가 여기까지 왔다"라고 답변했습니다.

일본 극우세력과 궤를 같이하는 시각의 윤 전 검찰총장의 발언을 일본 언론매체들은 일제히 "한국의 각종 여론조사에서 가장 인기가 많은 한국 대선 후보가 한·일 관계 개선의 의지를 표명하며 문재인 정부를 비판했다"라고 전했습니다.

윤 전 검찰총장의 발언을 어떻게 이해할 수 있겠습니까?

한일기본조약은 일제식민통치에 면죄부를 준 사대매국조약

통일대통령 후보 / 일본 정부와 유사한 역사의식에 경악을 금할 수 없습니다. 윤 전 검찰총장 역시 최재형 전 감사원장처럼 대선출마 기자회견에서 식민과 분단 적폐청산과 동떨어진 역사인식을 드러냈습니다. 한일관계가 악화된 원인은 일제강점기 반인륜적 범죄 청산을 회피하는 일본 정부의 태도에 있는 것이지 역사정의의 원칙을 지키려는 문재인 정부 탓으로 돌릴 수는 없는 것입니다.

박해전 / 일왕에게 충성을 맹세했던 박정희 사대매국정권이 미국의 사주 아래 1965년 일본과 체결한 한일기본조약도 불법적인 일제식민지배의 사죄와 정당한 배상 없이 일제식민통치에 면죄부를 준 사대매국조약으로 원천무효입니다.

일본 총리 아베는 이 조약을 근거로 한국 대법원의 일제 강제징용 배상 판결을 무시하고 적반하장의 경제보복 조치를 취했습니다. 이 사대매국조약을 폐기해야 우리 민족의 일제식민통치에 대한 공정하고 정의로운 심판과 올바른 친일 잔재 청산의 길이 열릴 것입니다.

김동학 / 이제 우리 민족이 일일천추로 갈망하는 조국통일의 방도와 전망에 대한 말씀을 요청합니다.

국민주권연대는 6.15 공동선언 깃발을 높이 들고 지금 즉각 통일하자고 촉구하고 있습니다. 조국통일은 먼 훗날의 얘기가 아닙니다. 의지만 갖는다면 지금 당장이라도 시작할 수 있습니다. 하루빨리 조국통일을 이룰 수 있는 방안에 대하여 말씀해주시기 바랍니다.

남북공동선언에 따라 지금 바로 통일하자

통일대통령 후보 / 우리 민족은 이미 2000년 6.15공동선언을 통해 낮은 단계의 연방조국통일 방안을 천명하였으며, 판문점선언에서 재확인했습니다. 1민족 1국가 2체제 남북지역자치정부를 기반으로 하는 연방통일방안은 어느 일방으로의 흡수통일을 배격하며 통일비용을 한 푼 들이지 않고 남북해외 온 겨레가 실지 덕을 볼 수 있는 가장 공명정대한 것으로 인정됩니다.

6.15 선언은 조국통일의 주체와 원칙, 방도를 분명하게 밝히고 있습니다. 남과 북은 나라의 통일 문제를 그 주인인 우리 민족끼리 서로 힘을 합쳐 자주적으로 해결해 나가기로 하였습니다. 남과 북은 나라의 통일을 위한 남측의 연합제 안과 북측의 낮은 단계의 연방제안이 서로 공통성이 있다고 인정하고, 앞으로 이 방향에서 통일을 지향시켜 나가기로 하였습니다.

남북관계 발전과 평화번영을 위한 10.4선언에서 남과 북은 6.15 공동선언을 고수하고 적극 구현해 나가기로 하였습니다. 판문점선언에서도 남과 북은 우리 민족의 운명은 우리 스스로 결정한다는 민족자주의 원칙을 확인하였으며 이미 채택된 남북 선언들과 모든 합의들을 철저히 이행함으로써 관계 개선과 발전의 전환적 국면을 열어나가기로 하였습니다.

조국통일은 이제 마지막 절차를 남겨 놓고 있습니다. 문재인 대통령과 김정은 국무위원장이 정상회담을 열어 6.15공동선언과 10.4선언, 판문점선언에 의거한 조국통일을 선포하고 남북연방통일정부를 구성해주시기 바랍니다.

박해전 / 지금 당장 조국통일을 이룰 수 있다는 말씀을 들으니 정말 뜨거운 감동을 억제할 수 없습니다. 남과 북은 상대방에 존재하는 서로의 사상과 제도를 인정하고 용납하는 기초 우에서 온 민족의 지향과 요구에 맞게 통일강국의 휘황

한 설계도를 마련해나가야 합니다.

판문점선언과 그 실천강령인 9월평양공동선언에는 아름다운 삼천리 조국강토를 평화와 민족번영의 보금자리로 만들어나가기 위한 실질적인 대책과 방도들이 구체적으로 명시되어 있습니다. 통일의지로 불타는 우리 겨레의 강렬한 소원과 꿈이 담겨져 있습니다.

통일대통령후보 / 국회는 지체없이 판문점선언의 국회 비준동의를 만장일치 가결하고 국가보안법을 폐지함으로써 조국통일의 확고한 제도적 기반을 마련해야 합니다. 국회가 판문점선언에 의거해 조국통일을 선포할 남북정상회담 촉구 결의안을 채택하고 이에 따라 문재인 대통령과 김정은 국무위원장이 최고민족연방통일기구를 구성한다면 우리 민족의 소원인 조국통일은 현실로 다가올 것입니다.

박해전 / 저는 남북공동선언에 따라 실현될 자주통일 평화번영의 위대한 통일강국의 국호를 대고려민주연방공화국대외적으로는 그레이트 코리아으로 정하고, 최고민족연방통일기구 청사는 이곳 판문점에 두는 것을 제안합니다. 또 통일조국은 서방 스위스와는 다른 21세기형의 자위력을 갖춘 동방의 중립국이 될 것을 요청하고 싶습니다.

김동학 / 귀한 말씀 감사합니다. 이제 대담을 마칠 시간이 되었습니다. 두 분의 마무리 발언을 듣겠습니다.

조국통일대통령 깃발을 높이 들고 나아가자

통일대통령 후보 / 제20대 대통령선거는 조국통일을 완성하는 선거가 되어야 합니다. 오늘 판문점 대담이 국민주권자들이 제20대 대선에서 통일대통령을 올바로 세우는 기폭제가 되었으면 좋겠습니다. 저는 이곳 판문점에서 제가 들었던 깃발 6.15 공동선언, 10.4 선언, 판문점선언을 신명을 바쳐 완수할 것임을 8천만 동포들께 굳게 맹세합니다.

문재인 대통령과 김정은 국무위원장이 함께 거닐었던 유서 깊은 판문점 도보다리 대담장에 나부낀 '제폭구민 / 척양척왜 / 보국안민 / 6.15 공동선언 / 10.4 선언 / 판문점선언 / 자주통일 / 평화번영 / 세계평화' 9개 깃발과 대담에서 확인된 민심을 대선후보들에게 전달하여 통일대통령 후보가 이 깃발을 들고 2022년 대선에서 건승하도록 하겠습니다. 감사합니다.

박해전 / 국민주권자들은 촛불혁명으로 6.15공동선언과 10.4선언을 유린한 박근혜 정권을 탄핵하고 2017년 5.9 대선에서 문재인 대통령을 선출했습니다. 지난해 4.15총선에서는 촛불혁명 정권을 뒤엎으려는 박근혜 잔당을 물리치고 제21대 촛불혁명 국회를 세우는 위대한 역사를 창조했습니다.

제폭구민, 척양척왜, 보국안민의 깃발을 높이 들었던 동학혁명, 일제침략에 맞선 항일자주독립투쟁, 외세에 의한 조국 분단에 항거하며 자주 민주 통일을 이루기 위해 투쟁한 제주 4.3항쟁, 4.19혁명, 5월항쟁, 6월항쟁, 범민련 민족대단결운동, 6.15공동선언, 10.4선언 정신이 촛불혁명으로 이어졌습니다. 촛불혁명은 아직 끝나지 않았습니다. 식민과 분단 적폐를 완전히 청산하고 민족자주와 조국통일을 이루는 그날 촛불혁명은 완성될 것입니다.

국민주권자로서 판문점선언을 완수하는 통일대통령을 핵심공약으로 낼 것을

2022년 대통령선거에 출마한 후보들에게 요구합니다. 제정당 사회단체들이 조국통일 대통령 후보를 중심으로 단결하여 2022년 대선에서 다함께 민생조국통일 거국정권을 창조할 것을 호소합니다.

저는 오늘 대담을 포함해 통일대통령 선택에 도움을 주는 글들을 모아 단행본 『이재명 통일대통령 깃발을 다함께 들자』를 서둘러 출판하겠습니다. 이곳에서 출발한 9개의 깃발이 통일대통령을 세우는 기둥이 되도록 국민주권자들과 공유하겠습니다. 조국의 운명을 결정할 제20대 대통령선거에서 통일대통령이 선출되도록 지혜와 힘을 모아주시기를 바랍니다.

김동학 / 장시간 귀중한 말씀 잘 들었습니다. 출연해주신 두 분께 감사드립니다. 끝까지 경청해주신 시청자 여러분, 고맙습니다. 다음번에는 문재인 대통령과 김정은 국무위원장이 2018년 9월 두 손을 굳게 잡았던 백두산 장군봉에서 통일대통령과 함께하는 대담을 갖도록 하겠습니다. 그때 다시 뵙겠습니다.

이것으로 2022년 1월 1일 정오 판문점 도보다리 대담장에서 '다함께 민생조국통일 거국정권 창조하자'를 주제로 진행된 통일대통령 후보와 박해전 자주통일평화번영운동연대 상임대표의 대담을 끝마치겠습니다. 감사합니다.

생존이 중심어야 할 인류세 정책

박병상 / 녹색전환연구소 연구이사

두루미와 철새가 내려앉자 겨울을 맞은 서해안 일원에 조류인플루엔자 바이러스가 검출되었다. 기억을 더듬어 갯벌을 찾은 철새는 먼 거리를 날아와 기진맥진한다. 서둘러 체력을 회복해야 하는데, 주변에 먹이는 물론이고 쉴 자리조차 부족해졌다. 논밭에 떨어진 알곡도 보기 어렵다. 비닐로 둘둘 만 볏짚, '건포 사일리지'가 들판에 쌓였어도 철새 몫이 아니다. 주변의 축사로 향할 것이다. 충분히 회복하지 못한 철새의 분변이라면 바이러스가 남을 수 있다.

독감에 걸리더라도 며칠 푹 쉬며 잘 먹으면 사람도 철새도 쉽게 회복되지만, 요즘은 다르다. 분변 씻어내던 갯벌이 논밭으로 바뀌더니 커다란 양계장과 축사가 거듭 들어섰다. 양계장 환기구는 공중에서 떨어지는 철새 분변을 빨아들인다. 철새 분변에 조류인플루엔자 바이러스가 검출되더라도 가축 방역당국은 살처분을 지시한다. 고병원성이라면 반경 3km 이내의 닭과 오리, 메추리도 모조리 죽일 것이다. 양계장 간격을 3km 이상 띄었다면 죽일 가금을 줄이고 살처분 인부의 과로사도 피하겠지만, 해마다 10억 마리의 치킨을 감당하려면 대안이 없다며, 정부 관계자는 단호하다.

갯벌과 모래, 크고 작은 섬들이 파고를 막아주는 우리 서해안은 리아스식이었다. 거의 매립된 지금은 물론 아니다. 오랜 풍상을 겪은 리아스식 해안은 재난을 막을 뿐 아니라 수많은 생물의 터전이 되어 풍요로웠지만, 옛이야기가 되었다. 논습지마저 사라지면서 생물상은 지극히 단조로워졌다. 사람과 가축 이외에 해안에 남은 생물은 없다. 고속도로가 육상 생태계를 토막을 내며 도시가 확장되자 생물상이 위축되었다. 대신 온실가스와 미세먼지는 늘어나면서 재해에 속수무책이 되었다. 2000년 이전에 금시초문이던 조류인플루엔자가 창궐하더니 비행기로 2019년 착륙한 코로나19가 고속도로를 타고 무섭게 번져나갔다.

에어컨이 불필요하던 캐나다에 2021년 이른 여름, 섭씨 50도에 가까운 폭염이 엄습했다. 캐나다만이 아니다. 지역과 계절을 가리지 않고 기상이변과 자연재해가 빗발친다. 기후학자들은 예외적인 현상이 아니라고 입을 모으는데, 우리 대책은 무엇이어야 할까? 체온을 크게 넘는 기온을 감내하며 일상을 잇는 생명체는 없다. 에어컨 모르던 유럽에서 7만 명을 희생시킨 2003년 더위가 어느새 시베리아로 확산하는데, 생태계와 리아스식 해안을 잃은 우리는 언제까지 안전할까?

새삼 거론할 필요 없이, 화력발전은 기후위기의 주범이다. 화력발전소를 줄이려 노력하는 유럽은 내연기관을 가진 자동차와 비행기를 억제하는 정책을 서두르는데, 우리는 무감각하다. 유럽 환경운동가들은 한국을 "기후 악당국가"로 지목한다. 자국을 넘어 다른 나라의 화력발전소까지 세우지 않던가. 2050년까지 탄소중립을 확립하겠다고 천명한 한국은 수소와 전기자동차를 앞세우는데, 터무니없다. 연료 교환으로 개선될 만큼 한가롭지 않다.

자동차와 비행기는 물론이고 화력발전소까지 모조리 없애도 온실가스는 넘친다. 2000만 대가 넘는 전기차와 수소차가 아스팔트를 메우며 초고층 건물 사이를 돌아다닌다면 탄소중립은 가능할 리 없는데, 대권 후보들은 기후위기 대응과 성장을 되뇐다. 다분히 의도적이다. 온실가스 배출 없는 성장은 불가능하다.

경제학자 케네스 볼딩은 "경제성장이 계속되리라 믿는 자는 미치광이이거나 경제학자"라고 지적했는데, 성장을 약속하는 정치인은 우리가 선진국이 되었다고, GNP 4만 달러, 주가 5000포인트 시대를 약속한다. 기득권에 편중된 경제성장이 보편적 행복을 보장할 리 없건만.

일자리를 위한 그린뉴딜?

코로나19 이후의 '뉴노멀'을 맞아, 정책을 "비대면 뉴딜"과 "그린뉴딜"을 추구해야 한다는 소리가 들린다. 지식인이 그리 말하는데, 외래어인 '뉴딜'도 살갑지 않지만, '비대면'도 어색하다. 지식인 용어는 대중을 외면한다. 비대면이다.

코로나19는 '3밀', 다시 말해 밀접, 밀집, 밀폐를 피하자고 말한다. 사람 사이를 2m 이상 떨어져야 감염을 피할 수 있다며 정부는 디지털 분야를 제안한다. 3밀 회피를 고려했다지만 대체로 단순한 작업이다. 자신의 장래를 맡기고 투신할 젊은이가 얼마나 있겠나?

코로나19는 사람 사이의 관계가 끊겨서 생긴 측면이 강하다. 내가 재배한 농산물을 이웃과 나누는 마을, 집 짓고 옷 만드는 이웃이 한 장소에서 재주를 나누는 공동체라면 코로나19가 지금처럼 급속히 퍼질 수 없었다. 고통스러워하는 이웃을 살펴 몸과 마음으로 보살피는 공동체에서 비대면은 가당치 않다. 무서운 감염병일지라도 마음은 가까워질 텐데, 이번 디지털 뉴딜에 온기는 생략되었다.

그린뉴딜은 어떤가? 일자리 창출에 방점은 찍었어도 환경에 대한 진정성은 느끼기 어렵다. 환경단체는 "목표 없는 그린뉴딜로 기후위기에 대응할 수 없다."라며, 비판했다. 목표가 없다고? 그린뉴딜의 주인공으로 부각하려는 자동차회사는 발끈할지 모른다. 전기차와 수소차가 창출하는 일자리를 제시하고 싶을 텐데. 그 때문에 없어질 일자리는 물론 감추겠지.

전기차와 수소차는 지속 가능한가? 전기와 수소를 동력으로 사용하는 자동차는 도시의 대기를 다소 깨끗하게 할 뿐, 온실가스를 줄이지 못한다. 전기와 수소를 생산하는 과정에 발생하는 온실가스와 환경오염 물질은 무시할 수준이 아니지 않나! 전기로 물을 분해하거나 천연가스로 수소를 분리한다면? 눈속임이다. 과정에서 필연적으로 나오는 핵폐기물과 탄소는 잡아낼 거라고? 안정성 기대할 수 없는 선택적 상상력에 지나지 않는다.

지구온난화는 예상되는 위기보다 심각하게 다가온다. 기상이변으로 스러지는 생태계는 미래세대의 생존기반을 무너뜨린다. 대멸종을 예고한다. 코로나19와 계속 다가온 바이러스 창궐은 지구온난화 원인과 무관하지 않은데, 우리 정부가 제시한 디지털 뉴딜, 그린뉴딜은 한가하다. 늦지 않게 삶의 방식을 바꿔야 한다. 무엇일까?

생각이 먼저 바꿔야 하는데, 기존 사회 질서를 기반으로 기득권을 양산하는 대학을 그대로 두고 그린뉴딜이 가능할까? 기득권의 연구로 지구온난화가 진정될까? 연구실적이 많은 대학일수록 농민과 농촌, 그리고 농업을 대체로 무시한다. 기후위기가 초래할 식량 부족에 위기의식이 없다.

이자 요구하는 은행을 유지하면서 그린뉴딜이 가능할까? 이자는 경제성장을 강요한다. 고갈을 앞둔 석유, 온실가스를 내뿜는 화석연료가 뒷받침되지 않으면 경제성장은 불가능한데, 정부의 그린뉴딜에 탈성장이나 탈석유 의지는 보이지 않는다. 생존을 위한 새로운 삶은 기후위기 원인과 과감히 결별해야 한다. 기득권에 영합하는 대학과 은행은 새로운 일상에 길벗이 아닌데, 우리는 논의조차 없다.

생존을 위한 기본소득

선거철이 다가와 그런가? "기본소득"이 주목된다. 유력한 대선후보의 공약이기 때문일 텐데, 선거와 관련 없이, 생존을 생각하는 기본소득을 무엇이어야 바람직할까?

택시에 기본요금이 있듯, 어떤 일이든 기본은 있다. 음식과 안식처가 필요한 동물과 달리 인간은 옷을 더 요구한다고 일찍이 헨리 소로우는 지적했는데, 인간의 삶에 기본은 어떤 모습이어야 할까? 하루 세끼의 밥과 집과 옷은 어느 수준이 적당할까? 삶의 방식에 따라 다를 텐데, 삶의 방식은 지역에 따라, 나이에 따라 다르다.

호의호식하지 않더라도 비바람 겨우 피하는 집에서 굶주림을 면하는 수준은 넘어야 한다. 가족과 함께 안락한 집에서 깨끗이 세탁하는 옷을 사시사철 모자라지 않게 입고, 맛과 영양이 보장되어야 기본이라 할 수 있겠다. 이웃과 살아가는 데 불편하지 않을 만큼 교육을 받고 자존심을 이어갈 정도의 교양과 문화 활동을 영위할 수 있어야 한다.

의식주는 물론이고 깨끗한 공기와 물도 돈이 없으면 보장되지 않은 요즘, 기본적인 삶을 유지하려면 어느 정도의 비용이 들어갈까? 지역에 따라 다를 텐데, 기본적인 삶을 살아가는 데 필요한 개인의 비용을 '기본소득'이라 하자. 국가나 지방자치단체에서 국가와 지역에 거주하는 시민 누구에게나 기본소득을 제공한다면 사회에 어떤 변화가 생길까? 생각지 않던 돈이 들어오면 사람들은 나태해질까? 그렇게 생각하는 의견도 있지만, 오히려 정의로워질 거라는 예상에 무게가 실린다.

기본소득 논의가 무르익기 전에 유럽의 한 연구자가 시민 의견을 물었다고 한다. 조사에 응한 시민은 "술이나 허송세월로 태만해질 거"로 짐작했다는데, 다시 물었다고 한다. "당신도 술 마시며 태만해질 거라 확신하나요?" 정색한 그는 "아니요! 나는 내 일을 계속할 겁니다. 다만 야근은 거절하겠죠."라고 대답했다고 한다. 그렇다. "일하지 않는 자 먹지도 말라!"는 경구에 지배된 우리에게 기본소득은 새로운 삶을 안내한다. 노예가 아닌, 인간다운 삶이다.

더 생각해보자. 기본소득이 제공되었다면 청년 김용균은 태안화력발전소에서 처참하게 희생되었을 리 없다. 정규직이든 비정규직이든, 꿈을 가진 젊은이가 터무니없는 조건의 일자리를 원할 리 없다. 화력발전소는 석탄 가루 날리는 작업환경을 고집하지 못한다. 어렵고 고될수록 설비를 안전하고 청결하게 관리하겠지. 투자비 상승으로 전기요금이 오른다면 소비자는 대안을 찾을 것이다. 에너지 효율을 살피고 낭비를 줄이려 노력할 게 틀림없다.

기본소득이 제공된다면 엄친딸 엄친아와 비교하며 주눅 드는 이웃은 보기 어려워질 것이다. 광고에 현혹되지 않는 개인은 수소차와 전기차가 친환경인지 살피며 자동차 없어도 불편하지 않을 생활을 모색하지 않을까? 농산물과 에너지를 최대로 자급하는 마을에서 대중교통이나 자전거를 이용하는 시민은 기후위기에 생존할 대안을 정치인에게 촉구할 게 틀림없다.

기본소득은 힘들고 더럽고 어려운 일자리를 강요하는 기득권을 무시할 자신감을 개인에 배양할 것이다. 공정하든 공정하지 않든, 경쟁에서 승리해 특권을 독선적으로 행사하는 직종은 힘을 잃을 것이다. 기본소득은 미래세대가 누릴 생태계를 헤아리도록 우리를 안내할 텐데, 그 재원은 어떻게 마련해야 하나? 세금으로 가능할까? 공감대를 확장하며 차분하게 논의한다면 현실로 성큼 다가오지 않을까?

경제성장에서 생존으로

세계 '층서위원회'에서 위기를 맞은 지층을 걱정하던 중, 이름을 '홀로세Holo-cene'에서 '인류세Anthropocene'로 수정 제안이 나왔다. 2007년 노벨평화상을 받은 유엔 산하 '기후변화에 관한 정부 간 협의회IPCC'는 2021년 8월에 제출한 '6차 보고서'에서 "기후변화는 사람의 행위가 원인"이라고 공식화했다. 당연한 결론이 이렇게 어려웠나? 온실가스 배출을 서둘러 억제해야 한다는 절박한 호소이리라.

마지막 간빙기 이후 1만 년 동안 온화하던 홀로세가 인류세로 바꿔야 하는 이유는 무엇일까? 인류가 현재 딛고 있는 지층이 파국을 앞두었다는 뜻이다. 징후가 점점 뚜렷해졌어도 "위기를 위기로 인식하기 거부하는 인류"가 자초했다. 생태학자는 현존 포유류에서 그 증거를 찾는다. 모든 포유류에서 사람의 무게가 30%를 점하고 67%는 가축, 고래에서 들쥐를 망라한 나머지 포유류는 고작 3%에 불과하다는 게 아닌가. 화석연료가 없으면 즉시 붕괴하는 매우 불안정한 생태학적 역피라미드다.

태양에서 분리된 지구는 여전히 뜨겁다. 23.5도 기운 축으로 하루 한 번 자전하며 1년에 한 차례 태양을 공전하는 지구는 표면의 70%는 깊고 얕은 바다, 30%는 높낮이가 들쭉날쭉한 육지로 구성돼 있다. 수억 년 동안 무수한 생물이 바다와 육지에서 생을 이어가며 다채로운 생태계를 형성하는 지구에 인류는 가장 늦게 동참했다. 공전과 자전하는 지구 표면의 모든 강은 1년에 한 차례 범람하고 한 번 바싹 마른다. 계절에 따르는 무역풍은 태풍과 파도 에너지를 해안에 꾸준히 전달하기에 인류도 생태계의 일원이 될 수 있었다.

6500만 년 전, 지름 10km의 운석이 멕시코 유카탄반도의 지각을 강타했을 때, 생태계를 구성하던 생물종의 70%가 한순간에 사라졌다. 불과 1만 년 사이라고 학자들은 주장한다. 이른바 '제5 대멸종'이다.

제5 대멸종 이후 6400만 년이 지난 지층에 희미한 모습을 드러낸 초기 인류는 다른 동물처럼 자연 그 자체였다. 고작 1만 년 전부터 농사지으며 생태계를 조금씩 교란한 인류는 불과 100여 년 전 화석연료와 콘크리트를 사용하면서 생태계를 본격적으로 질식시켰다. 우주 형성 과정에서 완성된 금속의 핵을 파괴하며 감당할 수 없는 에너지를 토해내게 만든 인류는 생물 진화의 핵심인 세포핵의 유전자를 조작해 생태계 순환과 진화를 멋대로 교란한다. 1만 년 전 서서히 사라지던 생물이 요즘 서둘러 자취를 감춘다. 사라진 생물은 생태계를 수수깡처럼 허약하게 만들었다. 생태계 역피라미드는 무언가 받쳐주지 않으면 당장 무너진다. 인류가 무지막지하게 동원하는 에너지로 붕괴를 모면하지만, 언제까지 버틸까?

다섯 차례 대멸종의 주요 원인은 기후변화였다. 화석연료 덕분에 건물은 하늘 높은 줄 모르고 올라가고 자동차는 생태계를 뒤엎었다. 끝모르는 에너지 과소비로 휘황찬란한 축제를 광란으로 이어가지만, 화석연료는 고갈이 머지않았다. 핵연료가 대신할 수 있을까? 파괴된 핵은 생태계가 감당할 수 없는 폐기물을 수백만 년 남긴다. 기후위기로 다양성을 잃은 생태계는 유전자가 조작된 생물로 메울 수 없다. 방사능이 누적되는 생태계는 파국으로 이어진다. 1만 년 전 자신의 생태계를 스스로 교란한 인류는 대멸종 폭풍 앞의 등불이다.

코로나19 변이와 전파에 풍선효과가 있는 걸까? 백신 불균형 탓에 남부 아프리카에서 변이된 '오미크론'이 걷잡을 수 없게 번져나간다. 긴급 연구로 다시 부자나라부터 보급할 백신과 치료제는 오미크론 변이를 진정시킬지 알 수 없는데, 기후변화는 코로나19 팬데믹에서 경고를 마무리할 리 없다. 의료 혁신 역시 화석연료 없이 상상할 수 없다.

경제학자 이스털린은 1973년에 '이스털린 역설'을 제창했다. 소득이 높아지면 행복이 커지지만 계속 비례하는 건 아니라고 증명했다. 소득이 기준 이상 늘어나면 행복은 정체된다는 건데, 시방 우리는 파국을 예고하는 인류세에 몰렸다. 경제성장은 가당할까?

코로나19가 증명하듯, 기업이든 개인이든 경제성장 추구는 미래세대 생명에 치명적이다. 돈이 많아야 행복한 건 아니다. 우리는 현재, 역대 어떤 조상보다 번영된 생활을 누리지만, 선조보다 행복하지 않다. 어제의 삶에서 오늘의 위기를 극복하고, 내일의 행복을 찾아야 한다. 대면사회다. 얼굴 마주하며 따뜻한 마음 나누는 공동체다. 인류세 파국을 연기할 대안이다.

화석연료 태워 만든 전기를 과소비하는 에어컨은 실내 공간을 잠시 시원하게 만들지만, 바깥을 더 데운다. 눈앞의 기후변화를 외면하며 미래세대에 생존을 이어줄 수 없다. 기본소득을 제공한다면 어떤 변화가 생길까? 화석연료를 낭비하며 환경을 더럽히는 일자리는 외면하고 싶지 않을까? 자손만대에 치명적인 핵폐기물을 안길 핵발전도 마찬가지일 테지.

파국을 늦추려면 온실가스를 코앞에서 내뿜는 내연기관 해결이 급하지만, 자동차와 화력발전소만이 대상일 수 없다. 비행기와 우주선도 마찬가지인데, 갯벌에 거대한 비행장을 만든 우리는 새만금과 가덕도 비행장을 서두르면서 나로호 성공을 염원한다. 석탄 부산물인 요소수 대란이 극복되었나? 다가오는 위기가 하나둘이 아닌데, 경각심이 부족하다. 자식 키우는 우리는 긴장을 늦출 수 없다. 선거를 앞둔 이때, 어떤 내일을 선택해야 할까?

겨울 숲의 꿈-새봄을 본다

전미혜 / 종이 공예 작가

겨울방학을 맞이하여 모처럼 느긋하게 평일 낮 산행을 나섰습니다. 산행이라고는 하지만 집에서 삼십분 거리에 위치한 임도 4km 남짓 거리의 편백숲 트래킹 코스입니다. 도심은 눈이라고는 흔적도 찾아볼 수 없었으나 숲은 눈으로 덮여 깊은 겨울 속으로 여행 온 듯 설었습니다. 평일 오후 시간에 예상보다 많은 사람들이 산책을 즐기고 있어서 깜짝 놀랐습니다. 눈이 녹지 않고 꽁꽁 얼어서 노면이 얼음판처럼 미끄러웠습니다. 노래나 라디오를 이어폰 없이 큰소리로 켠 채 걷는 사람들과 삼삼오오 몰려다니며 떠드는 사람들로 숲길은 시장 골목처럼 소란했습니다. 소음을 피해 임도를 벗어나서 사람들이 잘 다니지 않는 오솔길로 길을 바꾸어 걸었습니다.

산길은 점점 좁아지고 발자국 서너 개가 영역을 표시한 인장처럼 박혀있었습니다. 누군가 처음 눈길을 걸었던 사람의 발자국이 능선으로 가는 이정표가 되었습니다. 소나무 가지에 쌓여있던 눈 무더기가 머리 위로 쏟아지는 바람에 깜짝 놀라 비명을 질렀으나, 숲은 아무 일 없다는 듯 멀뚱한 표정으로 시치미 뗐습니다. 어느덧 임도를 지나는 사람들 말소리는 더 이상 들리지 않았고, 고요한 숲의 평화가 느껴졌습니다. 바람에 떨어진 오리나무 열매가 눈밭을 점점이 뒹굴고 청미래 열매가 무채색 숲을 위한 붉은 장식 등처럼 올망졸망 매달려 빛났습니다.

가끔 참나무 잎사귀 몇 잎이 바람에 흔들리며 수런거렸으나 숲은 깊은 물속처럼 적요했습니다. 눈 속에 망연히 서서 능선을 넘어온 바람에 빈 가지를 흔들리는 모습이 태연했습니다. 마치 시절 인연을 기다리는 강태공처럼 묵묵히 북풍한설 속에서 봄꿈을 꾸고 있는 것처럼 보였습니다.

설렘 가득한 봄과 무성한 여름과 풍요로운 가을을 위하여 발등을 눈으로 덮은 채 긴 겨울을 견디고 있었습니다. 생장을 멈추고 이웃 나무와 햇볕을 경쟁하며 휘어지고 키를 키우던 시간이 고스란히 드러난 모습은 흡사 지나온 시간을 낱낱이 보여주고 있는 듯했습니다. 앙상한 가지를 드러낸 나무들은 불규칙하게 헝클어져 보였으나 자세히 들여다보면 서로 영역을 침범하지 않기 위해 그물망처럼 스스로 휘어져 있었습니다. 나뭇가지 끝을 살펴보면 겨울눈冬芽이 보이는데, 돌아오는 봄에 새잎이 되고 꽃이 될 희망이 이 속에 숨어 있습니다. 꽃눈을 열심히 분화시킨 나무는 가장 먼저 새봄을 여는 꽃을 피우고 준비된 잎눈이 먼저 잎눈을 뜹니다.

나무들에게 겨울은 고난의 계절이 아니라 성장을 위한 발돋움의 시간입니다. 우리가 대선을 위하여 후보들의 역량을 살피고 시절 흐름에 합당한 인물인지 가늠하는 시간은 숲의 겨울나기처럼 우리나라가 도약하기 위한 도움닫기 과정입니다. 왕과 대통령은 보직이 다릅니다. 최고 권력자로서 위치는 비슷하지만 시작부터 다릅니다. 임금인 왕은 혈연에 의해서 세습하여 즉위하지만 대통령은 주권자인 국민들에 의해서 직간접으로 선출됩니다. 대통령은 선출 과정에서부터 그 됨됨이를 분별하느라 뒷말이 무성합니다. 성장 배경과 가족 및 혈연에 대한 관심부터 그동안 행보까지 모두 평가 대상이 됩니다. 그 까닭은 국정수행을 위한 능력과 가치관을 판단하기 위함입니다.

정치라면 알레르기 반응을 보이는 대다수 국민들의 보편적 의식 저변에는 정치하는 사람들에 대한 불신이 팽배해 있습니다. 정치는 봉사와 희생으로 임해야 한다고 배웠으나, 그동안 우리 역사에서 대다수 정치인들 작태는 민중을 우매한 노예 취급을 해왔기 때문입니다. 사실, 편 가르기와 제 잇속 채우기에 급급하여 문제 해결보다 당리당략을 우선하는 정치 판세가 바뀌지 않는 현실을 야기한 책임은 상당 부분 국민에게 있습니다. 단지, 자신의 부 축적에 유리한 공약이라고 지지하고, 지역이 다르거나 지지하지 않는 정당이라는 이유로 무조건 반대를 위한 반대를 한다면 우리는 또다시 지난 역사의 악순환을 되풀이하고 말 겁니다. 국민들과 소통을 거부하는 지도자나 보편성조차 이해하지 못하는 인물을 그럴싸한 변명에 속아서 선출하는 우를 또다시 범해서는 안 됩니다.

　대통령 선거는 단지 5년 임기 동안의 행복만을 위한 선택이 아닙니다. 요즘처럼 급변하는 환경에서는 미래를 예견하기 어렵다고들 합니다. 이런 시절일수록 개인보다는 공익을 우선하고 소외계층을 배제시키지 않도록 주의해야 하는데 자본가 집단만을 위한 정책들이 난립하고 있습니다. 무엇보다 정치는 미래지향적이어야 합니다. 수시로 바뀌는 조세정책이나 교육정책은 여전히 신학기 교실 분위기처럼 정권만 바뀌면 갈팡질팡 혼돈 상태가 됩니다. Fast 문화니 Fast 패션이니 하면서 모두들 변화를 추구하지만, 우리 사회의 근간은 사람이 먼저입니다. 대형 사건이 생길 때마다 정책은 요동치고 서로 책임 전가용 법개정을 외칩니다. 근시안적 법 개정은 얼마 지나지 않아서 불합리가 드러나고 또다시 개정을 시도하다 보면 도로 그 자리가 됩니다. 당장은 불편하고 손실이 생기고 정착되기까지 시일이 요구되더라도 미래를 위하여 지켜볼 수 있는 여유를 가져야겠습니다. 일희일비로 한순간만을 위한 정책은 지양해야 합니다. 자신의 잇속이나 일시적 감정에 따라 소속 정당을 바꾸는 정치인들이 다반이고, 신념을 내세우던 대통령들이 시청률을 의식하는 인기스타처럼 지지율을 논합니다. 우리는 연예인이 아니라, 5년 동안 우리나라를 대표하여 세계무대에 나설 사람을 뽑는 것입니다.

사람들은 점점 정치에 무관심해지고 투표율은 낮아갑니다. 까닭을 물었더니 정치를 생각하면 피곤해지고 머리가 아파진다고들 합니다. 난장판이 된 정치 상황을 들여다보면 밥그릇 다툼하는 모양새가 부끄럽다고들 합니다. 그러나 손으로 하늘을 가릴 수 없듯이 외면하는 것으로 우리에게 안정은 오지 않습니다. 포기하지 않고 국가를 염려하는 마음으로 정치 상황을 지켜보는 국민들의 침묵을 간과해서는 안 될 것입니다.

대선이 가까워지면서 편 가르기로 국책을 분열시키는 선동가가 많아졌습니다. 21세기에 이르러 고도의 법치주의가 실천되고 있으나, 여전히 선동정치가 일상화되고 있는 현실입니다. 선동정치가 난무하는 국가는 모순된 민주국가입니다. 실제로 우리 주변에서 비일비재하게 선동정치의 결과를 마주합니다. 오로지 진실만을 전달해야 할 보도가 각색되고 드라마틱 하게 구성되어 편파보도를 일삼습니다. 요즘은 자칭 지식인 반열에 든다는 사람들 중에는 sns에 자신의 주장이 정답이라도 되는 양 호언장담 하는 경우가 많습니다. 자칫 알고리즘 수렁에 빠진 사람들은 자신도 모르는 사이에 가짜 뉴스에 세뇌되어 진면목을 놓치는 경우가 잦습니다. 그들 농간질에 분노하고 절망하면서도 변별력을 갖지 못하여 왈가왈부 비난만 앞세울 따름입니다. 비난보다는 분석을 해야 합니다. 왜, 무엇을 위하여 제시된 공약인지 살펴보아야 합니다.

모두가 행복한 사회로 만들기 위한 방법을 모색해야 합니다. 우리는 겨울나무처럼 스스로를 살펴야 합니다.

나무는 북풍한설 속에서 덜덜 떨고 서 있는 것이 아닙니다. 추위 속에서 잎눈과 꽃눈을 키우며 새봄을 위한 채비를 하고 있었습니다. 고요한 겨울 숲속은 발목이 푹푹 빠지는 눈 속에서도 봄꿈으로 부풀어 있었습니다. 코로나 시국이니 경기 침체이니 하는 불안한 현실 문제들이 산재해 있으나, 더 나은 내일을 위하여 서로 비방하고 힐난하는 대신에 응원하고 지지해야 할 것입니다. 춥고 황량한 시절에도 겨울 숲처럼 새봄을 꿈꿉시다.

■

눈이 있고 귀가 있고 생각이 있다면

현상석 / 함석헌평화연구소 이사

일본의 찬란한 에도 막부시대를 연 도쿠가와 이에야스1543-1616의 사당 석등에는 말의 수호신인 원숭이 조각상이 8개 있다. 이 중에서 자기에게 도움이 되지 않는 것은 '보지도 듣지도 말하지도 않는다'라는 세 마리의 원숭이 상이 가장 유명하다. 도쿠가와는 세 마리의 원숭이를 자신의 신조로 삼고 전쟁의 시대를 견뎌 냈으며

"인생에서 가장 강력하고 남자다운 사람이란 인내력이라는 의미를 이해하는 사람이다"

라는 어록을 남겼다. 이는 세상을 살아가는 이치로도 손색이 없고 대통령이 되겠다고 출사표를 던진 대선 후보들에게도 반드시 필요한 철학이다.

하지만 내가 보기에 두 후보 중의 한 사람은 인내심이 부족하고 조직의 보스처럼 멋있게 보이려고 하지만 무식하고 잔인한 본색을 감추지 못한다. 또 다른 후보에게도 인내심 부족과 간사한 거짓말쟁이의 인상을 받는다. 나는 그들과 일면식도 없고 그들의 진면목을 전달해 줄 끈이 없어 정치판에 대한 정보를 그저 뉴스, SNS, 유튜브, 책 등에 의지한다. 하지만 그들이 어떤 유형의 인간인지는 파악할 수 있다. 내게는 아직도 정상적인 귀와 눈과 뇌가 있고 이를 통해 얻은 건전한 상식과 직관이 있기 때문이다.

간디는 '악惡'을, 공자는 '예禮가 아닌 것'은 보지도 듣지도 말하지도 말라는 뜻

으로 말했다. 하지만 나는 주변의 지인들에게서 자기가 지지하는 후보의 진실을

'애써 보지 않으려 하고, 애써 듣지 않으려 하고, 알면서도 침묵하는'

모습을 발견한다. 대선 후보들의 일거수, 일투족, 망언을 통해 누가 최악인지를 알면서도 고집을 부리는 것이다. 이제 한 살씩 더 먹었으니 나잇값 하자고, 고집을 내려놓자고 권할 참이다.

대선 후보나 그 후보를 대통령으로 만들기 위해 물불을 가리지 않고 뛰는 당사자들이야 승리하기 위해 뭔 말을 못 하겠는가. 그들도 먹고살자면 어쩔 수 없는 일이다. 또한 일부 극렬 광신도나 태극기 부대와 '가세연'과 같은 유튜버들도 충분히 이해할 수 있다. 조중동 언론 기레기들도 마찬가지다. 이미 '쓰레기'라는 이름에도 전혀 양심의 가책을 느끼지 않는 그들 역시 낚시성 기사나 선정적 기사, 가짜 뉴스로 조회 수를 늘려야 생존한다는 환경을 감안해 줄 수 있다. 나는 그러한 사람들을 별로 신경 쓰지 않거니와 실망하지도 않는다. 그 이유는 내 건전한 상식을 믿기 때문이다. 난 적어도 남들의 판단에 내 인생을 맡기고 싶지 않다.

내가 염려하는 것은 상식common sense이 있는 사람들이 자기가 지지하는 후보에 대해서는 없는 장점도 찾아내려 하고, 거짓된 말도 진실한 소리로 새겨듣고, 허물에 대해 침묵하면서도 반대하는 후보에 대해서는 눈에 보이는 장점도 애써 외면하고, 진실된 말도 흘려 버리고, 허물에 대해서는 과장하여 비난하는 태도다. 공정과 상식을 그렇게 외치면서도 정작 본인들은 '모르쇠'로 일관한다. 그런 사람들의 허점은 일단 꽂히면 무조건 맹신하는 성향이다. 사기꾼들이나 정치인들은 사람들의 그러한 약점을 공략하는 것이다.

눈이 있고 귀가 있고 생각이 있는 사람이라면 두 사람을 다 포기하면 했지 하나를 고를 수 없다. 오죽하면 후보 교체론이 득세하고 아바타로 취급되던 후보

마저 인기를 얻는가 말이다. 그런데 의외로 자기가 지지하는 후보가 아무리 개판이라도 바꾸지 않겠다는 사람들도 많다. 그들을 볼 때마다 '주군' 운운하며 '충신은 두 임금을 섬기지 않는다'라는 왕조 시대의 가치관이 우주여행의 이 시대에도 여전하다는 사실에 놀란다.

'팔은 안으로 굽는다'라는 말처럼 누구나 자기 편에게 관대한 것이 인지상정이다. 그러니 자기가 지지하는 후보자에 대해 너그러운 심리도 이해할 수 있다. 하지만 대통령은 그런 감정으로 뽑아서는 안 된다. 상식이 있다면 어느 누가 대통령이 된다고 해서 당장 남북한이 통일되고, 부동산이 안정되고, 빈부 격차가 줄어들고, 상식과 공정이 통하는 나라가 될 수 없다는 것을 잘 알 것 아닌가. 그들에게 무슨 초인적인 능력이 있어 그런 대업을 이룰 수 있단 말인가. 그런 일은 우리 국민만이 할 수 있다. 우리에게 필요한 지도자는 가장 상식적인 사람이다.

L이 마음에 안 들면 Y로 갈아타고, Y가 싫으면 L로 바꿀 수 있는 것이다. 둘 다 꼴불견이면 A나 S로 옮길 수 있는 거다. 정 안 되면 후보를 교체하면 그만이다. 그들이 뭐 별거라고 신처럼 떠받드는가. 빈대 잡자고 초가삼간을 태우려는 후보가 보이지 않는단 말인가? 그런 후보를 지지하는 것이 진정 나라를 위하는 길인가? 입만 열면 나라를 위한다는 사람의 논리치고는 비상식적이 아닌가? 우리는 좀 더 멀리, 그리고 깊이 나라의 미래를 보고 상식 있는 사람을 선택해야 한다.

상식이 있다면 최악이 누구인지는 금방 판단할 수 있다.

노부모님께 '일주일만 1인 시위하고 오겠다' 했는데, 벌써 9년째

최창우 / 안전시민사회연대 대표

현대기아차 앞에서 9년 째 시위 중인 박미희 씨 인터뷰

박미희 씨는 2013년부터 서울 양재동 현대·기아차 본사 앞에서 1인 시위 중이다. 부산 서면의 차량 판매 대리점에서 일하던 박 씨는 소장의 갑질을 견디다 못해 본사에 내부고발했으나 묵살당하고 해고됐다.

당시 현대·기아차 본사는 '정도판매'를 내세우며 대리점 직원들이 이를 어길 경우 징계한다는 방침을 세웠다. 그러나 판매 실적이 중요한 대리점 소장들은 이를 공공연하게 어겨왔다는 게 박 씨의 주장이다. 무자격자들을 통해 부당판매한 뒤 이 물량은 대리점 직원들에게 떠넘기기도 했다. 직원들은 차량 판매도 어려워진데다 부당판매로 인한 징계의 위험까지 떠안았다.

박 씨는 이같은 사실을 본사에 내부고발했다. 익명으로 했지만 내부고발자가 박 씨라는 사실은 금세 알려졌다. 대리점 소장은 박 씨를 해고했다. 박 씨는 이에 항의하며 복직을 요구하는 1인 시위를 하고 있다. 일주일만 하려던 시위는 어느덧 9년이 됐다.

지난 15일 서울 양재동 본사 앞에서 투쟁중인 현대·기아차 판매 노동자 박미희 씨를 만났다.

▲현대기아차 판매노동자 박미희 씨

최창우 : 기아차 본사 앞에서 농성한지 얼마나 되셨어요?

박미희 : 9년 째입니다.

최창우 : 그렇게나 됐습니까?

박미희 : 일주일만 1인 시위하고 해결하고 오겠다며 노부모님을 설득하고 나섰는데 세월이 많이 갔네요.

최창우 : 기아차 본사 앞에 오게 된 사연을 듣고 싶은데요.

박미희 : 이야기하면 긴데요. 2013년 가을에 올라왔고요. 본사에 소장들의 부당판매를 내부 고발했는데 오히려 고발한 제가 해고됐습니다.

최창우 : 맨 처음 어떤 일이 있었습니까?

박미희 : 부산 기아차 판매 대리점 노동자로 근무했었는데요. 차 한 대 판다는 것이 그리 쉬운 일이 아닙니다. 그러나 열심히 해서 실적은 좋았습니다만 대리점 소장들이 부당영업을 대놓고 하니 영업시장이 엉망이 됐습니다.

최창우 : 어떤 문제였습니까?

박미희 : 당시 회사에서는 판매시장을 바로 잡겠다며 '정도판매'라는 슬로건으로 10만 원 이상의 할인이나 용품 제공을 금지하고 있었습니다. 대리점 쇼윈도엔 '정도판매'라고 써 붙여 놓았고 본사에서는 '정도판매'를 위반하다 발각되면 회사의 어떤 조치도 달게 받는다는 각서에 사인까지 하게 했으나 실제로 규정을 어기는 몸통은 대리점 소장들이었습니다.

직원들은 조금도 생각지 않고 자기 배만 불리면 그만이라는 이기적인 경영을 했는데 당시 어떤 이는 아예 판매 브로커 사무실까지 차려놓고 무자격자들에게 차량계약을 하게하고 계약된 차량을 한 달에 수십 대씩이나 제가 일하는 대리점으로 넘기고 있었습니다.

형태는 다르지만 대리점 소장들은 판매 대수 올리기에만 혈안이 되어 편법 운영을 했습니다. 그렇게 되니 직원들은 판매 기회가 줄고 판매시장은 갈수록 타락하게 됐습니다. 소장들은 더욱 의기양양해졌고요. 반면에 직원들은 한숨소리 넘치고 불만이 극에 달했습니다.

당시 대리점마다 상조회라는 모임이 있었는데 모였다하면 타락한 판매시장에 대한 불만 토로가 폭주했어요. 저는 우리가 합심해서 바꾸자며 여러 번 설득을 했습니다. 그러나 혹여나 잘릴까 두려워 다들 나설 용기는 없는 듯 했습니다.

제가 결정적으로 제보를 하게 된 경위는 대부분 한 집의 가장으로 사는 영업사원들이 애들 대학등록금 낼 때가 되면 대출로 밀어 넣고 점심시간 되면 눈치 보는 이들을 보며 이건 잘못됐다, 정말 바꿔야 한다고 생각했습니다. 어렵게 기아차 본사 대리점 지원시스템 전화번호를 알아내어 전화를 했습니다.

"소장 갑질 멈춰달라" 호소에 돌아온 것은 해고

최창우 : 본사는 어떻게 나오던가요?

박미희 : 책임을 맡고 있던 ○○○ 이사와 전화통화를 하면서 본사에서 그렇게 막으려하고 있는 부당판매의 실태, 그로 인한 영업사원들의 어려움, '정도판매'가 정착되면 앞으로 회사가 얻게 될 이득에 대해 말했습니다. 제발 '정도판매'를 말로만 하지 말고 확실히 바로 잡아 달라, 대리점 소장들의 부당판매 행위를 근절해 달라고, 23분에 걸쳐 낱낱이 알리고 부탁했어요.

○○○ 이사가 어느 대리점 누구냐고 알려 달라고 해서 익명으로 제보하는 걸로 해 달라고 했죠. 그랬더니 본인이 알아야 처리할 수 있다고 해서 제가 일하는 대리점 이름을 말할 수밖에 없었습니다.

최창우 : 회사는 어떤 반응을 보이던가요?

박미희 : 한 달쯤 뒤 해고되기 하루 전날인데요. 부산지역부 ㅁㅁㅁ 차장이 전화를 했습니다. "박미희 차장님이 ○○○ 이사에게 제보한 사실을 소장이 알게 되어 박 차장님을 해고시키겠다고 한다"고 했습니다. 다음 날 우울한 심정으로 출근을 했는데요. 아침 조회 후 바로 그만두라고 얘기 했습니다. 전날 오후 사무실에 몇몇 직원들이 있었는데 소장이 나오더니 박 차장이 본사에 나에 대해 제보했다, 잘라야겠다고 했다고 합니다. 직원들은 만류했고요.

▲현대기아차 앞에서 시위 중인 박미희 씨

최창우 : 어떻게 된 겁니까?

박미희 : 나중에 본사가 낸 고소장을 보니 '○○○ 이사가 저희 대리점의 판매 1등을 축하하려고 소장에게 전화를 해서 이러저러한 일이 있었다고 물었다. 이름은 거론하지 않았다. 소장이 박미희가 제보한 것 아니냐고 물었다'고 나와 있습니다.

이게 말이 되는 짓인가요? 고소장의 내용이 다 맞다 치더라도 한 달 전에 비리가 있음을 신고했는데 어떤 조치도 없이 1등을 축하하기 위해 소장에게 전화를 했다는 건 '정도판매'가 그냥 회사 이미지 좋게 하기 위해 알량한 문구 하나 만들어 지금껏 전국 기아차 대리점 영업사원들을 농락해 온 것에 불과하다는 거였죠.

최창우 : 어떤 느낌이 드셨어요?

박미희 : 어이가 없었죠. 절망감과 분노가 치솟았어요.

일주일이면 될 줄 알았던 시위가 9년 째 이어졌다

최창우 : 해고 직전에 회사가 보인 반응이 궁금합니다.

박미희 : 당시 채널A와 MBN이 부산으로 내려와 내부고발과 갑질에 대해 취재를 해 갔어요. 그러나 이런 저런 핑계를 대며 내보내지 않더군요. 방송국에서

촬영까지 한 것을 알아차리고 기아차 부산지역부에서 저를 설득하러 나서더군요. 서면지점장과 부산지역부 직원들이 저에게 조금만 기다려달라고 했습니다.

저는 노부모님께 해고됐다고 차마 말할 수가 없어서 3개월 동안 평소 출근하는 모습으로 집을 나가서 거리를 배회했습니다. 8월 말까지 3개월은 그렇게 버텼지만 회사는 별다른 조치를 취하지 않았어요. 저는 경제적 어려움을 혼자 감당할 수 없어 부모님과 형제들에게 털어 놓을 수밖에 없었습니다. 그리고 아무조치도 취하지 않는 회사가 원망스러워 기아자동차 사장실 전화번호를 알아내 전화를 했습니다. 비서는 '사장님 출장 중'이라며 통화 안된다고 해서 '부사장과 통화할 수 있게 해달라'고 했더니 전화번호를 하나 알려줬어요. 그곳으로 전화하니 다시 대리점지원시스템 ○○○ 이사 아래 △△△ 부장이었습니다.

지금껏 회사에서 내세웠던 '정도판매'를 위반하는 행위를 보면 신고하라고 한 회사가 신고자는 보호하지 않고 대리점에 알려서 해고케 한 책임을 지고 하루빨리 다른 대리점으로라도 보내줄 것을 요구했습니다. 그랬더니 9월 중순까지만 기다려달라고 하더군요. 제가 제보했던 ○○○ 이사의 뜻이라고 했습니다. 그러나 10월이 되어도 전화 한 통 없었습니다.

최창우 : 그래서 어떻게 하셨나요?

박미희 : 더 이상 기다릴 수도, 참을 수도 없어, 본사 앞에서 일주일만 1인 시위를 하고 오겠다고 노부모님을 설득하고 서울로 왔습니다. 9년 째 싸움이 계속될 줄은 꿈에도 몰랐습니다. 정말 일주일만 1인 시위하면 해결될 줄 알았거든요.

제가 올라온 다음 날 아픈 엄마를 간호하시다 아버지가 방바닥에 미끄러져 1박 2일 동안 두 분이 물 한 모금 못 드셨어요. 아버지는 방바닥에, 엄마는 침대에 누워계신 걸 다음날 가정 방문 요양사 분이 발견했어요. 바로 두 분 다 요양병원으로 모시게 됐고 그 후로 아버지는 한 번도 걷지 못하시다가 4개월 뒤 돌아가셨어요. 제가 집을 비운 뒤 1박 2일의 끔찍했던 그 시간을 생각하면 언제나 가슴이 미어집니다.

최창우 : 회사는 어떤 반응을 보였나요? 그저 침묵만 하고 있지는 않았을 것 같은데요.

박미희 : 회사는 제가 그저 조용히 다시 내려가기를 바랐습니다. 부산지역부 직원과 서울의 대리점 지원시스템 직원이 저의 주변을 떠나지 않고 감시하며 얘기 좀 하자고 설득했죠.

다음은 부산 서면 지점장이 올라왔어요. 제가 해결되지 않으면 내려갈 수 없다고 하자 다음 주에는 제가 근무했던 대리점 소장이 올라오더군요. 다 같이 커피숍으로 갔고요. 저와 소장 단둘이 이야기하라고 자리를 따로 정해줬어요. 둘만 앉았을 때 저는 소장에게 소장들의 부당판매로 힘든 영업사원들의 현실을 얘기하며 소장에게 따지고 비판했습니다. 대리점 운영한 이후로 소장이 직원에게 지적 받은 건 처음이었을 겁니다.

소장은 부산으로 내려가서 다시 출근하라고 했습니다. 저는 그냥 내려갈 수는 없다고 했죠. 그냥 가면 앞으로 3000명의 대리점 직원들은 소장들이 어떤 행위를 해도 감수하고 더욱 입에 지퍼를 채우고 살 수 밖에 없으니 그 동안 일 못한 4개월 치 임금을 보상하고 판매 환경을 개선해야 내려갈 수 있다고 했습니다. 소장은 생각해 보겠다더니 그냥 내려가더라고요. 이후에 부산지역본부장본사 이사급이 저를 만나러 와서 다시 설득했으나 저는 소장에게 제시한 조건이 이뤄져야 갈 수 있음을 분명히 했습니다.

서초구청까지 나선 압박

최창우 : 회사는 그 후 어떤 반응을 보였나요?

박미희 : 참 놀라운 반응이었습니다. 어이가 없었죠. 본사와 대리점이 각각 민·형사 소송을 제기해 오더군요. 내용을 읽어보니 제가 본사 앞에서 벌인 집회 사진 외에는 다 거짓으로 작성되어 있었습니다. 그 때 주먹을 불끈 쥐었죠. 끝까지 가보자고요. 소송 문제가 마무리 되는데 모두 20개월이 걸렸습니다. 판결 결과가 하루아침에 뒤집히는 것도 확인했고요. 참 황당하고 믿을 수 없는 일들이 벌어지더군요.

회사는 그 후로도 종종 집회 금지 가처분을 걸어왔고요, 2019년 11월엔 현대차와 기아차가 각각 1억 원씩 손배소를 걸어오더라고요. 1심에서 각각 500만 원씩 배상하라는 판결이 났고 2심에서 현대차에 250만 원, 기아차에 500만 원을 배상하라는 판결을 받았습니다. 바로 상고를 해 놓은 상태입니다.

내부고발자 해고 문제를 해결하기는커녕 용역들을 시켜 집회방해를 일삼던 회사가 손배소를 한 것도 용납이 안되지만 법원에서 내부고발자에게 손해배상 결정까지 내려준 것은 저의 상식으론 도저히 이해가 안됩니다.

최창우 : 최근 서초구청이 이해할 수 없는 행동을 했다면서요?

박미희 : 2021년 7월 15일의 일인데요. 상상할 수 없는 일을 겪었습니다.

최창우 : 어떤 일입니까?

박미희 : 코로나19 방역 4단계를 핑계로 서초구청에서 집회 물품을 모두 철거해 갔습니다. 코로나19 4단계는 거리두기 4단계로 집회를 혼자서 하라는 것이지, 물품 철거와는 아무 관련이 없잖아요? 나 자신과 나의 의지를 표현하는 유일한 수단인 집회 물품을 다 빼앗아 가버렸어요. 그 자리에 서초서 정보관도 함께 있었다는군요. 집회에 관해선 정보관 의사가 우선인데…. 서로 짜고 처리한 거라고 봐야죠.

최창우 : 국가기관이 절도한 거네요. 또 기본권 침해한 것이고요.

박미희 : 그렇죠. 또 가관인 건 7월 13일 서초서 정보관이 '거리두가 4단계는 물품 없이 1인시위만 할 수 있다'며 스피커를 끄라고 종용하기도 했습니다. 서초구청과 경찰서가 정말 거리두기 4단계 의미를 모르는 문외한들이어서 그럴까요? 국가기관 공무원들이 공정과 정의는커녕 법도 무시하고 그저 대기업 시키는 대로 대기업만을 보호하는 게 맞는 건지, 이게 2021년 민주주의 대한민국 서울에서 일어날 수 있는 것인지…. 오직 경자연합경찰과 자본과의 연합이죠. 참 한심한 꼴들 입니다.

최창우 : 어떻게 이런 일이 일어날 수 있나요?

박미희 : 제대로 된 나라가 아닙니다. 경찰과 지자체가 노골적으로 재벌 편을 들고 있어요. 재벌 대기업이 법 위에 있어요.

최창우 : 집회 물품을 가져가고 나서 어떤 일이 있었나요?

박미희 : 제 집회 장소에 화분을 빽빽이 갖다 놨어요. 그 앞에서 사측 '알박기 집회자'가 1인 시위를 하고 있었어요. 완전 '어이상실'이죠.

최창우 : 정말 할 말을 잃게 만드는군요.

박미희 : 현대·기아차 앞은 300m 정도의 인도가 있는데 그곳엔 수백 개의 대형 화분들이 놓여져 있습니다. 그것을 누가 설치하고 관리하는 줄 아세요?

최창우 : 누가 관리하죠? 서초구청이 하는 것 아닌가요?

박미희 : 서초구청이 해야 맞잖아요? 사실은 현대차가 관리하고 있다는 거 아닙니까? 서초구청이 현대차 맘대로 하라고 전권을 줬습니다. 그러니 현대차는 오직 집회참여자를 막기 위해 대형 화분들로 빈틈없이 꽉 채워놨죠. 정말 가관도 아닙니다.

최창우 : 어떻게 그럴 수 있죠?

박미희 : 그러게 말입니다. 불법이죠.

최창우 : 말이 안되는 행태를 목격하면서 무슨 생각을 하셨나요?

박미희 : 공무원도 썩었고 나라도 썩었습니다. 제가 서울 올라와 집회하면서 절실히 느낀 건 썩지 않은 곳이 거의 없다는 겁니다. 매일 속이 터지고 심장이 녹아내립니다. 문재인 대통령이 바로 서 있다면 있을 수 없는 일이죠. 국민과의 약속인 "적폐청산과 공정한 나라"가 됐다면 있을 수 없는 일입니다. 노동자와 국민이 목숨 바쳐 일군 나란데 국가기관들이 하는 행태들을 보면 도저히 용납이 안됩니다.

인권위 판단, 대법원 판결 위의 대기업

최창우 : 그 마음을 조금은 짐작할 듯합니다.

박미희 : '알박기 집회'는 보호하고 저에게 집회할 장소는 허락지 않은 서초서 정보관에 대해 2016년에 국가인권위에 진정서를 넣었는데요. 2018년 5월 서초서와 서초서 정보관이 기본권과 인권을 침해했다는 판단이 나왔습니다.

그 해 11월 제 옆에서 현대차와 치열하게 투쟁하던 유성기업 노동자들과 현대차 사이의 소송에서 "알박기 집회'는 집회가 아니라 경비업무이고 다른 사람의 집회를 방해해서는 안된다"는 대법원 판결이 났지만 현대차는 여전히 알박기 집회를 하면서 다른 집회자들을 방해하고 밀어내고 있습니다.

최창우 : 현대차는 대법원 판결도 무시하는 거대한 괴물이 된 느낌이군요.

박미희 : 제가 집회하던 장소는 2016년 서울중앙지법 가처분 판결로 보장된 장소인데 현재는 모든 게 한낱 종이쪼가리가 된 듯합니다. 서울중앙지법 판결, 인권위 결정, 대법 판결 이전으로 회귀했습니다. 서초서와 서초구청이 힘껏 돕고 있지요.

최창우 : 경찰과 지자체가 노동자와 서민의 인권을 지키는 보루가 되어야 마땅한 일인데 인권을 짓밟는 곳으로 전락해 버린 것 같군요.

박미희 : 지난 달 초에 서초구청에다 집회 물품을 돌려주고 집회 자리에 채워 놓은 화분을 빼 줄 것을 요구하는 항의를 하자, "화분은 빼줄 수 없고 물품은 돌려 주겠다"며 물품을 싣고 왔어요.

그런데 물건을 내리면 보행에 지장이 있다면서 스피커와 발전기만 내려주고 나머지는 도로 싣고 가버리더군요. 내부 고발자 해고 문제를 알릴 때 쓰는 배너 3개, 피켓 13개, 트래스현수막 거는 장치, 4m×2m 크기는 모두 파쇄 및 소각 처리 했다고 했어요. 도대체 말이 됩니까?

최창우 : 저 역시 분노감이 듭니다.

박미희 : 이 대한민국을 어찌할지···. 이 썩은 나라에서 국민들이 산다고 고생이 이만저만이 아닙니다. 한심, 또 한심하고요. 서초구청, 서초경찰서, 또 제가 겪은 여타 공무원들 행태를 바로 잡지 못한다면 이곳에서 나의 자식들도 미래를 꿈꾸며 살 수도 없을 겁니다. 저 또한 이런 나라에서 살고 싶지 않습니다.

최창우 : 마지막으로 한 말씀 해 주시죠.

박미희 : 2013년 처음 올라올 땐 일주일만 시위하고 오겠다고 하고 시작했었죠. 회사 측이 2014년 1월 적반하장으로 민형사를 걸어왔을 때 "그래, 끝까지 가 보자"고 주먹 쥐며 다짐했고 재벌의 요청으로 구청과 경찰서의 용서할 수 없는 행태를 보면서 이제 목숨 바쳐 싸우겠다고 다짐했습니다.

공정, 정의, 적폐청산을 선거용으로만 이용하지 말고 제발 좀 제대로 실천하는 대통령이 나왔으면 좋겠습니다.

자율정치: 백신 전체주의를 반대한다.

안국진 / 「바다낚시」 발행인

1. 백신 전체주의

한나 아렌트Hanna Arendt, 1906~1975는《전체주의의 기원》이라는 책으로 유명한 철학자입니다. 그녀는 독일의 칼 야스퍼스로부터 박사 학위를 끝내고 미국에서 정치철학자로 활동했던 인물로 잘 알려져 있습니다. 그녀는 그 책에서 "어떤 고정된 체제regime이 아니라 현실과 사회구조를 파괴하는 힘이며 운동"이라 했다. 또한 전체주의 운동은 "그 조직은 국제적이며, 이념적 목표는 보편적이고, 정치적 열망은 전지구적"이라 하며, "제한이 없는 완전한 지배를 추구한다"고 했다. 그는 독재정권이 절대적인 권력을 획득하고 반대를 불법화하려는 반면에, 전체주의 정권은 세계 지배의 출발점으로 모든 사람이 사는 삶을 모든 측면에서 지배하려는 것이라 했다. 또한 전근대적 독재와 달리, 전체주의는 내부로부터 인류를 지배하고 테러화하는 새로운 방법을 사용한다고 지적했다.

아렌트가 지적한 전체주의의 특징은 다음과 같이 정리된다.

1) 대중의 열의를 쉬운 개념으로 묶어서 간단하게 보이는 해결책을 제시한다. 이에 따라 구체적인 계획도 표어화하여 대중을 동원한다. (세계적 방역위기다. 다 같이 노력해서 난국을 타개하자.)

2) 스스로의 집단이 유일하며, 특수한 역사적 사명감을 지녔으며, 대중이 '커

다란 사건'에 참여하고 있음을 강조한다. (이런 위기의 순간에 우리가 인류 미래를 위한 백신 맞기에 동참한다.)

3) 생활의 모든 부분을 통제할 수 있는 유능한 비밀경찰을 운영한다. (질병청)

4) 대중이 주도하는 폭력적 사고와 직접 행위가 일상적인 것으로 되며, 정부가 이것을 장려한다. (백신 패스가 없으면 밖으로 나오면 안 된다. 러셀이 이야기 하듯이 집단적 두려움이란 그 무리에 속하지 않은 사람들에 대한 무리 본능과 잔인함을 조장한다.)

이러한 상태에서 대중은 스스로의 생각을 자유롭게 표현하는 민주적 주체가 아닌, 거대한 계획을 이루기 위해 움직이는 도구가 되며, 스스로가 이러한 도구가 되는 것을 기꺼이 받아들이게 된다. Dana Richard Villa, 2000. 위키피디아 그는 사람들의 지적이고 영적이며 예술적인 주도권이나 폭도들의 조폭 주도권이 단순한 정치적 반대보다도 더 전체주의에 위험하다 했다. 그가 말한 전체주의는 "예측할 수 없는 활동에 대해 지적, 영적, 예술적으로 자유로운 주도권을 허용하지 않는다. 권력의 전체주의는 동정심과 상관없이 모든 일류 인재들을 지능과 창의성이 모자라고 변함없이 가장 잘 충성하는 멍청이와 바보로 대체한다." Arendt 1976, Chapter Ten: A Classless Society, p.416.

프리드리히 하이에크, 『노예의 길』

칼 포퍼, 『열린 사회와 그 적들』

한나 아렌트, 『전체주의의 기원』

칼 요아힘 프리드리히, 『전체주의 독재와 전제 정치』

프랑수아 퓌레, 『혁명』

이사야 벌린, 『자유론』

40년 전에 저런 책을 읽었던 사람들은 도대체 다 어디로 갔나? 영국의 경제학자였던 하이예크Friedrich August von Hayek1899.~1992.는 "집단주의가 민주주의를 지배하게 되면, 민주주의는 불가피하게 스스로를 파괴시킬 것"F. A. Hayek 1944. The Road to Serfdom. p.73이라며 전체주의를 거쳐 사회주의로 가는 길은 바로 자유의 길이 아닌 독재와 노예의 길이라고 경고했다. 내가 뭔가를 먹을지 말지가 내 고유의 권리이듯이, 내 몸에 문신을 새길지 말지도 내 권리다. 마찬가지로 내 몸에 뭔가를 넣을지 말지도 내가 가진 고유의 권리다. 나는 자신의 생명과 건강을 위해 맞는 백신 접종을 반대하지 않는다. 그러나 백신 접종의 강요에는 반대한다. 백신 접종의 강요는 정신적 굴복을 강요하는 일이며, 개인의 자유를 박탈하는 일이다. 민주 시민의 권리를 유린하는 일이다.

2. 코비드 19-1

대선도 중요하겠지만, 역병 상황도 중요하다. TV에서 방역에 대한 전국적인 공개토론이 있어야 한다. 방역 대처는 무엇이든 국민 합의로 이루어져야 한다. 전문가를 자처하는 몇몇 사람들의 뜻대로만 이루어져서는 안 된다. 정부만 진리이고 진실인가? WHO나 질병당국만이 진리이고 진실이란 말인가? 코비드 상황에 빠진지 거의 2년이다. 왜 단 한 번도 공개토론을 하지 않는가?

우리는 새장 속에서 주인이 주는 모이만 먹고 사는 새가 아니다. 금지만 강요하지 말라. 백신 접종 시작해서 약 8달 만에 국민의 80% 이상이 2차 접종까지 마쳤는데, 왜 확진자는 매일 늘어나기만 한단 말인가? 이게 정부의 무능이지 국민의 비협조란 말인가? 확진자 수와 사망자 수만 밝히는 발표는 그만 두라. 검사자 수까지 정확하게 밝혀라. 사망자 수 중 백신 접종자 수도 정확하게 밝혀라. 비판

적 사고에 재갈을 물리지 말라. 비접종자에 대한 비난도 그만 두라. 백신의 접종
은 자신을 위한 것이지 남을 위한 것이 아니다. 당신들이 3번이나 맞은 백신이 제
대로 바이러스를 막지 못하는 것은 백신의 문제다. 한 번도 백신을 맞지 않은 사
람들 때문이 아니다. 백신 접종자는 보균자이거나 보균의 경험이 있는 사람이
고, 미접종자는 아예 보균한 적이 없는 사람이다. 미접종자가 접종자를 두려워
해야지 백신 접종자가 미접종자를 전파자로 생각해서 두려워한다는 게 말이 되
나?

> 진리가 자유롭지 않을 때, 그 자유는 진리가 아니다
>
> Quand la vérité n'est pas libre, la liberté n'est pas vraie.
>
> – Jacques Prévert

규정規程의 준수는 두려움을 기반으로 한다. 두려움이 없다면 강압적 통제는
있을 수 없다. 그래서 그 두려움은 아주 현실적이다. 세계적으로 규정에 의한 제
한, 억제, 강제, 폐쇄가 규정이라는 이름으로 우리의 동의도 없이 자행되고 있
다. 개인의 권리에 대한 어떤 제재 규정은 명확하고 제대로 된 정보를 제공하고
우리의 동의를 얻은 후에야 가능한 것이다. 하지만, 어떤 위기나 전쟁 그리고 질
병의 상황에서는 우리에게 위임받지 않은 소위 전문가라는 집단들이 자기들 마
음대로 정한다. 지금의 코로나 규정은 우리가 동의한 것이 아니다. 사람에 대한
극단적인 형태의 순응이나 복종에 대한 연구는 미국의 사회학자 알버트 비더만
Albert Biderman 1923~2003은 공산주의의 8가지 형태의 강압 차트로 제시한 바 있다.
비더맨이 제시한 모든 강압 방법이 코로나 시대에 사용된다는 것은 우연이 아니
다.

지난 약 2년 정도의 시간 동안 보이지 않는 집단은 전체 인구를 고립시키면서, 사회적인 지지와 저항 능력을 박탈했다. 인식의 독점을 통해 사람들이 당장의 역병에만 주목하게 만들고, 규정을 준수하지 않는 사람들에게 불이익을 줬다. 또한 미디어를 통하여 사람들의 피로를 유발하고 무기력과 쇠약에 빠지게 만들었다. 사람간의 접촉을 차단하고, 컴퓨터 화면을 통해서만 예술과 문화를 경험하게 만들었다. 강제 격리와 여행의 제한, 각종 불이익이나 사회적 박해 등으로 우리의 삶을 계속 피폐하게 했다. 위협과 강제 속에서 살아가야 하는 사회를 만들었다. 제대로 작동하는지 아무도 모르는 마스크 쓰기는 그것을 사용하면 사회생활을 할 수 있다는 규정의 완화책을 제공하면서 매일 수억 개의 마스크 쓰레기가 자연 환경에 버려져도 우리가 무심하고 둔감해지도록 만들었다. 백신만이 만능이고 전능하다는 논리로 모든 국민들이 당국의 통제를 받아야 하는 통제 국가로 만들었다. 모든 사람을 질병의 잠재적 매개체로 규정하고 통제했다. 우리에게 위임받지 않은 전문가가 만든 중대한 사회적 의지에 모든 사람이 무조건 순종해야 한다는 규정의 준수가 지금도 강요되고 있다.

불과 얼마 되지도 않은 연원을 가진 현대의학이란 것이 완벽하다는 말인가? 그러면 왜 백신은 제대로 작동하지 않으며, 의료 규정은 수시로 바뀌는가? WHO나 질병당국이 무오류의 화신이 되고 말았다. 가장 결점이 많은 곳이 무결점의 단체가 되어간다. 보통사람들은 생각이나 선택, 질문이나 결정에서 완전히 배제되었다. 공중 보건과 안전이라는 이름으로 공포와 협박, 강압을 일삼으며 우리의 인간성을 말살하려 한다. 아무리 고귀한 명분이라도 도덕적이지 않고, 윤리적이지 않으며, 폭력적인 방법이 사용된다면 그 명분은 엉터리다. 지금이 전염병이 사람의 생명과 자유 의지를 침해한 데 사용된다면, 이 땅에 정의와 평등, 평화는 사라지게 된다. 지금 행해지는 사회적 불의와 규정의 강제가 더 이상 지속되어서는 안 된다. 전쟁의 시기건 질병의 시기건 아니 어느 때라도 이런 불의한 규정을 그냥 둘 수는 없다.

이 세상의 모든 사람들은 자유롭게 태어났고, 선택과 자유의 의지가 있다. 자신의 삶을 선택할 권리가 있고 인격이 있다. 명확하고 제대로 된 정보에 바탕을 둔 사회적 동의가 있을 때 우리는 전쟁이나 질병 그리고 사회적 불평등을 해소할 수 있는 것이다. 정부는 즉각 공개 토론 하라. 제대로 된 사회적 동의를 구하라.

우리는 이런 정치지도자를 원한다

이명재 / 덕천교회 목사, 김천일보 발행인

정치지도자 선거일이 다가오고 있습니다. 여야 각 당 후보들이 모두 결정되었습니다. 지금 선거운동이 치열하게 전개되고 있습니다. 상대 후보 흠결 뒤지기의 감이 없지 않아 안타깝습니다. 이른바 네거티브 선거운동이 활개를 치고 있습니다. 국민을 위한 정책 대결, 즉 포지티브 선거운동으로의 전환이 절실하게 요구됩니다. 국민을 좀 의식하면 좋겠습니다.

이 글은 논리성을 갖춘 글이 아닙니다. 평소 제가 갖고 있는 정치지도자 상像을 붓 가는 대로 써 내려 갈 것입니다. 에세이 형식의 글입니다. 역시 가볍게 읽으시면 됩니다. 여러 필자들에게서 비슷한 주제의 글을 받아 책으로 엮는 것으로 알고 있습니다. 그렇다면 내용의 중복 현상도 적지 않게 일어날 것입니다. 제 글에도 그런 점이 있을 것입니다. 미리 양해를 구합니다.

대통령제 국가에서 대통령이 큰 권력을 행사하는 사람이라는 것은 누구나 알고 있는 사실일 것입니다. 국가 원수이고 행정부의 수반이면서 국민을 대표하는 사람이니까 제일가는 권력자라고 할 수 있겠지요. 어떤 사람이 대통령으로 선택받느냐에 따라 국가의 수준과 국민 삶의 질이 크게 영향을 받게 됩니다. 하지만 사람들은 이것을 깊이 인식하지 않는 것 같습니다.

지난 세기까지만 해도 후보의 능력에 더해 혈연·지연·학연 등의 연고가 표에 영향을 많이 주었습니다. 지금은 여기에 더해 표심에 영향을 주는 것으로 진영논리를 꼽고 싶습니다. 보수와 진보 그리고 여與와 야野로 나뉘어 사즉생死卽生의 태도로 쟁투하고 있습니다. 생각 없이 바람에 휩쓸리는 우중愚衆의 모습도 없지 않은 것 같습니다.

본론으로 들어와서 '제가 원하는 대통령'에 대해 제 생각을 말씀 드려 보겠습니다. 형식이 내용을 지배한다는 말이 있습니다. 주객관적 환경의 영향을 받고 있는 저의 생각이라는 것을 전제하고 싶습니다. 그러니까 절대적이 될 수 없다는 것, 가르치며 주입하려는 것이 아니라는 것, 갖고 있는 직간접적으로 얻은 주관적 지식에 근거해 이런 대통령을 바라고 있다는 것 정도로 이해해 주시면 고맙겠습니다.

먼저, 국민 통합을 이루어 낼 수 있는 정치지도자를 원합니다. 잘 되는 집은 화목한 가족으로 구성되어 있습니다. 늘 웃음소리가 피어납니다. 가족이 안 보이면 궁금해지고 보고 싶어집니다. 서로의 약점을 잘 알고 있으되 들춰내지 않습니다. 도리어 그 약점을 보완해 주려고 애씁니다. 가족 사랑이 차고 넘쳐 이웃에까지 전파됩니다. 따라서 그 지역을 밝게 비추는 등불이 됩니다.

잘 안되는 집은 늘 불평불만으로 가득합니다. 시기질투로 서로 불화합니다. 집안 내 싸움이 끊이질 않습니다. 이웃이 손가락질하며 그 집을 기피합니다. 이런 집은 희망이 없습니다. 하루하루 산다는 게 고역입니다.

나라도 마찬가지입니다. 발전 가능성이 있는 나라는 토론하되 싸우지 않습니다. 여야와 진영에 얽매이는 게 아니라 더 높은 가치인 국민을 생각합니다. 보수진보의 이념도 상대를 전멸시키는 것이 아니라 공생을 생각하며 서로 국가 발전의 파트너로 생각합니다. 역사발전의 양 수레바퀴임을 자각하고 상보적 관계를 유지하려 애씁니다. 이런 것은 이념적 지향이 이념 그 자체에 구속되는 것이 아니라 사람에게 맞춰질 때 가능합니다.

아쉽게도 지금 우리나라는 그렇지 못한 실정입니다. 사사건건 반대입니다. 진리와 정의를 안중에 두지 않고 오직 상대 진영에 대한 네거티브에 매몰되어 있습니다. 상대방이 좌하면 우로 가고 우하면 좌로 갑니다. 얼마나 큰 낭비입니까. 이런 중에도 우리나라가 지금의 위치까지 올라 온 것은 기적이라 할 것입니다.

그렇다면 어떻게 해야 할까요. 여야가, 보수-진보 양 진영이, 수도권과 지방이, 영남과 호남이 서로 마음을 열고 대화를 해야 합니다. 나의 유익을 생각함과 동시에 국민 전체의 공동 이익까지 헤아려야 합니다. 여기에 정치지도자가 역할이 큰 비중을 차지합니다. 국민을 최고 가치에 두고 통합의 묘수를 짜내야 합니다. 모두 동의하며 함께 손잡고 나아갈 길을 닦아야 합니다. 쉽지 않은 일이 되겠지만 이 일을 위해 팔을 걷어붙이는 정치지도자를 원합니다.

둘째, 첫째의 확장 형태가 되겠습니다만 남북의 평화적 통일입니다. 남북통일의 징검다리가 되는 정치지도자를 원합니다. 남북의 통일 문제에 있어서 국민의 공감대 형성과 협조가 절대적으로 필요합니다. 이것이 가능할 때 정치지도자가 힘을 받게 됩니다. 분단을 고착화하고 싶어하는 일단의 부류가 있습니다. 그들은 북한을 민족 공동체의 일원이 아니라 적으로 생각합니다. 냉전의 미몽에서 깨어나지 못하는 사람들입니다.

국제 사회는 나날이 자국 중심으로 무장되어 가고 있습니다. 자기 나라 이익을 먼저 생각합니다. 한반도를 둘러싸고 있는 미·중·러·일 4강도 마찬가지입니다. 그들 국익에 도움되지 않는 일에는 그다지 관심을 두지 않습니다. 남북의 통일은 그들 나라에 도움이 되지 않는다고 생각합니다. 따라서 내심 한반도의 통일을 원하지 않습니다. 남북이 통일되어 국제 사회에서 강대국의 반열에 올라서는 것을 원하지 않습니다. 이런 상황에서 우리가 이루어 내야 할 통일의 길, 매우 험

난하다는 것은 짐작하고도 남음이 있습니다.

한반도를 둘러싸고 있는 4대 강국에 의지하는 통일은 요원할 수밖에 없습니다. 이런 주장을 하거나 받아들이는 정치지도자는 분단을 고착화하는 데 자신도 모르게 동의하는 꼴입니다. 자주적인 외교 노선을 취하면서 남북통일을 추구하는 정치지도자가 과연 어떤 사람일지, 그런 정치지도자를 진정 원합니다.

셋째, 올바른 역사안歷史眼을 갖고 있는 정치지도자를 원합니다. 역사안은 역사를 보는 눈을 말합니다. 역사를 바르게 인식하고 있어야 국민을 잘 섬길 수 있습니다. 역사는 원래 비판적 인식을 요구합니다. 발전한 현재의 관점에서 과거를 보기 때문에 그렇습니다. 여기에 덧붙이고 싶은 것은 소수 영웅 중심의 역사가 아니라 다수 국민을 주체로 하는 역사 인식의 필요성입니다.

과거 박근혜 정부 때 국정 교과서 파동이 일어났었지요. 그때의 논점도 따지고 보면 소수의 지배자 중심이냐 아니면 다수의 국민 중심이냐의 문제였습니다. 또 역사 서술에 권력이 개입하는 게 정당한가 아닌가의 문제였습니다. 국정 교과서는 권력의 개입으로 서술된 교과서지요. 그 당시 국정 교과서를 채택한 학교가 거의 없었다는 것은 무엇을 말해주는 것인지를 진중하게 받아들여야 합니다.

일부의 사람들은 일본의 식민지배가 우리나라 발전의 토대가 되었다고 주장합니다. 이른바 식민지 근대화론입니다. 이것은 일본이 만들어낸 논리를 그대로 따르는 것입니다. 극우 세력들이 추종하는 국적 없는 논리인데요, 일제 식민지배의 고통을 조금이라도 아는 사람은 입에 담아서는 안 됩니다. 풍찬노숙하며 조국의 독립을 위해 투쟁한 선조들을 두 번 욕보이는 것입니다.

친일파는 우리의 역사에서 부끄러운 단어입니다. 하지만 일각에서 일본을 찬양하는 사람들이 있습니다. '일본 좋아하면 어떤데, 그래 나 친일파다' 이런 말을 공공연히 하는 사람들이 있습니다. 이런 부류의 사람들이 떼를 지어 일본대사관

앞 소녀상에서 열리는 정신대 수요집회를 훼방합니다. 일부 정치인들도 여기에 동조합니다. 역사의식이 피폐한 이들입니다. 이런 데 영합하는 자가 정치지도자가 되어서는 안 될 것입니다.

넷째, 약자 사랑을 몸소 보여주는 정치지도자를 원합니다. 원론적인 얘기 같습니다만 약자 사랑을 실천으로 옮기기는 쉬운 일이 아닙니다. 약자 사랑은 종교에서 비중을 두는 주제입니다만 정치지도자에게 이것을 바라는 것은 가시적인 결과까지 기대하고 하는 말입니다. 정부의 복지 정책이 확대될 때 가능한 것입니다.

사회적 약자는 누구일까요. 장애인과 연로한 분들을 들 수 있습니다. 장애인들은 신체적 정신적 고통과 사회의 사시적인 눈이란 이중의 고통 속에 살아가는 사람들입니다. 이들을 정책적으로 배려할 필요가 있습니다. 우리나라도 고령화가 급속도로 진행되고 있습니다. 거기에 맞는 선제적 복지 정책이 사회의 빈 곳을 채워 주리라 확신합니다.

다섯째, 국토의 균형 발전에 확고한 철학을 갖고 있는 정치지도자를 원합니다. 지금 우리나라는 수도권의 비대화, 여타 지역의 공동화空洞化로 불균형의 모습을 보이고 있습니다. 과거 노무현 정치지도자 때 공공 기관의 지방 이전을 단행한 바 있습니다. 그러나 정주 여건 등 후속 조치의 불비不備로 기대한 만큼 정책적 만족감을 얻지 못하고 있습니다.

기업이 다시 수도권으로 몰리고 있고, 대학도 수도권은 부富하고 지방은 빈貧한 부익부 빈익빈 현상이 이어지고 있습니다. 지방대학은 신입생 정원을 채우지 못해 전전긍긍합니다. 장래가 불투명한 상황입니다. 발전의 주체가 사람인데 지방은 사람들이 점점 줄어들고 있습니다. 수도권으로의 유출과 '출생률〈사망률' 현상 때문입니다. 어려운 주문인 줄 알지만 지방을 살리는 정치지도자를 원합니다.

　이상 몇 가지 내용을 제시하고, 문제 해결을 위한 정치지도자를 원한다고 말씀 드렸습니다. 다시 한 번 정리하면 국민 통합을 이루어내는 정치지도자, 남북의 평화통일을 주체적으로 추진해서 결실 맺는 정치지도자, 올바른 역사안을 갖고 있는 정치지도자, 사회적 약자를 위한 정책을 확대하는 정치지도자, 지방을 살리는 정치지도자를 원한다는 제 생각의 일단을 밝혔습니다. 그런 후보가 대한민국 20대 정치지도자로 선택되기를 바라고 기도합니다.

우리의 감정을 도외시하지 않는 정치지도자

정회균 / 숭실대학교 철학과 학부생

저에게 있어서 친구들 사이에서나 일상적인 모임에서 어떠한 정책에 대한 호오를 내 비추기가 괜스레 꺼려집니다. 어떤 정책에 대한 저의 비판적인 입장이 의도치 않게 상대방에게는 제가 지지하는 정당을 지지하기를 요구하는 것처럼 들릴 수도 있고, 그 상대방이 또 다른 정당의 지지자일 경우 그 정책에 대한 비판을 자신의 정당에 대한, 더 나아가서 자기 자신에 대한 비판으로 받아들일까 봐 겁이 나기 때문입니다. 이러한 정치적인 담화에 대한 소극적인 모습은 어디에서 비롯된 것일까요? 이는 좋자고 만난 자리가 정치에 관한 이야기를 꺼내서, 괜히 얼굴만 붉히며 끝이 나는 경우를 많이 봐서 그런 것이 아닌가 생각해봅니다. 더군다나 현재 대한민국의 거대 양당 체제 아래서는 다원화를 지향하는 현대사회의 모습보다는 극단적인 양극화가 만연하여서 더욱 갈등에 취약한 상태를 보이고 있습니다. 상황이 이러한데, 하물며 거대 권력인 정치지도자가 누가 되어야 하는가에 관한 논의를 할 때는 더욱 날이 선 상태로 있을 수밖에 없습니다. 학교에서는 우리의 다원주의 사회에서 절대적인 가치가 존재하지 않으므로 다양한 가치들을 서로 존중하며 살아가야 한다고 배우지만, 막상 현실에서는 두 가지 이념 중에 하나를 선택해야만 하는 듯합니다. 이러한 한국의 정치적인 형태가 우리들의 사적인 대화에도 영향을 미치는 모습을 보면, 거시적인 국가의 형태가 우리의 삶과 우리의 자유와 무관하지 않다는 것을 깨닫게 해줍니다.

정치적인 이야기는 자신의 의견을 누군가에게 관철해야만, 즉 승리를 위해서만 이야기의 방향이 흘러가는 경우가 많습니다. 이는 건전한 토론보다는 말싸움으로 번지기 취약한 정치적인 이야기의 특성을 잘 나타냅니다. 이를 회피하여 괜한 긁어 부스럼을 만들고 싶지 않은 마음이 우리들의 삶에 대한 고뇌와 한탄을 공동체를 위한 공적인 목표로 발전시키기 어렵게 만듭니다. 정치적 담화에 대한 회피가 나의 목소리가 우리들의 목소리를 대변할 수 있는지에 대해서 확신을 가지기 어렵게 만들고, 그 어려움을 회피해서 나의 목소리만을 저 높은 곳에 쩌렁쩌렁 울리자니 주변의 눈치가 보이게 됩니다. 누군가는 자신의 권리를 위해 시위하는 사람들을 보며 이기적이라고 말하며, 누군가는 자신의 권리를 위해 싸우지 않는 사람들을 무임승차자라며 비꼽니다. 그들의 목소리가 진정 누구를 대변하는 것인지조차 판단하기 어려울 때도 많습니다. 본래 우리의 이야기와 우리의 목소리가 정책에 반영되어야 올바른 민주사회가 형성될 것인데, 지금의 우리 사회는 쩌렁쩌렁한 울림이 메아리가 되어 갈등만 번져나가고 있습니다. 나는 너를, 우리는 그들을 이해하기가 점점 어려워지고, 코로나라는 악재가 겹쳐 우리는 더욱 입을 열지 않습니다.

물론 다원화된 사회에서는 갈등이 필수적입니다. 갈등이 없는 정치란 존재하지 않습니다. 정치의 본질 중 하나가 갈등을 해결하는 것이기 때문입니다. 하지만 우리의 정치는 기득권을 유지하거나, 혹은 찬탈하기 위해 갈등을 방관하는 모습을 보이고, 그것을 조장하며, 그에 대한 책임을 지지 않습니다. 낭만적인 과거는 빛바랜 지 오래되어 남녀 혐오의 문제는 계속 대두되고, 일본을 혐오하고 중국을 혐오합니다. 미국을 혐오하고 북한을 혐오합니다. 좌파를 비판하면 일베가 되어 버리고, 우파를 비판하면 빨갱이로 만드는 도장이 사람들 머리에 낙인을 찍습니다. 정치에 관심이 없는 이들은 정치에 관심이 있는 사람들을 정치병에 걸렸다며 이해하지 못합니다. 지금 우리 사회는 갈등을 해결하는 방법을 잊어버렸습니다. 국가의 어른인 제20대 정치지도자가 되실 분에게 묻고 싶습니다. 이전에는 갈등을 어떻게 슬기롭게 해결하셨습니까? 아니 갈등을 이용하고 있지는 않으십니까? 아니면 제삼자가 갈등을 조장하고 있는 것입니까?

이런 갈등의 원인에는 분명히 언론도 중요한 역할을 하고 있을 것입니다. 혐오와 같은 부정적인 감정은 사회 내에서 전파 속도가 빠르므로, 어떤 언론은 자신들의 이익을 위해 부정적인 감정을 퍼뜨리기를 선호할 것입니다. 더구나 스마트폰, SNS와 같은 기술의 발달이 부정적 감정의 확산을 더욱 부추기고 있습니다. 부정적으로 변하는 사회의 분위기가 사회를 닫히게 만들고 있다는 느낌이 듭니다. 이는 반박과 비판이 자유로이 이루어지지 않는다는 말과 같습니다. 사회는 점점 비관적으로 변하여 생산적인 에너지를 개인만을 위해 사용하고 있습니다. 예전에는 알고 있는 누군가에게 사랑을 받기 위해 노력했다면, 지금은 누군지 모를 사람에게 미움을 받지 않기 위해 더 노력하고 있습니다. 우리의 삶이 각박해져서인지 용서와 관용은 점차 사라지고 있습니다.

누가 정치지도자가 되면 좋을지에 대해서 주변 사람들과 이야기를 해보면, 정치지도자 후보의 공약이나 인품을 보고 판단하기도 하지만, 후보에 대한 부정적인 이야기를 보고 판단하는 경우가 많습니다. 상대방을 설득할 때 지지하지 않는 후보를 깎아내려 자신이 지지하는 후보를 돋보이게 하는 경우도 많습니다. 이것은 사적인 대화에서만 이루어지지 않습니다. 우리의 정책은 감정을 고려하여 만들어지지 않습니다. 말과 말로 이루어져 과도하게 이성화된 정치적 담화에서 감정은 도구로써만 사용되고 정작 민중들이 느끼는 감정은 도외시됩니다. 텍스트의 내용과 그 내용이 가지는 네거티브를 이용하여 상대측에 대한 부정적인 감정을 불러일으켜 소기의 목적만 달성하길 원합니다.

정작 그렇게 유도된 감정이 더 큰 원인이 되어 사회를 병들게 하고 있습니다. 정치지도자는 이러한 상황을 인지하는 것에 그치지 않고 해결하기 위한 행동을 보여주기를 바랍니다. 정치지도자는 용서와 관용에 대해 더 곱씹어 주시기를 바랍니다. 용서와 관용은 본래 그 자체가 목적이라고 생각합니다. 무언가를 얻기 위해 용서를 하고, 관용을 베푸는 것은 진정한 용서와 관용이 아니기 때문입니다. 우리 편에게는 진정한 용서를 베풀고, 상대편에게는 처절한 복수를 혹은 여타 다른 목적을 위한 용서를 하는 정치적인 모습들이 우리 사회의 단편적인 모습으로만 남기를 원합니다. 이것이 우리 사회의 모습을 대변하고 있다는 생각이 든다면, 우리의 방향을 바꾸어야 할 것입니다. 용서를 받은 사람이 자신의 잘못을 뉘우쳤다는 게 진심인지는 본인 이외에 그 누구도 알 수 없습니다. 하지만 그것을 믿어주는 것이 바람직한 사회이지 않겠습니까.

현재 코로나바이러스로 인하여 마스크를 쓰지 않으면 건물은 출입할 수 없으며, 벌금을 내야하고 백신을 맞지 않아도 마찬가지로 건물 출입이 통제되고, 사적인 모임을 가질 수 없습니다. 책을 빌리러 도서관은 갈 수 없지만 출근길 지하철에서는 발하나 디딜 틈 없이 수십 분 동안 갇혀있을 수 있습니다. 이것 말고도 가시적인 아이러니가 곳곳에 있는데, 받아들이기가 참 어렵습니다. 정부가 지향하는 방역이 의도하는 바가 공동체의 생명을 위한 것임을 인지하고 있습니다. 헌법 제37조 2항에 명시되어 있는 것처럼 이러한 정부의 처사가 공공복리를 위해 법률에 근거하여 처리되고 있다는 것도 알고 있습니다. 마스크는 코로나바이러스를 비롯하여 다른 바이러스로부터 우리를 막아줄 수 있고, 백신은 코로나바이러스에 효과가 있다는 것도 과학적으로 증명되었기에 마찬가지로 인지하고 있습니다.

하지만 꼭 강압적인 것이 해답이 될 수 있을까요? 불편함과 두려움이 강압을 통해서만 해결할 수 있는 것입니까? 우리의 자유에 대한 거대한 문제를 차치하고도, 불편함이나 두려움은 사회적으로 인정받을 수 없는 감정인 것인지 의문이 듭니다. 백신에 대해 부정적인 사람들의 감정들을 헤아릴 수 있는 정부가 되어주시길 바랍니다. 물론 백신을 두려워하는 사람들도 타인의 감정에 대해 생각을 해봐야 합니다. 하지만 이러한 생각의 과정 없이 무차별적으로 강압적인 행태를 보이는 것은 옳지 않고 불편함과 두려움을 건강하게 해결할 수 있는 더 나은 방안을 세울 기회를 앗아갈 수 있다고 생각합니다. 방역에 참여하는 사람에게 혜택을 주는 것이 올바른지, 방역에 참여하지 않는 사람에게 불이익을 주는 것이 사회적으로 낙인을 찍는 것은 아닌지, 어떤 갈등을 유발할 수 있는지 숙고해주시길 바랍니다. 이는 비단 코로나바이러스만의 문제가 아니라, 앞으로 올 재난들에 대해서도 마찬가지로 적용될 것입니다.

　국가는 날이 갈수록 부유해지는데, 불평등은 해소되지 않아 상대적인 박탈감은 더욱 커져만 갑니다. 미국의 한 자본가는 국가와 맞먹는 정도의 재산을 보유하고 있다는 소식을 들었습니다. 이것이 민주주의와 자본주의가 바라왔던 것은 아닐 것입니다. 이러한 기형적인 현상은 필연적이며 해결할 수 없는 것으로 보입니다. 부와 가난은 대물림되고 있습니다. 그 재산으로부터 비롯될 수 있는 많은 능력과 무능력을 개인 자신에 대한 책임으로만 바라보는 사회적 시선은 아직도 만연해 있습니다. 이러한 개인의 외로움은 누가 위로해 줄 수 있을까요. 누군가는 남들 공부할 시간에 노동을 해야만 했지만, 사회는 그 노동을 인정해주지 않습니다. "직업에는 귀천이 없다."라는 슬로건은 자신의 선한 노동관을 보여주는 도구로만 사용되고 있습니다. 직업의 귀천은 사회 내에서 얼마나 중요한가보다는 연봉이 어느 정도 되는가가 결정하고 있습니다. 직업에 귀천이 없어지려면, 슬로건을 내세우기보다는 실제로 직업에 귀천이 없어야 하지 않겠습니까? 내가

하고 싶은 일은 다른 일이지만, 어쩔 수 없이 고용을 위한 노동만을 해야 하는 사람도 있습니다. 이 사람들이 하고 싶은 일을 하는 사람보다 더 대단하다고 생각합니다.

현재 한 정치지도자 후보가 각박한 삶을 해결하고자 제안한 기본소득이 이러한 경제적, 사회적 불평등을 해결해 줄 수 있는가를 묻고 싶습니다. 기본소득은 분명히 부의 불평등을 해소할 수 있는 정책이며, 수학적으로도 증명할 수 있는 실현 가능성이 있는 정책입니다. 이러한 무조건적이고, 보편적인 정책은 공동체의 따뜻한 연민을 보여줄 수 있기도 합니다. 하지만 이 기본소득이 우리가 다채롭고 능동적인 삶을 꾸릴 수 있도록 해줄 수 있는 지점까지 우리를 도와줄 수 있는지 의문이 듭니다. 이것이 해결되지 않는다면 현대의 사회적 병폐와 갈등은 해결되기 어려울 것 같습니다. 자아를 가지고 자신의 삶을 행복하게 만들어 나아가는 것이 비단 개인의 노력으로만 이루어지는 것은 아니라고 생각합니다.

분명히 우리는 일을 통해서 성취감과 자존감을 쌓을 수 있으며, 일을 통해 자아를 실현합니다. 이 성취감과 자존감에는 일에 대한 성과와 소득이 분명히 크게 기여하고 있습니다. 오죽하면 월요병이라는 말이 생겨, 자신이 바라는 일과 자신이 하는 노동 사이의 괴리가 새로운 병을 만들었습니다. 삶의 대부분을 차지하는 노동이 삶을 힘들게 만들고 있는데, 이는 삶의 필연적인 부분인가요? 극복할 수 없는 것입니까? 노동을 통한 자아실현은 비관적인 시선으로만 바라볼 수밖에 없는 것입니까. 이러한 감정적인 문제도 비현실적인 문제가 아니라, 현실을 구성하고 있는 중요한 문제임을 알고, 이를 바탕으로 정부가 운영되었으면 좋겠습니다.

불평등을 해결하기 위해서 기본소득은 더 좋은 정책을 위한 중간다리가 되어줄 것으로 생각됩니다. 기본소득은 분명히 능동적인 소비자가 되도록 만들 수 있지만, 삶의 주체가 될 수 있는 충분조건은 아닌 것 같습니다. 일례로 현재 노인들 위주로 진행되고 있는 참여 소득은 기본소득과 일이 조화되어 있어 보이지만, 일이 정형화되어 있어서 그 일은 결국 개인의 자존감을 높여주기가 어렵습니다. 분명히 국고를 비워 나가야 하지만 조금 더 우리들의 감정을 고려한 정책을 사용했으면 좋겠습니다. 앞으로는 기술의 발전으로 많은 일자리가 사라질 것이라는 예측이 많은데, 우리가 단순히 먹고 마시는 것보다 어떻게 자아를 실현할 수 있는지가 중요한 관건일 것입니다. 참여 소득의 범위가 다양해졌으면 좋겠습니다. 정치지도자는 기본소득보다 한 걸음 더 나아가서 국민의 감정에 이바지할 수 있는 행정을 운용하길 바랍니다. 이러한 저의 주장이 세상 물정 모르는 소리라고 비판받을 수 있을 것 같습니다. 중요하지만 모두가 하기 싫어하는 노동은 존재할 수 있고, 저의 주장처럼 모두가 하고 싶은 일을 한다면 이 사회는 제대로 돌아가지 않을 것입니다. 하지만 머지않은 미래에는 과학기술의 발전을 통한 자동화로 인하여, 모든 사회 시스템의 붕괴가 이루어질 가능성이 충분하다고 생각합니다. 이러한 붕괴가 필연적이라고 생각이 든다면, 노동에 관한 재숙고가 필요할 것입니다.

맹목적으로 경제적 지표를 쫓는 정책들만을 가지고 우리의 삶이 나아지기만을 기대하기 어렵습니다. 한 정치지도자 후보자는 일자리에 어울리지 않는 인문학이 무용하고, 대학은 취업을 위해 친기업적으로 변해야 한다고 주장했습니다. 이는 자주적인 인간이 아닌, 기계적인 인간을 만드는 결과를 낳을만한 발언 같습니다. 기업은 뛰어난 인재를 원하고, 학생들은 그 뛰어난 인재가 되기를 원합니다. 그리하여 기업에 들어가 많은 보수를 받고 살아가는 것은 무한한 개인의 양태 중 하나에 지나지 않습니다. 모두가 그렇게 살 수 없는데, 왜 그것을 강요하려고 하는지 모르겠습니다. 정치의 고정된 이념이 다양한 개인을 규정하고자 할 때, 모순과 병폐와 갈등이 발생할 수밖에 없습니다. 인문학이 무용하다는 비판보다 더욱 무서운 것이 다양한 인간을 특정 유형의 인간으로 만들고자 하는 것입니다.

우리는 홍해를 가르는 모세와 같은 정치지도자를 원하는 것이 아닙니다. 우리는 정치지도자가 한파를 멈추고, 바이러스를 사라지게 만드는 마법을 부리는 것을 바라지 않습니다. 정치지도자를 포함한 우리는 모두 같은 인간입니다. 우리 모두 무한하지 않고 유한한 존재입니다. 할 수 없는 것이 많고, 그렇기에 우리는 '우리'가 필요합니다. 이것을 인지하여 서로 돕는 사회가 되도록 노력해주셨으면 좋겠습니다. 마스크를 쓰지 않는 사람에게, 백신을 맞지 않는 사람들에게 강요가 아닌 설득을 통해, 그들의 두려움을 지워주셨으면 좋겠습니다. 저는 아직 사회에 나가지 않은 대학생입니다. 학생인 저희가 공감과 위로를 통해 갈등을 해결하는 방법을 배울 수 있도록 해주시길 바랍니다. 초등학생 때 멋모르고 따라간 2007년 태안에서 보여주셨듯이, 저는 지금도 우리 사회가 함께 사회적 재난을 헤쳐나갈 수 있는 잠재력을 지니고 있음을 확신할 수 있습니다. 이 잠재력을 마음껏 발휘할 수 있는 사회가 되었으면 좋겠습니다.

나는 성평등한 지도자를 원합니다!

정우석 / 숭실대학교 철학과 학부생

차별이나 혐오가 나쁘다고 했을 때 이것에 부정할 사람은 없을 것입니다. 이번 정치지도자가 페미니스트 정치지도자를 자처했을 때, 당시 고등학생인 저는 투표권은 없었지만 정치지도자를 지지했습니다. 성인이 되어 투표권을 가졌을 때 정치지도자가 힘이 없어서 그런 거라며 힘을 모아달라는 민주당을 믿고 민주당을 지지했지만 민주당의 공약 중 하나였던 차별금지법은 아직도 제정되지 않았습니다. 지속가능하고 성평등한 대한민국을 만들겠다는 정치지도자의 정책은 성공적이었을까요. 저는 아직 대한민국이 성평등한 나라라고 부르지 못하겠습니다.

정치지도자의 공약 중 OECD 국가 중 최하위로 성별 임금격차를 해소 하겠다는 5개년 계획은 마련이 되지 않았습니다. 성평등 의식 문화를 확산하겠다는 것은 지금 대선 후보들이 여성가족부의 존폐와 관련하여 공약을 내세우는 것을 봤을 때 아직 거리가 멀어 보입니다.

2개월을 남은 대선을 앞두고 대선후보들이 많은 정책을 얘기하고 있습니다. 그러나 이러한 정책 속에서는 누군가의 목소리가 지워져 있습니다. 바로 여성입니다. "여성이라는 이유로 차별받아서는 안 되는 것처럼 남성이라는 이유로 차별받는 것도 옳지 않다"."성폭력 무고죄 처벌을 강화해야 한다."와 같은 후보들의 발언에는 20대 남성을 뜻하는 '이대남'의 표를 의식한 것이 느껴집니다. 같은 청년인 여성들은 이 대선후보 공약 속 '청년'에선 지워진 듯합니다.

최근 이재명 후보는 "여성이라는 이유로 차별받아서는 안 되는 것처럼 남성이라는 이유로 차별받는 것도 옳지 않다"라고 했습니다. 남성이라는 이유로 차별을 받는 것은 여성이라는 이유로 차별을 받는 것과 다른 차원의 문제입니다. '아내 흉기로 위협, 경찰관 폭행, 지구대서 바지 벗고 난동… 처벌은', '"나 전자발찌 찼는데 죽여버릴까"… 길가던 여성 협박한 50대 징역 1년', '레깅스 몰카, 성범죄 맞다. 벌금 70만 원 확정…재상고 포기' 하루만 해도 이러한 여성혐오 범죄 관련 기사가 쏟아집니다. 매일같이 벌어지는 여성 타깃 범죄를 생각하면 남성들에게 차별 피해자라는 프레임을 씌우기 전, 여성에 대한 차별부터 문제를 해결해야 한다고 생각합니다.

지난 11월 11일 N번방 운영자의 확정 형량이 판결은 우리를 분노케 합니다. 문형욱갓갓은 무기징역에서 징역 34년으로 강훈부다은 징역 30년에서 징역 15년으로 감형이 됐습니다. 이 밖에도 박사 방 가해자 또한 이0민을 제외한 모두가 감형을 받았습니다. 디지털 성범죄 사건에 대한 지속적인 관심과 제도적인 노력이 필요한 반면 대선주자들의 여성과 관련된 정책은 전부 출산이나 육아에 한정되어있습니다. 출산과 육아에 한정된 여성 공약과 여성가족부에 대한 논의 대신 성별 임금 격차 해소, 성폭력 피해자 지원 강화 등 여성인권을 보장하는 정책을 내는 정치인이 필요합니다.

대선후보들은 2030세대들을 목표로 삼은 정책들을 내세우고 있지만, 그 정책들은 남성을 위한 정책뿐이었습니다. 페미니즘과는 거리가 먼 '반페미니즘'적인 게시물을 공유하거나 성평등을 위한다며 성폭력에 대한 무고죄를 강화한다는 성불평등적인 행보를 보여줘 왔습니다. 남녀갈등을 부추기며 여성인권을 보장하는 정책에 대한 논의는 피해 가는 후보가 아닌 여성 관련 정책을 소신있게 내세우는 정치지도자를 원합니다.

우리는 어떤 정치지도자를 원하는가?

서온유 / 숭실대학교 경제학과

정치인은 철인哲人, philosopher이 되고자 하여야 합니다. 이것이 저의 주장입니다. 저의 이러한 생각은 상당한 불쾌감과 당혹스러움을 자신의 꼬리로 삼아야 할 수밖에 없을 것입니다. 이 주장은 이미 오래전부터 있어 온 생각으로 지금까지 상당히 많은 비판을 받아온 주장이기도 하고 이러한 주장은 그런 비판 속에서 자신을 견지하지 못하고 쓰러져 이미 먼지가 되어버리기도 하였습니다. 하지만 저는 이러한 주장의 죽음에 반하여 다시금 이 먼지들을 모아서 이 주장을 되살려냄과 동시에 이 주장이 가져온 불쾌감과 당혹스러움의 꼬리를 한 번 도려내 보고자 합니다.

철인이란 어떠한 존재입니까? 우리가 철인이라는 말을 들었을 때 떠오르는 인상은 저 하늘의 변화를 관측하다가 눈앞의 물웅덩이를 보지 못하여 넘어져서 옷을 다 적시고 옆에 있던 하녀의 비웃음의 대상이 되었던 저 위대한 현인이자 최초의 철학자인 탈레스의 이미지일 것입니다. 이 글을 적고 있는 저의 귀에 저 하녀의 비웃음 소리가 들리는 듯합니다.

> "당신은 저 하늘의 진리를 탐구하신다고 하시더니 눈앞에 있는 우
> 물도 제대로 보지 못하시는군요. 저처럼 당신들이 말하는 저 하늘
> 의 고상하다는 진리를 보지 못하는 사람들도 눈앞에 있는 우물 정

도는 본답니다."

즉 우리는 저 몽상가적인 이상주의자-현실을 제대로 보지 못하고 뜬구름 잡기 위해 하루하루의 소중한 시간을 보내는 자가 우리의 머리 속에 박혀있는 철인이라 지칭되는 자들의 이미지일 것입니다. 이러한 이미지야말로 "어째서 정치인은 철인이 되고자 해야 하는가?"라는 의문을 제기하게 만드는 근본적인 원인일 것입니다. 우리의 생각에 정치인은 그 누구보다 실리를 따져야 하고 눈앞에 있는 것을 보고 달려야 하는, 지극히 현실적인 삶을 자신의 손에 쥐고 있어야 하는 존재이기 때문입니다. 어떻게 이러한 자리에 저러한 몽상가를 앉힐 수 있겠습니까? 만약 플라톤이 말하듯이 저 절대적인 진리라는 것이 존재하기에 철인이 정치인이 되어야 하는 것일까요? 그렇다면 우리에게 이러한 진리라는 것이 존재하기라도 한단 말입니까? 변화하지 않는 절대적인 그 무엇이? 물론 그는 이 세상이 변화한다는 사실을 알고 있었고 그렇기에 절대적인 이상이 이 지상에서 실현 불가능하더라도 가능한 한 이 이상을 지상에 현실화해야 한다고 보았습니다. 그렇다면 그 누가 진리를 가지고 있는 자인가요? 이 지상의 삶을 살아가는 우리-모두가 진리를 주장하지만 그 누구도 자신이 진리임을 명명백백히 드러내지 못하고 증명조차 하지 못하는 우리, 이러한 제한적인 너무나 제한적인 존재인 우리들에게 저러한 진리는 사치이자 허구가 아닌가요? 그렇다면 진리를 주장하고자 하는 철인과 정치인은 정 반대편 양극단에서 서로를 노려보며 칼날을 들이밀고 있는 것이 아닌가요? 어떻게 양극단이 하나가 되어야 한다는 주장을 감히 할 수 있을까요? 이러한 주장을 하고자 하는 저는 이 양극단을 하나로 볼 정도로 눈을 멀게 만드는 맹목 속에 사로잡혀서 지금 꿈을 꾸면서 이 글을 쓰고 있는 것일까요?

오랫동안 철학자들은 저 고정불변하는 그 무엇을 찾아 끝이 없는 여정을 떠나 왔습니다. 그리고 그 여행길에 진리처럼 보이는 것들을 찾아서 "이것이 진리다." 라고 내세우면서 자신의 뒤에 있던 사람들에게 내어 보여 주었습니다. 하지만 그 러한 진리들은 그 진리를 내세운 사람의 뒤에서 망치를 들면서 기다리던 이들에 의해 처참히 붕괴되어 버렸고 다시금 슬픈 얼굴로 길을 떠날 수밖에 없었습니다. 그들은 언제나 고정불변한 토대와 삶을 원해 왔지만 자신의 손에서 언제나 벗어 나는 진리를 슬픈 눈으로 바라볼 수밖에 없었습니다. 그렇다면 그러한 길의 종 착역에서는 그들은 어떤 진리를 발견할 수 있을까요? 저는 감히 그렇다고 주장 해봅니다. 그리고 이 진리야말로 철인과 정치인이 하나가 되어야 하는 이유를 제 시해준다고 생각합니다. 또한 제가 바라는 정치인은 이러한 진리를 갖춘 정치인 입니다. 그 진리는 철학의 역사의 초창기에 이미 주장되었지만 우리의 본능적인 욕구-고정불변하고 안정된 삶에 대한 욕구-로 말미암아 거부되고 무시되었던 진리입니다. 그 진리는 진리에 반대편에 서 있으면서 진리를 말하고 있기에 모순 적이기도 하고 이 진리 앞에서 우리는 늘 도망쳐왔기에 우리의 삶 속에서 가장 은 폐되어왔던 진리입니다. 그 진리는 바로 모든 것은 변화한다는 것-세계란 거대 한 바다는 언제나 흐름과 동시에 복합적이고 서로 얽혀져 있으며 우리가 손을 뻗 어 쥐는 순간 손의 틈을 통해 언제나 빠져나간다는 진리입니다-우리는 결코 바 닷물을 양손에 가득 담을 수 없습니다. 항상 생의 바다는 우리의 손아귀로부터 달아납니다. 결국은 철학자들의 여정은 자신들이 그토록 거부하던 이 대지로, 그들의 여정의 출발점으로 되돌아오게 된 것입니다. 그들의 여정은 고대 그리스 의 달리기 경주와도 마찬가지였던 것이죠. 바로 이러한 흐름만을 주장하는 진리 야말로, 고정불변한 진리는 이 지상에 존재치 않으며 지상의 세계와 삶은 우리의 손으로부터 언제나 빠져나간다는 진리야말로 제가 생각하는 철인을 특정 지음과 동시에 정치인과 철인을 엮어주는 끈이 되어줍니다.

이러한 사실은 우리의 삶 속에서 철저하게 은폐되어 있습니다. 물론 이러한 사실은 들으면 누구나 납득은 합니다. 하지만 삶 속에 들어가는 순간 이러한 진리는 망각되고 은폐되지만 삶의 배후에서 언제든지 우리를 지배하고 있습니다. 왜냐하면 우리 자신이 그러한 생의 바다 속에서 살아가면서 그 일부를 이루기 때문입니다. 이러한 진리에 대한 저항이야말로 인간을 인간답게 만들어줍니다. 인간은 자연적이지만 너무나 반자연적이기에 자연의 모순임과 동시에 독특한 위치를 점하고 있습니다.

이러한 인간의 성향을 대변하는 우리의 산물은 언어와 이미지-형상입니다. 이를 가장 잘 말해주는 이는 고대의 철학자 헤라클레이토스이겠는데 그는 이렇게 말했습니다. "우리는 같은 강물에 두 번 발을 담글 수는 없다."라고 말이죠. 하지만 우리는 같은 강물에 발을 담글 수 있다고 생각합니다. 왜냐하면 우리는 실재하는 것을 언어와 이미지, 형상으로 대변하여 파악하기 때문입니다. 우리는 변화하고 관계하는 세계에 인위적인 본질과 형상, 언어 등을 부여하여 변화와 관계로부터 대상들을 분리해내어 각각의 본질을 지닌 개물個物들의 총체로서 세계를 파악합니다. 그렇기에 우리는 실제로는 명백히 다르지만 하나의 추상적인 강을 말할 수 있게 되는 것입니다. 세계는 언제든지 변화하지만 우리의 머릿속에 있는 추상적인 형식은 그러한 변화를 은폐하면서 자신 안에 포섭하고 감싸아 우리의 시선으로부터 감추기 때문입니다. 우리가 보는 것은 우리의 머리 속의 이미지가 세계에 투영된 것들일 뿐입니다. 그렇기에 실재 세상의 그러함과 우리가 사실이라고 여기는 것들 사이에는 건너뛸 수 없는 심연이 존재할 수 밖에 없습니다. 실재의 복합성과 다양성, 가변성은 우리의 추상적인 형식과 언어 속에서 은폐되기 때문입니다. 그렇기에 철인의 가장 큰 미덕은 침묵하는 것이라 할 수 있을 것입니다. 하지만 이러한 침묵은 아무것도 알지 못하기에 하는 침묵이 아닌 말로 표현할 수 있는 진리란 없다는 진리를 알기에 어쩔 수 없이 하는 침묵일 것입니다. 달리 말하면 실재하는 자연에 대한 인간의 무능력을 예감하기에 하는 침묵이라 할 수 있겠지요.

　이러한 현실에 대한 자신의 무력함을 아는 사람은 셰익스피어의 햄릿이 되어 자신의 앞에 놓인 운명 앞에서 주춤거리면서 머뭇거리게 될 것입니다. 하지만 정치인은 그래서는 안됩니다. 언제나 결정과 실행, 언어 사이에서 살아가는 사람이 바로 정치인입니다. 그렇기에 기존의 절대적인 진리를 주장하는 철학자는 이러한 정치인에 비해 너무나 이상적이고 비현실적이기에 둘 사이에 넘어설 수 없는 심연이 존재하였지만 이제는 정반대로 현실의 복합성과 다양성, 가변성에 대한 인식을 지니고 있고 자신의 무력함을 아는 철인은 그 누구보다 현실적인 사람이 되기에 이제는 정반대로 이러한 철인에 비해 정치인은 너무나 비현실적인 이가 되어버립니다. 결국 뛰어넘을 수 없는 철인과 정치인의 심연으로부터 벗어나기 위해 돌아섰던 길의 끝에 이르자 또 다른 심연이 철인과 정치인 사이에 자리매김하게 된 것이지요. 하지만 전자의 심연을 강제로 메꾸어 정치인이 이상을 현실에 실현하고자 하는 것은 거대한 맹목과 폭력으로 이어지게 되지만 반전된 지금의 철인—실제 있는 삶과 변화하는 세계에 대한 무한한 존경심과 자신의 무력함을 아는 철인—과 정치인 사이의 심연의 메꿈은 정반대의 의미를 지니게 되었습니다. 전자는 자연의 복합성과 다양성을 특정한 이념에 맞추어 즉 비현실적 가상에 맞추고자 하는 폭력을 자신의 손에 쥐고 있었다면 후자에서는 정반대로 현실의 다양성과 복합성에 맞게 최대한 정치의 영역을 즉 가상과 제한의 영역을 잡아당겨서 둘 사이의 매워지지 않는 심연을 가상의 대지를 끌어당김을 통해서 메꾸고자 하는 삶ᅟᅠ에 대한 존중이 자리 잡고 있습니다. 물론 이 둘 사이의 심연은 결코 완전히 메꾸어지지는 않을 것입니다. 왜냐하면 저 생동하는 바다는 언제든지 우리의 틀 속에 머무르지 않고 넘쳐흘러서 우리로부터 달아나기 때문일 것입니다. 이를 잡아 나선다는 것은 헛된 인간의 노력일 수도 있겠지만 우리의 삶은 이러한 모순에 대한 반항으로 이루어집니다. 그렇기에 정치인은 철인이 되고자 해야 하지만 결코 완전한 철인이 되어서는 안됩니다. 철인을 부정함과 동시에 철인이 되고자 하는 것—즉 정치인이 됨과 동시에 철인이 되고자 하는 모순을 자신 속에 지니고 있는 사람—이러한 사람이 제가 생각하는 올바른 정치인입니다.

지금까지의 글을 바탕으로 제가 한 나라의 대표자가 되고자 하는 이에게 전하고자 하는 말은 다음과 같습니다.

더 높은 자리로 올라가고 싶다면은 즉 정치인으로서 한 나라의 대표자라는 지위에 올라가고 싶다면 가장 밑까지 내려가십시오. 그리고 인간이 어떤 존재인지 또한 어떠한 한계를 지니고 있는지, 그럼에도불구하고 이러한 한계로부터 살아가야 한다면 어떠한 삶이 최선인지를 인지하십시오. 그리고 그 한계로 인해 생기는 인간의 지식과 세계의 모순 속에서 이 모순을 최소화하고자 노력하는 가운데 세계에 대한 폭력을 통해서 당신의 의견을 관철하고자 하지 말고 세계에 맞추어 당신을 변화시키십시오. 그 어떤 고정되고 안정된 토대에 머물고자 하지 마십시오. 당신의 억견의 성벽으로부터 빠져나와 저 바다 속으로 자신을 던지십시오. 당신 자신을 잃으십시오. 그리고 세계의 흐름이 어떠한지를 인지하십시오. 그러기 위해서 당신에게 꼭 필요한 것은 타인들의 의견입니다. 왜냐하면 우리 또한 저 세계의 구성원들로서 각각이 자신의 진리로서의 삶을 살아감과 동시에 그 삶으로부터 울려 나오는 목소리 속에는 이 세계에 대한 다양한 관점하에서의 진리가 내재하고 있기 때문입니다. 이러한 의견들과 목소리에 집중하십시오. 그리고 그러기 위해서는 단순한 구별양식과 진리라는 달콤한 허울과도 같은 이름을 경계하십시오. 전자의 대표적인 양식은 이분법적인 구별양식이 되겠습니다. 이러한 구별양식은 우리의 사고를 매우 피상적인 것으로 만듦과 동시에 독단과 맹목으로의 샛길로 인도하고 그 좁은 길 속에서의 우리는 더 큰 힘을 발휘하게 됩니다. 하지만 여기서의 힘은 마치 입구가 적어지면 물의 수압이 더 거세지는 것과도 같은데 그 맹목과 독단이 더욱 득세할수록 그 힘은 더 큰 폭력으로 치닫게 됩니다. 만약 그의 선택이 절대적으로 선이며 그를 반대하는 이들이 악이고 그만이 좋음과 진리를 알고 있다면 아무 문제도 없을 것입니다. 하지만 모두가 같은 사안에 대해서도 같은 사고 양식—서로 배척하는 두 가지의 사고 가능성만을 가지고 말하고 있는데도 각자 다른 것들을 말합니다. 어떤 이가 보기에 선하고 좋고 참된 것이 저 사람에게 있어서는 완전히 전반 되어 둘 사이의 다툼과 갈등은 피할 길이 없어져 버립니다. 이 두 사람 중 어떤 사람이 참됩니까? 이에 대해 우리는 답을 내릴 수가 있습니까? 만약 이에 대해 참된 답을 내릴 수 있었다면 인류의 역사는 이미 오래전에 멈추었을 것입니다. 우리는 서로 다른 가치를 내세우면서 갈등과 투쟁을 벌이고 이 속에서 역사는 흘러왔기 때문입니다. 여기에서의 이 두 사람, 서로 다른 진리를 말하는 이 두 사람이 어느 위대한 정승—황희 정승—에게 재판을 요구한다고 상상해보시기 바랍니다. 그에게 말하는 이 사람에게 그는 "당신 말이 옳소."라고 답합니다. 그리고 이에 분하여 저 사람이 내가 옳지 않냐고 그 정승에게 따져 묻는다면 그는 답할 것입니다. "너의 생각 또한 옳다.".

각자 자신의 진리를 선포한 것입니다. 둘 다 옳을 뿐 누가 그른 것이라고는 없습니다. 선 안에는 악이 있고 악 안에는 선이 있습니다. 이를 생각하지 않고 오로지 자기 자신만의 의견이 진리라고 선포한다면 그는 반대편으로 향하는 물길을 막아버릴 것이고 자신의 거센 물결로 저 반대의 진리를 선포하는 이를 휩쓸어버릴 것입니다. 그래서는 안됩니다. 우리는 이러한 사고 양식의 한계를 명확히 인식하고 서로의 소통 가능성을 열어두어야 합니다. 건전한 논의를 위해서는 각자가 자신의 진리의 노예가 되어 자신이 정당한 노예임을 두고 서로 다툴 것이 아니라 이것은 내 생각이라는 주체적인 입장으로서 상대방을 존중하면서 소통의 가능성을 열어젖혀야 합니다. 그렇기에 진리라는 허구를 벗어던져야 합니다. 진리의 선포는 소통을 막아버리니 말입니다. 그러니 통합을 외치지 마십시오. 당신이 통합을 외친다면 저는 그 배후에 있는 자만과 폭력성만을 저는 볼 뿐입니다. 통합을 외침으로써 비판에 대한 거부감을 드러내지 마십시오. 비판은 진리에 대한 거부가 아니라 더 큰 진리를 향하여 한 걸음 나아감입니다. 서로가 서로를 비판하는 가운데 그리고 그 비판을 수용하는 가운데 우리는 한 걸음 더 진보하면서 나아갑니다. 만약 당신이, 한 나라의 대표자가 되고자 하는 당신이 거부하고자 하는 비판은 오로지 소통의 가능성이 부재하는 비판뿐이어야만 할 것입니다.

만약 이러한 진리의 단순성과 이분법적 사고의 단순성이 붕괴됨으로써 소통과 다양성, 예외성이 인정되게 된다면 정치 영역에서의 이미지의 기만은 사라질 것입니다. 그리고 이러한 이미지를 통한 선동의 과격함 또한 줄어들 것입니다. 진리로 건립된 이미지 속에는 인간의 정신을 붙잡아 놓아주고자 하지 않는 덫이 숨겨져 있습니다. 이 덫으로부터 벗어나기 위해서는 우리는 발목을 잘라야만 하죠: 크나큰 고통을 당해야만 하죠. 이 덫은 마치 농업의 시작이라는 자연이 인간을 낚아채기 위해 마련한 덫과도 같습니다. 어떠한 진리라는 겉옷으로 빛나는 이미지에 심취한 인간은 이 빛 속의 도취로 인해 자신의 행위에 있어서의 과격함을 보입니다. 이는 억압된 생의 분출이 진리라는 허울을 내세움으로써 자신을 정당화하는 것과도 같다고 볼 수 있을 것입니다. 진리라는 이름의 정당성을 부여하는 허울과 저 이미지의 단순성으로 인해 더욱 거세진 이 폭력적인 흐름은 인간 자신이 자기 자신이 거짓됨을 인정하는 데에 있어서 더욱 큰 고통을 느끼게끔 만들어 버립니다. 왜냐하면 자기 자신이 진리라고 믿었던 이 이미지가 만약 허구라면 그의 크나큰 노력은 무의미한 헛된 노력이 됨과 동시에 진리를 수호하기 위해 저질렀던 폭력들은 모두 자기 자신의 책임으로서 무거운 낙석이 되어 그의 머리 위를 덮치기 때문입니다. 그렇기에 그는 이 낙석에 대한 무의식적인 두려움으로 인해 더욱 이미지에 심취하고 더욱 폭력적이게 되며 외부로부터 들어오는 타인의 목소리로부터 자신의 귀를 막습니다. 이러한 이미지의 선동과 폭력성은 많은 정치인들이 자신의 목적을 위한 수단으로서 자주 애용해 왔습니다. 언제나 이러한 행태를 경계하고 그렇기 위해서는 단순한 사고 양식으로부터 벗어나십시오. 물론 자신의 안락한 억견의 성벽 속에서 따스함을 느끼면서 살아가는 것은 당신 개인의 관점에서 볼 때는 당신에게 있어서는 이득일 것입니다. 하지만 당신은 개인만의 삶을 살아가고자 하는 것이 아니라 지금 한 나라의 대표자가 되고자 합니다. 그 누구도 당신이 정치지도자가 되어야 한다고 당신의 의지에 어긋나게 강요하지는 않습니다. 그렇다면 당신의 안락한 성의 성벽을 허물고 저 밖에 황량한 벌판으로 나가시길 바랍니다. 그리고 그 허허벌판의 대지 위에서 타인들의 목소리에 집중하며 그들과 같이 모두가 안락하게 살아갈 수 있는 새로운 성벽을 쌓아나가시길 바랍니다. 이것이 정치지도자가 되고자 하는 당신에게서 제가 희구하는 바입니다.

소통에 관심을 기울이는 지도자를 원합니다!

이효준 / 숭실대학교 철학과 졸업, 현 게임기획자

저는 조그만 스타트업에서 게임 기획자로 일하고 있는 20대 후반의 청년입니다. 지금은 작은 규모의 오프라인 보드게임을 제작하고 있습니다. 게임 기획자로 일하기 시작하면서 자연스럽게 대한민국 사회와 게임이 맺고 있는 관계에 대해 주목하게 되었고 여러 가지 부분들에 대해 아쉬운 점이 많이 보였습니다. 가장 아쉬운 점은 여전히 대한민국 사회에서 게임에 대한 이해가 부족하다는 점입니다. 한 개인에게 게임은 그저 여가시간을 보내는 방법 중 하나이지만 국가적인 차원에서 게임은 진지하게 논의되어야할 대상입니다. 그러나 게임에 대해 이야기하는 사람도 적었고 게임과 관련된 사람들조차 진지한 논의를 전개시켜나가는 것에 대해서는 소극적이었습니다.

한국콘텐츠진흥원에서는 대한민국 게임백서를 발간하여 매년 국내 게임 산업의 전반에 대한 정보를 제공하고 있습니다. "2021 대한민국 게임백서"의 내용에 따르면 2020년 국내 게임 산업의 총 매출액은 약 18조 8855억 원으로 2019년 대비 21.3% 성장했습니다. 2020년 한국 게임의 수출액은 81억 9356만 달러이며 8만 3303명이 게임 산업에 종사하고 있습니다. 게임 산업은 그 시장규모나 일자리의 측면에서 이미 대한민국 경제의 상당한 부분을 차지하고 있습니다. 하지만 게임 산업의 눈부신 성장과는 달리 대한민국 사회에서 게임에 대한 이해와 게임을 다루는 태도는 충분히 성장하지 못했습니다. 저는 그 이유들 중 하나가 정치

130 함석헌평화연구소 시리즈 제6집

와 게임의 잘못된 관계에서 비롯되었다는 생각을 합니다. 오랜 시간동안 한국 사회에서 정치는 '게임을 단순한 오락이고 시간낭비에 불과하다'는 담론에 의존하여 자기 이익을 위해 게임을 부당하게 규정해왔습니다. 게임에 대해 부정적인 인식을 가진 집단에게 지지를 획득할 목적으로 또는 사회적인 문제들에 대해 책임을 회피하기 위한 수단으로 게임을 부당하게 규정하고 이용해왔습니다. 우리나라에서 게임과 정치의 관계는 첫 단추부터 어긋나 있었습니다. 기본적으로 민주주의는 다수결의 원칙을 따르는 체제입니다. 그러나 '게이머'라고 불리는 게임 이용자들은 오랜 시간 동안 소수였고 정치적으로 소외 되어왔습니다. 게임과 관련되어 만들어진 정책 중 '셧다운제'는 이런 정치적 소외를 보여는 예시라고 생각됩니다. '강제적 셧다운제'란 청소년은 자정부터 오전 6시까지 인터넷 게임을 할 수 없도록 하는 제도입니다. 이 제도는 2011년 11월 20일에 시행되어 2021년 12월 31일까지 지속되었습니다. 처음 이 제도를 도입할 당시 청소년 보호의 차원에서 특히 청소년들의 수면시간을 확보한다는 명분을 내세웠습니다. 이에 강력한 반발들이 있었지만 결국 제도는 시행되었습니다.

　제도의 도입을 두고 많은 논란이 있을 때 저는 셧다운제의 대상인 청소년이었습니다. 제 기억에 그 당시의 저는 셧다운제는 정말 말도 안 되는 법이라고 생각했습니다. 제가 즐겨하는 게임을 제가 원하는 시간에 할 수 없게 하여 개인의 자유를 제한하는 법이기도 했지만 가장 이상한 점은 청소년들의 수면시간을 확보한다는 명분이었습니다. 당시 저는 학교에서 밤9시까지 야간 자율학습을 하고 학원에 갔고 학원을 마치고 집에 돌아오면 밤 11시가 가까웠습니다. 그리고 잠들기 전까지 컴퓨터 게임을 했습니다. 제 주변 친구들도 비슷한 생활을 했던 것 같습니다. 도대체 무엇 때문에 내가 좋아하는 게임을 하는 시간을 빼앗겨야하는지 이해할 수 없었습니다. 제가 잠을 충분히 잘 수 없는 이유는 게임 때문이 아니라 강제적인 야간 자율학습과 그 이후에 가야하는 학원 때문임이 분명했습니다. 학원을 마치고 난 이후부터 잠들기 전까지만이 유일하게 나 스스로의 의지로 활동할 수 있는 시간이었고 그 시간에 저는 제 자신에게 가장 가치 있는 일을 했습니다. 하루 종일 입시 스트레스에 고통 받았던 학생들에게 그 시간은 너무나 소중한 시간이었고 단 일분의 시간조차 자유를 박탈당하고 싶지 않았습니다. 그 시간은 단순히 게임을 오락으로 즐기는 시간을 넘어 온전한 자유가 있는 시간이었습니다. 누구를 위한 제도인지는 모르겠으나 확실히 저를 위한 것은 아니었습니다. 그리고 제 뜻과는 상관없이 셧다운제는 시행되었습니다. 저와 같은 고등학생들은 미성년자이기에 투표권이 없었고 이야기를 해도 아무도 진지하게 들어주지 않았습니다. 제도를 찬성하는 학부모들은 유권자였기 때문입니다. 그때는 어른들이 하는 일이니 그냥 넘어갔습니다. 비록 불합리하고 자유를 침해당하더라도 그냥 욕 한번하고 넘어가는 수밖에 없었습니다. 강제적 셧다운제가 시행되는 10년 동안 많은 논란이 발생했고 제도의 실효성과 방식에 대해서도 국내에서 많은 비판이 제기되어 왔습니다. 그러나 셧다운제 폐지의 가장 결정적인 계기는 국내가 아닌 해외에서 시작되었습니다. 2020년 12월 1일 전 세계 어린이들에게 엄청난 인기를 끌고 있는 게임인 마인크래프트가 전 세계에서 오직 대한민국의 미성년자만 이용할 수 없게 된 사태가 발생했습니다. 마인크래프트를 서비스하는 마이크로소프트가 자체 시스템 상 셧다운제의 대상을 따로 관리 할 수 없어 어쩔 수 없이 대한민국의 미성년자는 게임을 이용 할 수 없도록 하는 결정을 내렸습니다. 마이크로소프트는 이 결정을 인터넷을 통해 공지했고 전 세계의 게이머들은 오직 한국만을 대상으로 미성년자 이용불가 정책이 존재하는 이유가 무엇인지 의문을 가질 수밖에 없게 되었습니다. 마인크래프트는 한국에서 '12세 이용가' 등급을 받았으며 게임 내용상의 사행성, 선정성, 폭력성 등의 문제로는 미성년자 이용불가 등급을 받을 수 없는 게임이었기에 논란은 더욱 거세져 갔습니다. 마인크래프트는 전 세계적으로 많은 국가들이 교육용으로도 사용 하는 게임이며 우리나라는 정부에서 2020년 어린이날을 맞아 청와대 월드 맵을 배포하기도 했습니다. 이 사태에 대해 게이머들은 매우 분노하며 목소리를 내기 시작했습니다. 처음 셧다운제가 시행되던 때와는 달리 게이머들은 적극적으로 자신들의 의견을 표현하고 다른 이들에게 알리기 시작했습니다. 어린이, 청소년, 성인 모두가 유튜브 채널과 인터넷 커뮤니티를 통해서 마인크래프트 미성년자 이용불가 사태를 언급하고 설명하며 사람들이 자신들의 뜻에 동참해주기를 설득했습니다. 게이머들을 넘어 훨씬 더 많은 사람들이 이 문제를 이해하고 공감해 주었습니다. 특히 마인크래프트 같은 건전한 게임이 한국에서만 19세 미만 이용불가라는 사실은 세계적으로 부끄러운 일이라는데 크게 공감을 받았습니다. 그리고 많은 사람들의 뜻을 모아 마인크래프트 커뮤니티 10곳에서 '한국 마인크래프트 성인 게임화에 대한 공동 성명문'을 발표했습니다. 인터넷에 검색하여 전문을 꼭 한 번 읽어 보시는걸 추천 드립니다. 얼마나 많은 사람이 동참했는지는 정확히 알 수 없지만 마인크래프트 커뮤니티 중 한 곳인 '우리들의 마인크래프트 공간'의 회원 수는 30만 명이었습니다. 또한 청와대 국민청원에도 청원을 등록하였습니다. 그러나 셧다운제는 법이기 때문에 문제를 해결하기 위해서는 법을 개정해야만 했습니다. 저는 이때 제 고등학생 시절이 떠올랐습니다. 셧다운제가 처음 시행되던 그 때의 저는 민주주의에 대해 비관적이었던 것 같습니다. 10년의 시간이 지난 지금 과연 많은 사람들이 한 목소리를 내는 것만으로 바꿀 수 있을지 궁금해졌습니다. 사람들은 목소리 내기를 멈추지 않았습니다. 오랜 세월 동안 침묵하던 정치가 드디어 입을 열기 시작했습니다. 2021년 7월 2일 여성가족부 공식 트위터에 #사실은이렇습니다 해시태그를 단 글이 올라왔습니다. '마인크래프트 게임의 청소년 이용제한 방침은 해당 게임사의 게임운영 정책에 의한 것입니다'. 지금까지 많이 들어온 전형적인 정치의 대화방식인 바로 책임 떠넘기기입니다. 별로 실망스럽지도 않았습니다. 지금까지 늘 그렇게 살아왔으니 충분히 익숙해졌습니다. 그러나 다시 10년 전의 그때가 떠올랐습니다. 당시 셧다운제의 입법을 가장 적극적으로 지지한 곳은 여성가족부였고 지금 이 사태의 책임은 여성가족부에게도 있었습니다. 그리고 저는 분노하기 시작했습니다. 저는 대한민국의 국민이며 유권자이며 주권자입니다. 나의 정당한 의견에 정치는 진지하게 대답할 의무가 있습니다. 저 뿐만 아니라 수많은 사람들이 여성가족부의 무책임한 태도에 분노했습니다. 2021년 11월 11일 국회 본회의에서 강제적 셧다운제 폐지 법률안이 원안가결 되었습니다. 2021년 12월 7일 문재인 정치지도자가 강제적 셧다운제 폐지 법률안을 법률 제 18550호로 공표했습니다. 2022년 현재 강제적 셧다운제는 폐지된 상태입니다. 셧다운제 폐지까지 많은 사람들이 끊임없이 함께 한 목소리를 낸 결과였습니다. 정말 쉽지 않고 어려운 길이었습니다. 왜 이렇게 많은 사람들이 오랜 시간 동안 고생을 해야만 했는지 모르겠습니다. 어쨌든 셧다운제라는 문제는 정치와 게이머의 대결에서 게이머가 승리한 사건이었습니다. 이렇게 어느 정도 해결이 되었지만 대한민국 게임계에는 아직도 많은 문제들이 남아 있습니다. 2021년은 대한민국 게임사들의 문제가 심각하게 드러난 한 해이기도 했습니다. 대한민국 게임사들은 게이머들에게 오랫동안 비판을 받아왔습니다. 자신들의 게임을 이용하는 고객들을 비하하고 무시하며 기만적인 게임 운영을 계속하는 등 상식 밖의 모습을 보여 왔습니다. 게이머들이 지속적으로 항의하고 문제 해결을 요구하였지만 게임사들은 하나 같이 형식적인 사과문, 약간의 보상, 책임전가의 방식을 유지해왔습니다. 시간이 지나면 알아서 조용해지기를 기다렸고 실제로 그 방법이 통했기 때문입니다. 정치나 게임사나 다 비슷한 듯합니다. 아니 세상의 이치가 다 이런 것이 아닌가 싶습니다. 그러나 2021년 게임업계 연쇄 파동 사건은 더 이상 이런 방식이 통하지 않는다는 것을 보여준 사건이었습니다. 2021년 게임업계 연쇄파동은 1월 초, 우리나라의 대형게임사 3N 중 하나인 넷마블이 자신들이 서비스하는 게임의 콘텐츠 제공을 일방적으로 중단하면서부터 시작되었습니다. 이에 게이머들은 정당한 소비자의 권리를 요구하며 단체 시위를 했습니다. 게이머들은 모금운동을 하여 전광판 트럭을 이용한 시위를 했고 기존에 넷마블의 운영에 가졌던 불만을 표현했습니다. 그러자 넷마블은 지금까지 해오던 방식대로 게이머들의 항의를 무시하며 시간이 지나가기를 기다렸습니다. 그러나 금방 조용해질 것이라 생각했던 게이머들의 트럭시위가 한 달 동안 지속되자 뒤늦게 넷마블은 유저들의 요구를 수용했습니다. 2021년 2월 1일, 우리나라의 대형게임사 3N 중 하나인 엔씨소프트에서는 리니지M 문양 시스템 롤백 사건이 발생했습니다. 사건 이전 1월 27일에 엔씨소프트는 문양 시스템의 과금 구조를 개편하여 기존보다 더 적은 돈으로 문양을 완성할 수 있도록 했습니다. 그러자 기존에 훨씬 더 많은 돈을 들여 문양을 완성했던 게이머들은 크게 반발하였고 엔씨소프트는 이 시스템을 다시 원상복구 시키게 됩니다. 그리고 엔씨소프트는 문양 시스템을 롤백하면서 개편된 문양 시스템에 과금했던 게이머들의 현금을 환불해주지 않고 게임 내 재화로 바꾸어 돌려주었습니다. 심지어 현금 환불대신 받은 게임 내 재화도 과금한 금액과 다른 경우가 발생했습니다. 유튜버 매드형은 1억 6000만원을 과금하고 5000만원어치의 게임 내 재화를 받았습니다. 그는 엔씨소프트에 항의하고 관련 영상을 제작하여 유튜브에 올렸습니다. 영상에서는 엔씨소프트의 상식 밖의 고객응대 방식이 그대로 드러났고 이에 크게 분노한 게이머들은 단합하여 트럭을 동원하여 시위했습니다. 2021년 2월 18일, 우리나라의 대형게임사 3N 중 하나인 넥슨에서는 메이플스토리 확률조작

사건이 발생했습니다. 이 사건은 패치노트의 한 문장으로부터 시작되었습니다. '아이템에 부여될 수 있는 모든 종류의 추가옵션이 동일한 확률로 부여되도록 수정됩니다.' 여기서 동일한 확률이라는 단어가 엄청난 논란을 일으키게 됩니다. 동일한 확률로 바꾸었다는 말은 이전까지는 동일하지 않은 확률이었다는 말로 이해됩니다. '환생의 불꽃'이라는 아이템의 설명에는 추가옵션을 무작위로 부여한다고 되어있는데 여기서 말하는 무작위가 동일한 확률이 아니었다는 추론을 할 수 있습니다. 이에 메이플스토리 게이머들은 문제를 제기했고 이에 운영진이 답변하는 과정에서 사건은 걷잡을 수 없이 커지고 복잡해지게 됩니다. 이후 수많은 아이템들과 다양한 확률 부여 방식들에 대해 게이머들이 트럭 시위를 하게 됩니다. 그리고 게이머들은 자신들의 입장을 대변하는 대표를 뽑아 메이플스토리 고객 간담회에 보내게 됩니다. 이 사건들 이외에도 수많은 사건들이 발생했고 그때마다 게이머들은 자신들의 뜻을 전하기 위해 적극적으로 행동하고 단합했습니다. 2021년은 게이머들에게 특별한 한 해였습니다. 게이머들은 자신들이 받아야할 정당한 대우를 요구하게 되었습니다. 게임 커뮤니티는 문제를 공론화하는 장소가 되었습니다. 게임 유튜브 채널을 통해 부당한 문제에 대해 공감하고 함께 힘을 합치게 되었습니다. 그리고 함께 행동하고 목소리를 내면 바꿀 수 있다는 것을 알게된 한 해였습니다. 아마 역사상 2021년이 대한민국 게이머가 가장 민주적이었던 한 해라고 할 수 있을 것 같습니다. 이 사건들을 겪으면서 저는 제가 원하는 정치지도자란 특별한 것이 아니라는 것을 깨달았습니다. 무엇보다 정치지도자는 국민과 소통해야합니다. 정치지도자와 국민의 소통이 잘 이루어진다면 사회의 문제점에 대해 빠르게 인지하고 빠르게 공론화하고 개선 할 수 있습니다. 반대로 소통이 이루어지지 않으면 문제가 쉽게 발견되지 않고 그만큼 국민들의 고통의 시간은 더 길어지게 됩니다. 또 마인크래프트의 사례에서처럼 각각의 개인이 문제를 제기하고 공론화하는 것은 매우 피곤한 일입니다. 따라서 정치지도자는 마땅히 국민들의 이런 수고를 덜어주어야 한다고 생각합니다. 정치지도자는 반드시 합리적이어야 합니다. 정치지도자뿐만 아니라 누구든지 비합리적인 사람과는 대화가 어렵습니다. 서로의 의견을 조율하기 위해서는 상대방을 설득할 수 있어야하고 설득이 가능하려면 서로 합리적인 태도를 지녀야합니다. 쓸데없는 고집을 부릴 이유는 없습니다. 특히 한 개인이 아니라 정치지도자라면 합리적인 지적에 마땅히 합리적인 대답을 해야 합니다. 마지막으로 정치지도자는 도덕적이어야 합니다. 비도덕적인 사람을 좋아하는 사람은 없습니다. 특히 잘못을 저지르고 책임을 다른 곳으로 돌리는 사람은 더 최악입니다. 도덕성은 잘못을 인정하는 것으로부터 시작한다고 생각합니다. 그래야만 잘못을 수정할 수 있고 더 나은 사람이 될 수 있기 때문입니다. 자기 잘못을 인정하지 않으면 그 수준 그대로 머무를 뿐입니다. 국가적인 차원에서 잘못을 인정하고 바로잡지 않으면 그 고통은 고스란히 국민에게 돌아가게 될 것입니다. 민주주의 국가의 지도자가 갖추어야 할 너무나도 당연한 자질들이지만 이 모든 것들을 임기동안 지키는 정치지도자를 기대하는 건 너무나 이상적인 이야기이기도합니다. 저도 이번 2022년 대선을 통해 좋은 후보가 정치지도자로 선출된다면 좋겠다고 생각합니다. 특히 게임에 대해 정말 잘 아는 정치지도자가 나와서 지금껏 게이머들이 고생하면서 바꾼 것과는 달리 정치지도자가 직접 빠르게 나서서 문제가 해결하고 법과 제도를 바꾸었으면 좋겠습니다. 그러나 저 뿐만 아니라 국민들 모두가 겪어왔고 또 알고 있듯이 세상은 쉽게 바뀌지 않습니다. 우리 대한민국이 정치지도자 한 사람으로 인해 모든 문제가 해결되는 일은 없을 것입니다. 정치란 그런 것입니다. 하지만 괜찮습니다. 우리 국민들이 함께 행동하고 한 목소리를 내면 분명히 바꿀 수 있을 것입니다. 정치지도자의 자질도 물론 중요하지만 우리 국민들 모두가 자질을 갖추어야합니다. 민주주의 국가의 지도자인 정치지도자가 갖추어야 할 자질은 민주주의 국가의 주권자인 국민들이 갖추어야 할 자질이기도 합니다. 민주주의는 혼자 할 수 있는 것이 아닙니다. 세상을 바꾸는 일은 남이 해주는 것이 아닙니다. 민주주의란 그런 것입니다.

지금 여기 우리가 요구하는 정치지도자

홍원준 / 숭실대학교 대학원 철학과 석사과정 수료

"대통령大統領", 여기서 가장 먼저 발견할 수 있는 의미는 '거느리고 다스리는' 강한 추진력을 지닌 지도자이다. 해방 이후 70년 동안 한국은 급속하게 경제 발전을 이뤘고 민주주의의 토대를 다져왔다. 그 때의 시대적인 환경에서 정치지도자는 위에서 말한 의미처럼 카리스마를 갖춘 영도자의 조건을 갖춰야했다. 이 조건을 만족하는 정치지도자는 남들보다 뛰어난 재능을 가져야했고 동시에 리더로서의 면모도 필요했다. 여기서 말하는 뛰어난 재능이란 다름 아닌 지식적인 역량이 넘치는 것인데, 일반적인 사람들보다 해박한 지식을 밑바탕으로 한 인식과 판단으로 사회 전반의 문제들을 해소하는 능력이 정치지도자에게 필요했다. 당시 한국 사회가 마주했던 대표적인 문제들은 경제적 성장으로 사회 전반의 경제력을 끌어올리는 것과 설익은 민주주의가 제대로 열매를 맺을 수 있도록 하는 것이었다. 이런 문제를 해결하기 위해 경제적 문제를 해결할 수 있는 안목과 지식, 민주주의에 대한 이론과 실천이 필요했다. 그동안의 정치지도자들은 이처럼 경제적 성장과 민주주의 확대의 차원에서 그것들을 가능케 할 수 있는 능력인 '거느리고 다스리는' 자질이 가장 먼저 요구되어 왔다.

여태까지의 한국은 앞서 선진국들이 제시해놓은 경제발전 모델이나 민주주의 이론을 한국에 적용하는 방식으로 사회의 발전을 이룩했고 사회 문제 해결에 있어서도 선진국이 선보인 해결방안을 답습하여 해소하는 모습이었다. 선진 모델을 받아들이는데 가장 먼저 필요한 것은 선진국의 이론을 해석하고 이해하는 능력이다. 정치지도자는 선진국들이 내놓은 다양한 이론들을 판단하기 위해 그에 맞는 지적인 역량이 있어야 했다. 당시 대표적으로 한국이 따랐던 모델은 미국과 일본의 모습인데, 특히 경제 성장 모델을 설정하는데 있어서 두 나라에 대한 의존도는 굉장히 높았다. 대표적으로 한국의 제조업은 오랜 기간 동안 일본의 첨단기술에 기생하였고 그들의 첨단기술을 따라잡는 것이 국가적인 목표였다. 경제 이론에서는 미국 학파의 이론을 받아들여 사회 전반에 영향을 끼쳤다. 마찬가지로 민주주의도 유럽, 미국 등의 서구권 제도를 참고해 한국 민주주의의 틀을 세웠다. 이처럼 한국은 그동안 세계의 선진국들이 미리 선보인 모델들을 사회 전반에 투영해왔다. 이런 국가에서 정치지도자란 자리는 어떤 목표지점을 향해 이끌고 나가는 지도자의 위상으로 자리매김 한다.

이러한 정치지도자의 위상을 달리 말하면 예언자 혹은 선구자라는 모습으로도 볼 수 있다. 이와 같은 의미에서 정치지도자는 거의 신적인 능력을 갖춘 혹은 신에 근접한 인물로서 사회의 전망을 예측하고 사회 전반의 틀을 제시하는 선각자의 면모를 드러내야 한다. 한국에서 정치지도자가 이렇게 여겨지는 대표적인 현상을 '박정희 정치지도자'에게서 찾아볼 수 있다. 물론 박정희 정치지도자는 직선제로 선출된 권력도 아닌 군사 쿠데타를 일으켜 권력을 차지한 인물이다. 그럼에도 불구하고 그 시대를 살았던 많은 계층에서 그 시절을 추억하며 그를 추앙하는 현상이 아직까지 한국에서 나타나고 있는 것이 사실이다. 그는 예언자, 선구자, 선각자로서의 이미지를 연출해왔다. 그는 신문이나 뉴스에서 공사 현장이나 회의석상에서 진두지휘하는 사진과 영상으로 대중들에게 각인되었다. 이로 인해 황무지의 한국 경제가 그의 선구안으로 탈바꿈하는 것처럼 보인다. 그것은 여전히 진행 중인데, 그의 딸인 박근혜가 정치지도자에 당선된 것과 현재에도 그녀의 정치 세력이 존재한다. 박근혜의 정치지도자 당선은 선각자인 아버지 박정희의 딸로써 그녀가 한국을 다시 한 번 그 때와 같은 경제적 성장을 이룰 수 있다는 신념이 작동해 만든 역사이다. 그러나 그녀는 아버지처럼 될 수 없었고 결국 촛불 혁명으로 탄핵된다.

박근혜 정치지도자의 탄핵은 표면적으로는 그녀가 권력남용으로 부정부패를 저질렀기 때문에 일어난 사건으로 보이지만 그 사건의 근저에는 한국에서 새로운 정치지도자, 즉 기존에 '거느리고 다스리는' 정치지도자가 아닌 다른 "정치지도자"의 요구가 함축되어 있다. 그리고 지금 여기는 코로나19라는 판데믹 상황을 겪으면서 당면하고 있는 공동의 문제는 이전과 전혀 다른 양상을 띠고 있다. 기존에 한국이 성공해왔던 외국으로부터의 지식 수입이나 제도 수입으로는 해결할 수 없는 형태의 공동의 문제들이 나타나고 있다. 이제 한국의 정치지도자는 여태까지의 일반화되었던 "대통령"의 모델과는 다른 모델이 필요하다. 특정한 목적지나 이상향을 향해 이끌어가는 선구자로써의 모델이 아니라 지금 여기에 산재하고 있는 문제들을 같이 고민할 수 있는 사람이 요청된다. 예언자처럼 일방적인 지시로 국민을 거느리고 다스리는 것이 아니라 동시대의 사람으로써 같은 처지에서 깊게 고민하고 대화하며 공동의 합의를 도출해낼 수 있는 자세가 필요하다.

그렇다면 여전히 공동의 합의의 도출을 위해 기존의 정치지도자의 모델처럼 풍부한 지식이 중요하다고도 생각할 수 있다. 풍부한 지식은 지금 여기에 널린 사회적 문제들을 해결하기 위해 분명 중요한 요소임에 틀림없다. 그런데 그보다 선제되는 조건이 있어야 풍부한 지식이 제대로 된 효과를 발휘할 수 있다. 그 조건은 바로 지금 여기 야기된 문제에 진정으로 공감할 수 있는 모습이다. 공감은 지식으로 학습되는 것이 아니다. 공감은 다른 이가 직면한 문제에서 느끼고 있는 정념을 같이 느끼는 것이다. 이를 위해선 나와 다른 이가 다른 존재가 아니라는 전제조건이 있어야 한다. 나와 타인이 같다, 즉 평등하다는 입장에서 공감이 시작된다. 나와 타인이 평등하다는 것은 모두 마주하고 있는 어떤 문제에 대해 고통 받고 있는 존재라는 것과 다르지 않다. 그런데 여기서 모두가 겪고 있는 고통은 몸으로 공유하는 정념이다. 나와 타인이 평등하다는 자세는 관념이나 머리, 지식이 아닌 몸을 통해서만 공감할 수 있다. 몸은 바깥과 맞닿아 있음으로써 항상 나 아닌 것과 상호교류를 가능하게 하는 통로이다. 나는 타인에게 몸을 통해서 맞닿을 수 있고 공감할 수 있다. 여기서 나와 타인의 공감을 가능케 하는 몸은 정확히 무엇을 말하는가?

　일상 속에서 사람들은 타인을 인식하고 판단한다. 인식과 판단은 관념에 의한 분석을 의미하는데, 타인을 인식하고 판단한다는 것은 결국 타인을 대상으로 여기는 것과 같다. 어떤 사람에 대한 인식과 판단은 성별, 직업, 재산, 학력, 사회적 평판 등의 요소의 범주로 규격화함으로써 그 사람을 말할 수 있는 것으로 환원시킨다. 또한 자본주의 사회에서 다른 사람을 구분할 때 많이 쓰는 잣대로 다음과 같은 질문을 속으로 생각한다. '저 사람은 나에게 이익을 줄 수 있는가 아니면 손해를 입힐 수 있는가?' 이렇게 타인에 대한 인식과 판단은 그 사람을 규정지어서 내 머리 속에 집어넣는 작업과 같다. 고작 몇 가지의 범주와 관념으로 나는 일상 속에서 타인을 대상화 한다. 타인의 대상화는 나의 자아를 견고하게 하는데 필수적이다. 그것은 나와 타인을 구분하는 기준이 되고 나의 정체성을 확립하는데 기초이기 때문이다. 나라는 에고는 타인과 다름을 찾고 궁극적으로 나와 타인을 구별하여 분리시키는 결과에 다다른다. 그렇게 각각 구분된 나와 타인은 각자의 필요에 의해 사회를 구성한다. 이를 바탕으로 각자 인식과 판단이라는 이성에 따라 합의된 규범의 계약을 이행하고 지켜나가는 사회가 탄생했다. 일상 속에서 사람들은, 즉 사회는 이성적인 인간을 말하고 있다. 사회에서 사람들은 각자 규격화된 대로 다른 말로 각자의 계약에 따라 존재한다. 각각의 부품들이 맞물려가며 작동하는 기계처럼 각자에 위치에서 사람들은 부품처럼 작동하며 사회를 유지시킨다. 사람들은 서로 무관심한 채 그저 계약에 따라 움직이는 대상으로 나타난다.

일상 속에서, 사회 내에서 나와 타인은 너와 나로 명확히 구분된 채 머리만 남아있다. 그곳에서 나와 타인의 몸은 사라졌고 공감은 망각됐다. 사회에서 나와 타인이 완전히 구별된다는 것은 더 이상 '우리'라고 말할 수 없음을 의미한다. '우리'는 너와 내가 몸을 통해 공감하고 있다는 징표이다. 사회는 각각의 사람들을 개별적인 요소로 만들어 문제가 생겼을 경우 언제든 교체할 수 있는 효율성을 추구한다. 이성적인 인식과 판단에서 출발하고 있는 사회는 '우리'를 말할 수 없고 규정할 수 없다. '우리'는 이성 너머의 혹은 이성 이전의 몸으로 지각할 뿐이다. 현재 한국이 마주하고 있는 문제는 피상적으로 보면 복잡하고 산발적으로 나타나고 있는 것처럼 보이지만 그것의 근저에서는 '우리'의 상실이 공통적으로 내포되어 있다. 급속한 산업화와 자본주의 관념의 내면화로 인해 한국에서 '우리'는 자취를 감춰버렸다. 한국인은 태어나서 얼마 지나지 않아 유치원과 학교를 다니며 경쟁을 시작하고 타인을 이겨야할 대상으로 바라보게 된다. 한국에서 경쟁은 사회의 효율성을 극대화하는데 긍정적인 영향을 미쳤지만 사람 사이의 관계를 단절시키는 결과도 초래했다. 한국에서 출신, 지역, 학벌, 재산, 권력으로 사람을 구별하는 것은 사회의 발전에 따라 심화됐다. 결국 이것은 한국인들이 머리만 남은 존재로, 몸을 잃어가는 존재로, '우리'를 망각한 채 살아가고 있음을 말한다.

'우리'라고 말할 수 있는 공감은 나와 타인이 구분되고 있는 사회가 아닌 나와 타인이 함께 공동체를 이루는 단초이다. 사회가 머리로 만들어진 것이라면 공동체는 몸으로 공유하는 지점을 의미한다. 지금 한국에서 지나치게 사회화가 진행되고 공동체가 사라졌음을 보여주는 현상이 있다. 몸으로 공감해야할 공동의 문제에 공감하지 못하고 사회적 효율성을 들먹이는 모습, 즉 몸이 관념과 이성에 잡아먹힌 사건과 사고들이 한국 전반에 널려 있다. 또한 인터넷을 통해 유포되는 단편적인 이미지와 영상과 글로 사회의 지배적 관념들은 사람들의 몸을 과격하게 그리고 급속하게 몰아내고 있다. 여기서 인터넷이 사람에게 악영향을 끼친다는 것을 말하고 있는 것이 아니다. 인터넷은 정보 전달 및 시공간의 확장을 가능하게 했다. 그러나 동시에 인터넷의 막강한 힘을 이용해 사회의 영향력을 밤낮없이 공간의 제약을 넘어서 집 안, 잠들기 직전까지 끼치는 세력이 나타났다. 이로 인해 몸은 더욱 설자리를 잃었고 공동체는 파괴 직전에 이르렀다. 요즘 한국에서 사람들은 대부분 머리만 이용해 세상을 관조할 뿐이다. 항상 어디에서든 스마트폰을 통해 사회가 요구하는 명령이미지들, 영상들, 글들을 따라 나와 타인의 구분을 강화하고 있다. 지금 여기는 각각 분열되어 나홀로 존재하며 각자도생의 극한을 향해 치닫고 있다.

아무리 사회가 발전한다 한들 인간 존재 그 자체를 바꿀 수는 없다. 사회는 어디까지나 이성적인 틀에 의해 구성된 체계로 존재할 뿐 그 이상 혹은 그 이하를 말할 수 없다. 인간은 머리가 아닌 몸으로 존재하기 때문에 사회가 아닌 공동체가 요구된다. 지금 여기 한국에서 상실된 공동체를 현시할 수 있게끔 몸으로 세상을 마주한 '우리'의 정치지도자가 필요하다. 몸으로 세상을 겪으며 타인에게 공감했고 그 공감 위에서 함께 걸어온 그리고 함께 걸어갈 나와 같은 사람이다. 여기서 말하는 나와 같은 사람을 뜻하는 평등은 일반적으로 의미하는 물질적이거나 권력적 평등을 넘어서 보편적인 의의를 갖는다. 몸으로 드러나는 평등의 의의는 한계 상황죽음, 병, 추방, 고독처럼 '내가 어찌할 수 없는 것', '타자성'이라는 철학적 개념으로 말할 수 있다.을 마주한 인간의 실존을 함의하고 있다. 보편적인 평등은 인간이라면 누구나 병들고 아프고 고통을 느끼며 외로운 존재라는 것이다. 그렇기 때문에 언젠가 사라질 나는 같이 평등한 존재로 언젠가 사라질 타인을 향해 열릴 수 있고 공감할 수 있다.

사회에서 말하는 사회적 합의는 머리로 이해하는 이성적인 차원의 의사결정 과정이다. 그런데 이성적 합의의 과정만 존재한다면, 관념으로 인식하고 판단하는 것으로 의사결정을 내린다면 그 결과는 결코 인간적이지 못하다. 왜냐하면 이성, 관념, 머리 등으로 말할 수 있고 이해할 수 있는 차원의 요소들은 '우리'를 전부 말할 수 없기 때문이다. 이성적으로 아무리 철저하게 분석하고 관찰하여도 언제나 이성으로 환원할 수 없는 부분이 존재한다. 이성으로 통제하고 판단할 수 없는 부분은 나라는 자아－정신, 이성, 관념－이 어찌할 수 없는, 즉 나를 벗어나 있는 것을 말한다. 사회에서 좋은 합의에 도달하기 위해선 단순히 이성에 따른 합의를 넘어 그것이 담고 있지 못한 부분이 있음을 인정하고 긍정하는 것이 필요하다. 나의 통제를 벗어난 범위의 것들, 즉 현대 철학에서 말하는 타자는 단지 몸으로 마주할 수 있다. 비유적으로 이것을 음악적인 것이라고 표현할 수 있는데, 우리는 음악을 들을 때 머리로 음을 분석하고 인식하고 판단하지 않고 몸으로 리듬을 타면서 음의 울림을 지각한다. 음악은 우리에게 이성적인 지식을 전달하는 것이 아니라 우리와 함께 울리면서 감동을 느끼게 한다. 나와 타인이 몸으로 마주하며 공감하는 것 또한 음악적인 것과 같다. 공감은 타인이 마주했던 사건, 사고에 대해 머리로 관조하는 것이 아니라 몸으로 함께 겪으며 정념을 나누는 것이다. 사회적 합의의 근저에 공감이 결여되어 있다면 진정한 합의라고 할 수 없다. 만약 공감이 결여된 사회적 합의가 도출된다면 그것은 피상적인 합의에는 도달했지만 근본적인 합의는 망각한 결과이다.

공감이 만드는 공동체는 겉으로는 보이지 않고 드러나지 않지만 사회 체제를 추동하는 뿌리이다. 더 나아가 공동체는 단순히 나와 타인이라는 인간관계에 국한되지 않는다. 우리가 몸으로 타자를 마주할 때 타자는 우리를 둘러싸고 있는 것들을 담고 있다. 자연, 기후, 환경 등의 개념들은 단순히 인간 생존 조건을 위한 요소인 것만이 아니라 타자성을 말하는 개념이다. 근대화, 산업화로 인간은 주변의 것들을 도구로 인식하고 그것들의 유용성을 판단하여 개발해왔다. 그로 인해 자연, 기후, 환경 등이 갖고 있던 타자성은 망각되었고 오롯이 가치로, 다른 표현으로 말하자면 결국 돈으로 환산될 수 있는 것으로 규정됐다. 여태까지 사회는 머리로 주변의 것들을 생각하도록 해왔던 것이다. 즉 사회는 그것들의 타자성을 부정해왔다. 우리는 몸으로 우리 주변의 것들을 마주하고 그것들이 말하고 있는 타자성을 긍정할 필요가 있다. 지금 여기 우리가 마주한 자연과 기후 그리고 환경의 위기는 바로 우리가 몸이 아닌 머리로 생각해온 결과이고 우리가 자초한 사건이다. 근본적으로 위기를 극복하기 위해서는 다른 무엇보다 우리 주변의 것을 제대로 느끼는 것이 필요하다. 그동안 사회적 관념에 의해 주변의 것을 쉽게 인식하고 판단해왔던 것과는 달리 온몸으로 그것과 지각하는, 그것을 향해 열리는 사건이 요구된다.

한국은 그동안 눈부신 물질적 성장으로 자본주의가 가져다주는 혜택을 확인해왔다. 그런데 동시에 자본주의의 혜택에 매몰되어 자본주의 관념에 사로잡힌 사회가 만들어졌다. 한국 사회 전반에 대다수의 담론이 경제—그것이 진정 내포하고 있는 의미는 자본의 축적, 이익이다—와 관련된다. 항상 언론에서 말하는 경제 위기라는 공포, 언제 실직할지 모르는 사회적 구조, 자본을 축적함으로써 주목받고 화려해질 수 있다고 말하는 미디어—온갖 성공스토리무엇보다 돈을 많이 번 것이 성공으로 여겨진다, 잘나가는 연예인들의 화려한 삶, 어떤 것으로 일확천금할 수 있는지 말하는 소위 전문가들-, 최근의 비트코인과 주식, 부동산투기에 대한 전 사회적 관심. 사회적 담론의 대부분이 자본주의 관념을 향해 있는 것은 분명 정상적인 상황이 아니다. 이것은 한국 사회가 자본주의 관념에 종속된 전체주의적 상황에 놓여있음을 뜻한다. 모든 것을 돈이 되는가 아닌가로 판단하고 있는 것이며, 이런 사회에서는 돈이 되는가 아닌가라는 잣대 말고는 의미를 가질 수 없다. 이렇게 머리만 남은 존재, 자본주의 관념을 벗어난 생각은 할 수 없는 존재는 점점 몸으로 바깥과 마주하는 우리를 점점 은폐시킨다.

비록 한국이 급속한 경제성장과 비약적인 시대흐름을 겪으면서 기존의 공동체가 서서히 지워져버린 것은 사실이다. 그런데 2021년 코로나19가 전세계적으로 창궐하는 시기에 한국은 다른 국가보다 뛰어난 방역 성과를 보여주었다. 한국이 팬데믹 상황을 슬기롭게 극복할 수 있던 근저에는 아직 한국에서 바깥과 마주하는 몸이, 나와 타인 사이의 공감이, 우리의 공동체가 완선히 사라지지 않았음을 보여주는 징표이다. 여기서 2022년에 선출될 정치지도자는 지금 여기 우리가 한국 사회의 저변에 깊게 뿌리 내릴 수 있게 할 수 있는 역량이 필요하다. '거느리고 다스리는' 정치지도자가 아니라 '우리와 함께 하는' 정치지도자를 요청한다. 머리로만 세상을 관조했던 사람, 관념으로만 인식하고 판단했던 사람, 사회를 차별하고 분열시키는 사람이 아니라, 몸으로 세상을 마주했던 사람, 그래서 몸으로 소통하고 공감할 수 있는 사람, 같이 나눌 수 있는 공동체를 지향하는 사람. 그래서 2022년 대선은 한국 사회가 다시 과거의 논리로 돌아갈 것인지 새로운 우리의 지평으로 나아갈 것인지 결정짓는 변곡점이다.

불평등 체제를 넘어 더 나은 세상을 꿈꾸는 정치지도자

최인기 / 기록하는 빈민운동가, 빈민해방실천연대 수석부위원장

1. 들어가며

갑자기 다가온 코로나 19는 세상을 온통 혼란의 도가니에 빠트렸습니다. 그리고 모두가 생각하는 것보다 더 빠른 속도로 많은 것이 변하고 있습니다. 한쪽에서는 이구동성으로 높은 생산력으로 인간의 삶이 과거보다 풍요로워졌으며, 세상에 존재하는 것들만으로도 삶을 살아가는 데 큰 불편함이 없다고 주장합니다. 덧붙여 이제 한국도 선진국에 진입하지 않았는가? 라고 말합니다. 틀린 말은 아닙니다. 이구동성 언론에서도 그렇게 떠드니 말입니다. 하지만 엄밀히 말하자면 누군가는 고통 속에서 여전히 살아가고 있습니다. 그리고 아무도 모르게 죽음을 선택하기도 합니다. 과거보다 살기 좋아졌다는데 죽음이라니요?

2. 가난의 징후들

2021년 6월 서울 강남의 월세방에서 모녀가 숨진 채 발견됐습니다. 현장에서 발견된 메모지 3~4장 분량의 유서엔 생활고에 시달린 정황이 담긴 것으로 전해졌습니다. 8년 전, '송파 세 모녀 사건' 이후 복지 사각지대를 없애겠다고 정부가 공언했는데, 보증금 500만원에 월세 50만원인 반지하방에선, 쌀과자 등 과자 봉지가 세간살이와 함께 놓여 있었습니다. 이러한 비극적인 소식은 멈추지 않고 있습니다. 스스로 생을 마감한 이들 중 경제적 원인으로 인한 비중이 25.4%로 4명

중 1명에 달하고, OECD 회원국 중 자살 발생률 자리는 언제나 1위를 차지하고 있습니다. 문제는 코로나 19 초기 보다 숫자가 늘어나는 형편이 되자 수많은 전문의가 자살을 예방하기 위해 규칙적인 생활을 통해 스트레스와 분노를 푸는 운동이 우울증 예방에 도움을 준다는 처방을 내놓고 있다지요. 스트레스와 분노를 개개인이 잘 조절하면 되는 문제인가요? 이렇게 가난의 징후는 곳곳에서 죽음으로 드러납니다. 그리고 한 사회뿐만 아니라 한국 자본주의 체제를 둘러싼 모순을 폭로하는 기초적인 '팩트'가 됩니다.

일각에서는 한국의 복지 예산이 200조로 전체 예산의 36.5%라 합니다. 하지만 이는 객관적 사실과 동떨어져 있습니다. 실제 한국의 빈곤율은 16.3%입니다. 예산은 30조 원 가량이고 이가운데 기초생활 보장예산은 15조로 OECD 평균 20%에 비해 한참 낮은 12%로 여전히 하위에 머물고 있습니다. 정부의 통계와 수치는 현실을 제대로 반영하지 못합니다. 무엇보다 사회안전망과 복지정책이 튼실하게 버텨 준다면 세상이 이 지경은 아닐 텐데 말입니다.

잘 알려졌지만 가난에 처해있는 사람을 보호하는 제도가 바로 '국민기초생활보장법'입니다. 생활이 어려운 사람에게 필요한 급여를 주고 이들의 최저생활을 보장하며 자활을 조성하는 것을 목적으로 제정된 법률이지만, 이 법이 만들어지고 지금까지 언급되고 있는 문제가 있습니다. 바로 '독소조항'으로 지적되는 '부양 의무자 기준'을 폐지하는 것입니다. 이는 문재인 정치지도자의 공약이자 국정 과제였습니다. 어떻게 되었을까요? 생계 급여에서 부양의무자의 재산을 9억 이하로 연 소득은 1억 이하로 완화하는 데 그쳤습니다. 그리고 의료급여는 완화 계획에서조차 제외되었습니다. '완화와 폐지'는 본질적으로 다릅니다. 그런데도 정부는 생계 급여에서 부양의무자기준이 폐지된 것처럼 홍보하고 선전했습니다. 이 밖에도 많은 문제가 있습니다. 현재 사는 집의 보증금마저 소득으로 환산하는 소득환산제는 엄격한 재산 기준과 일방적인 근로 능력평가로 가난한 사람이 혜택 받기에 문턱이 높고 까다롭습니다. 이 순간 누군가는 가족으로부터 부양받지 못한 채 살아야 합니다. 수급자가 되어서도 보장 수준이 낮아 인간다운 삶을 실질적으로 영위하기 정말 어렵습니다. 세계 경제순위 10위권의 선진국에 접어들고 있다는데 한국에서 벌어지는 작금의 현실은 비극이 아닐 수 없습니다. 당선권에 있는 정치지도자 후보 가운데 한국의 양극화와 불평등을 극복할 대안을 아무도 제시하지 않고 있습니다. 참으로 심각한 상황입니다.

3. 집을 둘러싼 암울한 소식

2019년 '통계청' 주택 소유 기준을 살펴보면, 가구 수 대비 주택 보급률이 104%입니다. 그러나 전국 가구의 43.6% 그리고 서울 50.9%가 무주택자라는 사실은 잘 알려져 있습니다.

서울 강남 3구의 경우, 지난 4년간 아파트가 평균 13억 원에서 22억 7000만 원으로 2021년 1월 기준으로 약 10억 원 폭등했습니다. 2021년 한겨레신문, '부동산 불패' 신화 맞서야 할 대선 기사를 참조하면 경제정의실천시민연합은 '문재인 정부 4년간 서울 아파트 가격이 평균 8억8천만 원 상승82%했는 데 반해, 그동안 노동자 평균임금은 1600만 원 인상됐다'고 발표했습니다.

아울러, 노동자가 서울 아파트를 구입하려면 '118년 동안 임금을 한 푼도 쓰지 않고 모두 저축해야만 가능하다'는 것입니다. 주거 실태를 둘러싸고 이 사회가 얼마나 극단화되어 있는지 잘 알 수 있는 대목입니다. 양념으로 등장하는 이야기 하나 덧붙일까요? 우리나라에서 가장 비싼 집을 소유한 사람은 누구일까요? 고 이건희 삼성전자 회장의 398억 한남동 단독주택이 선두를 차지한다는 내용도 전설처럼 이어져 내려옵니다. 집 부자 한 사람이 1,670가구의 주택을 보유하고 있다는 것도, 재벌들이 천문학적인 비업무용 땅을 보유하고 있다는 것도, 더 새삼스러운 이야기가 아닙니다.

2021년 10월 12일 여의도에서 피켓을 든 사람들이 모였습니다. "못 보는가 안 보는가? 코로나 시대 쫓겨나는 사람들 방역과 공존 가능한 생존을 요구한다!" 는 주제로 빈곤사회연대 등 운동단체들이 기자회견을 개최했습니다. "위기의 책임을 개인에게 전가한 결과 빈곤과 불평등 격차가 늘어났다며 가난한 상위 1% 집부자들의 주택 보유량이 증가하는 동안 쪽방, 고시원, 옥탑 등 주택 이외의 거처에 사는 사람들의 수도 증가했다. 공급된 주택이 다주택자들의 수중으로 들어가고 집값이 오르는 동안 삶의 터전에서 쫓겨난 이들은 생활권에서 더 멀리, 집답지 않은 공간으로 밀려났다." 고 주장했습니다.

이처럼 문재인 정부는 부동산투기의 근본을 치유하기에 역부족이었습니다. 임기 내내 여러 차례 부동산 정책을 발표하고도 결국 실패했습니다. 대표적으로 부동산 보유세를 중심으로 강력한 정책을 내오지 못했습니다. '거래와 조세 그리고 금융, 공급' 등을 둘러싼 규제정책 정책이 전개되어야 했지만 그러지 못했습니다. 이러한 정책이 저항에 부딪힌다는 우려와 당장 부동산 및 건설 경기에 영향을 끼친다는 여론 그리고 실현 가능성이 없는 공허한 관념이라는 주장에 굴복했습니다.

부동산투기의 본질은 노동의 대가로 얻는 소득이 아니라 부동산 주택 등의 매매 차익을 통해 얻는 불로소득입니다. 이에 대한 환수가 필요하다는 주장이 사회적으로 당연하게 받아들여져야 합니다. 근본적으로 부동산 소유의 집중과 상품으로 전락한 문제를 극복하는 정부가 되어야 했습니다. 그동안 빚내서 집을 사도록 부추기는 정부의 주택금융정책이 집값 상승을 유발해 격차를 더욱 키웠지 않았나요? 코로나 위기를 거치며 어느덧 가계부채가 2,000조 시대로 접어들며 증가율이 빨라지고 있습니다. 그런데 '총부채상환비율과 주택담보 인정 비율'을 주택경기 조절수단으로 간주해 변경하려는 움직임마저 있습니다. 다주택자 상위 20명이 1인당 평균 416채를 넘게 가지고 있다는 소식이 들려와도 유력한 대선 후보들은 다주택자 종부세와 양도소득세, 재산세 완화를 들먹이고 있습니다.

공공임대주택에 대해서도 한마디 하겠습니다. 대폭 확대해야 한다는 주장은 어느 정도 통용되는 듯하지만 그 수준은 2021년 8% 170만 가구공공임대주택으로 볼 수 없는 주택도 수십만 채 포함되어 있고 기준 미달 주택도 많이 포함됨로 OECD 9위로 복지체제가 강한 나라의 4분의 1 에 머물고 있습니다. 무주택가구가 890만 호인 데 반해, 장기공공임대영구·50년·국민임대는 89만 호에 그쳐 1/10에 그쳐 있습니다. 게다가 다수의 무주택자는 공공주택 입주가 어려우며 그나마 공공주택도 공공성이 취약하다는 점도 문제입니다. 건설자본에 특혜를 주는 사업인 '기업형 임대주택'이 계속 늘어나고, 중산층 입주용 '행복주택' 등이 '공공주택'이라는 이름으로 둔갑해 공급되고 있습니다. 집이 삶의 보금자리가 되어야 하지만 현실은 그렇지 못합니다. 생활 기반을 다지고 삶을 꾸려나가는 토대지만 한국 사회 불평등의 핵심이 된 지 오래입니다. 그래서 강력한 부동산 규제정책을 통해 이윤만을 위한 투기 개발을 막아내고 장기공공임대 주택을 확대해 주거 불평등을 중단시켜야 합니다.

4. 가난은 폭로되어야 한다.

코로나바이러스 19가 창궐하자 정부는 사람들 모임부터 규제했습니다. 방역을 위해 당연한 조치였는지 모릅니다만 동시대 같은 시간 공권력의 비호 아래 용역 깡패는 철거와 단속 현장에 몰려들었습니다. 필자가 근무하는 단체 이야기도 빠트릴 수 없습니다. 먼저 노량진역에서 농성 중이던 구 노량진수산시장 상인들에게 동작구청은 폭력을 동원한 행정대집행을 자행했습니다. 그것도 새벽에 말입니다. 수협중앙회도 2020년 10월에 상인들에게 물대포를 쏘아댔습니다. 용산 참사가 떠오르는 순간이었습니다. 상인들을 밀어내고 땀과 눈물이 베여있는 구 노량진수산시장 만 오천 평 부지에 체육시설을 만들었습니다. 이러한 갈등이 전 개되는 동안 명명백백 서울시는 '농수산물 유통 및 가격안정에 관한 법률'에 적시 되어 있는 관리·감독을 위반하면서 문제를 외면하였습니다. 다시 말해 '직무유 기'를 하고 침묵으로 일관했습니다. 이곳은 서울시민의 집단적 기억이 살아 있는 '미래유산'입니다. 서울시에서 그렇게 지정 해준 것입니다. 그러나 수협중앙회는 도시의 다양성을 인정하지 않고 '현대화 사업'이라는 이름으로 막무가내로 철거 했던 것입니다. 그리고 작년 11월 5일 6년간 싸워 온 상인 고 나세균씨가 세상을 등졌습니다. 많은 사람이 슬픔으로 그를 보내고 지금 상인들은 농성장에서 추운 겨울을 보내고 있습니다. 시장부지 안에 생계터전을 마련해 달라며 노량진 전철 역 2만 5천 볼트의 전기가 흐르는 육교 위에서 농성을 벌이고 있습니다. 약 80여 명의 고령의 상인들입니다. 이 싸움은 벌써 6년을 넘어 새해를 맞이하고 있습니 다.

이렇게 코로나 19 재난 시기 국가의 태도는 이중적이었습니다. 2021년 재보 궐선거 때를 되돌아보면 대부분의 사람은 집합금지 명령으로 모이지 못하고 모 임을 할 수 없었지만, 기득권을 가진 자들은 황당하게도 예외였습니다. 유력 후 보들의 정치지도자 선거 출정식에도 지지자가 몰리면서 아수라장이 되었지만, 누구도 처벌받지 않았습니다. 대신 비슷한 시기 노동자대회와 노점상 철거민 그 리고 장애인 집회는 원천규제 되거나 봉쇄 명령이 내려졌습니다. 정치모임과 스 포츠 경기 그리고 관에서 주최하는 문화 행사는 열어주고 노동자 민중의 집회 시 위는 방역을 핑계로 탄압 대상이 된 것입니다. 코로나 19가 사람 가려가면서 전 파되는 게 아닐 텐데 말이지요. 거리에서 생계를 유지하는 노점상들 허리가 꺾이는 모습도 곳곳에서 목격됐습니다. 이들을 괴롭히는 것은 직접적인 단속만이 아 녔습니다. 먹고살겠다는 생존권은 그 어떤 논리보다 앞서는 천부의 권리지만 고통 받는 사람에게 지원되어야 할 '재난지원금'은 말만 무성할 뿐이었습니다. 그러다 2021년 7월 국무회의에서 코로나 추경으로 소상공인들 지원방안 논의하는데 노점상은 제외했습니다. 실제 거리의 허가받지 못한 대부분 노점상은 배제되었고, 이로 인해 상대적 박탈감은 더욱 심화하였습니다. 우리는 국민이 아니란 말이냐 라는 말이 귀에서 맴돕니다.

5. 빈곤과 차별 없는 세상을 위하여

가난과 불평등을 이야기하려면 세상의 틈을 비집고 어둡고 불편한 구석을 찾아내 구체적으로 알려내야 합니다. 의사가 환자의 몸을 제대로 치유하려면 아픈 곳을 찾아 도려내듯 바로 그 빈틈에서 우리는 희망을 말 할 수 있기 때문입니다. 우리사회가 일보전진 하려면 먼저 비정규직을 비롯한 모든 형태의 노동과 노동자들에 대한 노동 3권이 보장되고 노동기본권을 가로막는 반노동적 법안들을 철폐해야 합니다. 그렇지 않으면 가난은 궁극적으로 극복되지 않을 것입니다.

다음은 빈곤층입니다. 이들에게 자활이란 이름으로 제공되는 최저임금 미달 일자리 참여 강제가 아니라 양질의 일자리 제공이 이뤄져야 합니다. 그리고 근로능력이나 가족 유무를 떠나 모든 이들에게 사회보장제도의 완전한 보장이 되어야 합니다. 국민 기초보장법 전면개정과 최저생계비 현실화 그리고 빈곤층 복지지원 확대 등 빈민의 생존권과 권리가 제대로 이루어져야 할 것입니다.

건설사와 투기자본이 개발을 통해 개발이익을 축적하는 동안, 다른 한쪽에서는 내일의 노동을 위한 주거공간과 가족의 생계를 꾸려오던 곳에서 아무런 대책 없이 강제퇴거를 당하는 사람이 있습니다. 삶의 터전인 '보금자리'에서 밀려나

투쟁하는 철거민입니다. 이들에게 집이야말로 생활 기반을 다지고 삶을 꾸려나가는 토대입니다. 짐승도 자기 집이 있는데, 철거민처럼 하루의 노동을 마치고 쉴 안식처가 없다는 것이 말이 되는지요. 만물의 영장인 인간이 제대로 된 주거 공간이 보장되지 않은 채 마음 놓고 존재할 수 있는 공간을 갖지 못하고 살아가야 한다는 것은 참 기막힌 노릇이 아닐 수 없습니다. 이밖에도 투기 개발로 인한 인근 지역의 전, 월세는 천정부지로 솟아오르고 개발지역에서 쫓겨난 이들은 다시 낙후된 지역으로 삶의 터전을 옮겨갈 수밖에 없는 현실이 반복되지 않도록 순환식 개발을 통해 개발과정에서 희생당하지 않도록 해야 합니다.

장애인들은 차별을 철폐하고 이동권, 노동권 등을 보장받기 위한 노력을 하고 있습니다. 오랫동안 이들이 주장해 오던 '장애등급제'는 '민관협의체'가 꾸려지고 단계적 폐지 계획이 발표되었으나 예산반영, 구체계획 등에서 실제 필요와 권리를 보장하기 위한 예산이 반영되지 않은 가짜 폐지에 그쳤습니다. 장애인들은 많은 의제를 가지고 싸우고 있습니다. 몇 가지 언급하면 집단 거주 시설을 폐쇄하는 것을 목표로 '탈시설 지원법'을 통해 장애인이 독립된 주체로서 지역사회에서 살아가기를 원합니다. 그리고 서비스의 근간이 되는 장애인복지법 전면 개정 내용을 담은 '장애인 권리보장 및 복지지원에 관한 법률' 제정을 위해 현재 국회 앞에서 농성을 이어가고 있습니다.

세계 각국도 한국 정부에 강제퇴거를 막기 위한 조처를 하라고 권고한 바 있지만, 수십 년 동안 철거민과 노점상은 무분별한 폭력에 노출되어 있습니다. 이를 해결하기 위해서는 '경비업법, 행정대집행법 및 명도집행법' 전면 개정으로 사회적 약자들에 대한 예외 조항을 두어야 합니다. 이 밖에도 노점상들은 사회 경제적 주체로 인정받기 위해 노점상 '생계 보호를 위한 특별법'으로 제정하라고 목소리를 높이고 있습니다. 이들을 불법으로 규정하고 탄압하는 것은 구매자들을 공범으로 만들고 불법으로 몰고 가는 모순으로 이어집니다. 이러한 질곡은 시급히 해소되고 생존권적 기본권이 보장되어야 할 것입니다.

6. 정치지도자를 바꾸는 것이 아니라 체제를 변혁시켜야 한다.

이제까지 언급한 문제는 바로 신자유주의 세계화 정책 때문입니다. 이로 인해 민중의 생존권과 기본권이 후퇴되었습니다. 끝없이 자연과 환경이 파괴되고 승자와 패자밖에 없는 경쟁의 전쟁터로 몰아넣고 있습니다. 모든 것을 상품으로 전락시켜 착취를 통해 인간과 인간의 관계를 왜곡시킵니다. 불평등이 사라지지 않고 삶을 위협하고, 생명을 파괴합니다. 잘못된 신자유주의 세계화 정책은 그동안 우리를 지배하는 강력한 힘으로 억눌렀습니다. 이를 바꾸지 않으면 미래가 없습니다.

문재인 정부는 촛불을 등에 업고 가난을 해결하겠다고 공헌하였습니다. 무엇보다 '복지정책'을 강화하겠다고 주장했지만 크게 변한 건 없습니다. 민주당 이재명 씨도 마찬가지입니다. 그는 '친 자본주의' 정부라고 평가하는 것이 적절할 것입니다. 시장경제의 공정한 작동을 지향하는 한편 '시장개입과 규제' 사이에 있는 중도를 표방하는 보수입니다. 그동안 우리사회는 일방적이고 기형적이라 할 수 있는 정치 경제구조 속에서 허덕이며 흔들리고 사는 게 보편화 되고 현실이 되었습니다. 모든 걸 위협하는 토대가 견고하게 구축된 것처럼 보여도 이제 바꿔야 합니다. 무엇보다 기득권 양당 체제를 그대로 놔둔 채 서민들을 위한 정책은 현실화하지 않습니다. 단순히 정치지도자를 바꾼다고 불평등 문제가 해결 되지 않습니다. 생산수단과 사유재산에 대한 국가권력의 엄격한 통제를 통해 공동체 사회를 만드는 것이 진정 불가능 한 것이라고 보지 않습니다. 지금은 미약할지라도 불평등 체제를 넘어 더 나은 세상을 꿈꿔야 할 것입니다. 그게 가장 빠른 길이라고 생각합니다.

성장을 약속하지 않는 정치지도자

우상범 / 함석헌기념사업회 부설 씨을사상연구원 연구원

들어서며

대선 시계가 채 석 달도 남지 않았습니다. 시계바늘은 점점 빨라지겠지요. 그만큼 대선주자들은 조급해질 것입니다. 대장동이다, 고발사주다, 배우자 리스크냐, 아들 리스크냐 등으로 유권자도 헛갈리고 정신없기는 마찬가지입니다. 정치판, 특히 대선 무렵의 정치판은 '수건돌리기'와 같습니다. 잘 속이고 안 걸리는 놈이 이기는, '수건돌리기' 말입니다. 진실은 늘 기만과 술수 앞에 고개 한 번 돌리지 못하고 바보처럼 가만히 앉아 있다가 지고 맙니다. 그래서 '기만은 승리요, 진실은 패배'라는 공식이 대선의 정치판을 아직도 유혹하고 있는지 모릅니다.

그런데 저는 우리 유권자가 이런 이전투구泥田鬪狗와 같은 상황 속에 함께 매몰되어서는 안 된다고 생각합니다. 인류와 미래 세대들을 위한 참으로 중요한 가치를 망각해서는 안 된다는 말씀입니다. 따라서 이 짧은 지면을 통해 대부분의 언론들이 언급조차 하지 않는 '돈 안 되는 이야기'를 좀 해보려고 합니다.

'돈 안 되는 이야기'라는 것은 자본주의가 거들떠보지 않는 영역이라는 말이죠. 자본주의가 주시하지 않는다는 것은 이 시대의 대중들에게도 똑같이 중요하지 않다는 말이고, 대중들의 관심에 벗어나 있다는 것은 바로 정치적으로 표가 안 된다는 말과 같습니다. 결국 돈 안 되는 이야기는 표가 안 되는 이야기인데, 그렇다면 어느 대선 후보가 이 이야기에 귀 기울이겠습니까? 그러나 인간의 존엄성과 관련된 대부분의 가치는 자본주의와는 반대편에 있지 않나요? 즉 자본에 얽매일수록 인간다운 삶은 힘들어지고, 자본의 예속에서 벗어날수록 인간은 그 존엄성을 회복해가는 것입니다. 그러니 돈 안 되는 이야기야말로 인간답게 살 수 있는 이야기로 가득할 것입니다.

그럼, 이 나라의 정치지도자가 될 사람은 어떤 이야기에 귀 기울어야 할까요? 제가 생각하는 정치지도자는 한 마디로 유권자의 표의 향방만을 좇아가는 불나방 같은 존재나 각종 여론조사에 일희일비하는 정치지도자가 아니라, 긴 호흡으로 통 크게 노는 정치지도자입니다. 통이 얼마나 큰 지 우리나라 정치지도자가 아니라 세계의 정치지도자로 인정받을 그릇이면 좋겠습니다. 이 말은 경쟁적으로 자국의 이익에 혈안이 되어있는 정치지도자가 아니라, 전 세계와 온 인류, 그리고 지구라는 행성에 깃들어 있는 모든 존재들을 위한 정치지도자면 좋겠다는 말입니다. 그런 정치지도자가 우리나라의 정치지도자라면 얼마나 자랑스러울까요? 진정한 국격國格이란 것은 이런 데서 나오는 것이 아닐까요? 제가 이 글에서 정치지도자에게 제안하는 의제는 모두 '돈 안 되는 것'이며 '표 안 되는 것'이며 기존의 질서의 '저항에 부딪힐 것'입니다. 그래도 저는 이런 기조로 '정치지도자를 위한 아젠다'를 던지고자 합니다. 왜냐하면 이런 이야기야말로 정치인 그들을 위한 세상이 아니라, 이 땅의 주인인 우리의 삶을 위한 것이기 때문입니다. 그래서 저는 이런 정치지도자를 원합니다.

이(利)를 추구하지 않는 정치지도자

프랑스의 저널리스트이자 작가인 뤽 폴리에가 쓴 『나우루공화국의 비극』에 코리브르, 2010 으로 잘 알려진 나우루공화국 이야기로 시작하겠습니다. 나우루공화국은 남태평양의 작은 섬나라인데 새똥으로 벼락부자가 된 나라였습니다.

1970~80년대에는 세계에서 가장 부유한 나라였으니까요. 남반구와 북반구를 이동하는 철새들의 배설물이 나우루의 땅과 산호에 스며들어 엄청난 인산염이 누적되었고 인광석 매장층을 형성하게 되었던 것입니다. 인광석에는 농사에 필요한 비료의 필수성분은 물론이고, 우라늄이 들어있는 원석으로 석유나 석탄같이 에너지자원으로 사용할 수 있는 화석의 한 형태이기에 석유보다 더 비싸게 대접받았습니다. 더욱이 질 좋은 나우루의 인광석은 1896년 처음 발견되고 1907년부터 본격적으로 채굴되면서 제국주의 열강들의 탐욕적 지배는 번갈아가며 그칠 줄 몰랐던 것이죠. 인광석의 엄청난 이권은 거의 대부분 그들이 가져가고 정작 나우루인들에게 돌아오는 건 없다시피 했습니다.

그러다가 1968년 독립하여 공식적으로 공화국이 되고, 1970년에 이르러 인광석 산업은 완전히 나우루의 소유가 되었죠. 그 때부터 시작된 나우루공화국의 빛나는 부의 축적은 동시에 그들의 비참한 비극을 예고했습니다. 1970년내 1인당 국내총생산은 아라비아반도의 석유 생산 국가들의 그것과 맞먹는 2만 달러에 육박했는데, 2000년대 이후 인광석이 고갈되면서 2006년에는 1인당 국민총소득이 2,500달러 수준으로 떨어졌습니다. 섬은 인광석 채굴로 황무지가 되어 더 이상 농사를 지을 수 없는 땅이 되었고, 설상가상으로 온난화로 해수면이 높아짐에 따라 많이 깎여버린 나우루 섬은 바다에 잠길 수도 있다는 경고를 받게 됩니다. 그들에게 축복처럼 내린 부富는 모든 것을 소비로 치환시켰으며, 끝없는 편리와 안락의 결과 그들이 짊어진 것은 고도의 비만과 당뇨, 그리고 빚더미뿐였습니다.

나우루공화국은 지구라는 행성의 미래적 지표라고 할 수 있습니다. 한정된 자원에 무한한 이利에 대한 욕망의 끝이 어떤 것인지 잘 보여주고 있으니까요. "세계적인 석유기업 BPBritish Petroleum의 통계에 의하면 전 세계 석유 확인매장량은 약 1조 6976억 배럴로 추산되며, BP는 현재 수준으로 석유를 소모했을 때 약 50년이면 석유가 다 떨어질 것으로 보고 있습니다. 천연가스 역시 비슷한 수준이어서, 2015년 기준 전 세계 천연가스 매장량은 186.9조 입방미터로 약 53년간 채굴할 수 있다고 합니다." 김청한 과학칼럼니스트, 다음백과 https://100.daum.net/encyclopedia/view/73XXXKSN5663 참조.

원리는 간단해요. 이제라도 성장은 멈추고 우리가 좀 불편해져야 다음을 기약할 수 있지 않을까요? 최소한 인간이라는 종種의 영속을 위해서라도, 그러니까 우리 자식들을 봐서라도 말입니다. 미안하잖아요. 『노자老子』 6장에 "이어지고 이어져 늘 있는 듯하니, 아무리 써도 힘겹지 않다"綿綿若存, 用之不勤라는 표현처럼, 두고두고 써도 부족함이 없었던 지구라는 대자연이었는데 최근 들어 다 해쳐먹었으니… 뒤는 생각하지 않고 자기 개체의 안락과 편리만을 위했던 제국주의 열강들과 나우루공화국의 사람들처럼 말입니다.

그런 의미에서 저는 인류는 욕망의 문제에 완전히 실패했다고 봐요. 그러니 여전히 정치지도자 선거에서 성장이나 발전을 공약하죠. 아직도 그것이 먹히고 그래야 표를 살 수 있으니까요. 근데 이 지구라는 한정된 행성에서 계속적인 성장이란 것이 가능이나 한 것입니까? 설령 그것이 부분적으로 즉 몇몇 국가에서 실현된다고 해도, 그것은 나머지 모든 나라들의 희생을 전제로 하는 말이죠. 그건 이미 제국주의 시대의 비극이었잖아요? 종국에는 그것마저도 모든 것이 나우루공화국처럼 바닥이 날 테니까요.

이젠 성장이라는 환상에서 벗어나야 해요. 발전이라는 꿈에서 깨어나야 해요. 물론 이利를 추구하는 것은 동서고금과 선·후진국을 막론하고 마찬가지였죠. 오죽하면 맹자가 양혜왕에게 "何必曰利"냐고 되물었겠습니까? 설령 이익利益이나 편리便利가 모든 이들이 바라는 것이라 해도 의義를 의식적으로 성찰하여 올바름과 떳떳함의 길로 가는 것이 인간의 길이 아닐까요? 좀 더 가난하고 좀 더 불편하고 좀 더 지저분하고 좀 더 촌스러워도, 그것이 소비와 낭비로 온통 쓰레기만 양산하는 것보다는 좀 더 의義에 가깝다는 성숙된 의식만이 다음 세대를, 지구의 미래를 기약할 수 있을 거예요. 이젠 정치지도자가 되고자 하는 정치인들이 이런 깨어있는 의식의 눈치를 살피지 않으면 안 되게끔 해야 합니다. 그래야 이利의 추구를 멈추고 지금만으로도 넘쳐나는 부를 어떻게 하면 공평하게 같이 나눌 수 있을지, 그런 지혜를 정치지도자 선거공약으로 내세울 테니까요.

농촌을 지극히 여기는 정치지도자

이런 맥락에서 저는 우리의 정치지도자가 농촌을 지극히 여기는 정치지도자이었으면 좋겠습니다. 여기서 농촌은 농촌, 어촌, 산촌 등 우리의 먹을거리를 생산하는 1차적 근원지를 포괄합니다. 농경시대에는 당연히 농자천하지대본農者天下之大本이었는데, 요즘 같은 디지털시대에 무슨 소리냐고 하실지 모르겠습니다. 그러나 이 또한 원리는 간단합니다. 컴퓨터나 스마트폰이 없으면 한시도 살 수 없을 것 같지만, 정말 생존의 상황에 직면하게 되면 우리는 밥을 찾지 컴퓨터나 스마트폰을 씹어 먹을 일은 없을 테니까요. 본本과 말末, 주主와 객客, 선先과 후後를 분명히 알고 살아가야 하는데, 이것이 전도顚倒된 시대를 살아가고 있는 거죠.

이렇게 중차대한 밥의 문제를 우리의 안일한 생각은 이렇게 치부하곤 합니다. '마트에 가면 먹을거리가 천지라고…' 이는 자기 입으로 들어오는 먹을거리가 어디서부터 비롯되었는지 단 한 번도 경험해보지 않은 도시적 발상이거나 최소한 생각이란 것을 해보지 않은 철저히 단절되고 폐쇄된 개인주의적 발상이라고 할 수 있습니다. 또 '식량이 없으면 수입하면 된다!'는 발상은 국제관계 속에서 식량으로 장난질하는 것이 얼마나 무서운 일인지 모르는 천진난만한 생각일 것입니다. 이런 천박한 생각으로 과연 식량 주권을 지킬 수 있을까요?

우리의 삶을 모두 자본의 논리로만 재단할 수는 없습니다. 예를 들면 복지, 교육, 의료, 교통, 통신, 주택 등과 같은 영역은 공공의 영역으로 이윤의 문제를 떠나 국가가 절대적으로 보호하고 보장해야하는 것이죠. 이 가운데 반드시 포함되어야 할 항목이 바로 농업, 어업, 임업과 같은 1차 산업입니다. 왜냐하면 농업을 비롯한 모든 공공의 영역은 인간으로서 최소한의 존엄과 품위를 유지하기 위한 사회적 장치들이니까요. 그런데 세계화의 물결 속에 마지막 보루로 남겨 놓아야 할 그 섬들이 하나 둘씩 침식되었거나 되어가고 있습니다.

이러한 거대한 물결 속에서 우리 농촌을 지키고 살리기 위해 적어도 다음 정치지도자는 이 정도는 약속하고 실천해야한다고 생각합니다. 하나, 산업단지 개발 등의 명분으로 해제되는 절대농지를 절대적으로 지켜내야 합니다. 둘, 농민의 준공무원화를 통한 안정적인 신분과 기본소득을 보장해야 합니다. 셋, 우리 토종씨앗에 대한 확보와 보관을 통해 천재지변이나 유전자 변형 생물GMO 등에 의한 품종 멸종을 방지하여 유전적 다양성을 보전해야 합니다. 넷, 점차적으로 모든 농업의 유기농화를 추진함으로써 이 땅과 거기에 깃든 모든 생명을 살려야 합니다.

지금 이 시대는 소비가 미덕이고, 소비야말로 기업을 살리고 경제를 성장시키는 원동력이 되었죠. 코로나 시대에 사회적 거리두기로 말미암아 소비가 줄어드니 자영업자나 기업들이 모두 죽는다고 합니다. 이처럼 소비는 자본의 시대에 필수 중에 필수요, 미덕 중에 미덕인 셈입니다. 그러나 우리가 조금만 생각해보면 이러한 구조가 얼마나 취약한지 알게 됩니다. 소비는 생산을 전제로 하고, 생산은 원료를 전제로 합니다. 가장 근원적인 원료는 모두 지구라는 행성 내의 물질들로 이루어져 있습니다. 그런데 석유며, 나무며, 흙이며, 물이며… 이런 것들을 모두 파먹고 오염시키고 훼손시켰는데, 더 이상 어떻게 생산이 가능하겠습니까? 생산이 불가능하면 유통과 소비는 또한 어떻게 가능하다는 말인가요? 그런 면에서 코로나19 바이러스는 인류에게 많은 어려움을 주고 있지만, 그 속의 메시지는 "잠시라도 잠잠히 있으라!" 이 한 마디가 아닐까요? 땅도 돌려짓기를 하며 쉬듯이 지구도 소비를 이제 그만 멈추고, 좀 쉬고 싶나봅니다. 이제는 즐기고 쓰레기 버리러 농촌으로 가는 것이 아니라, 우리 삶의 방식을 돌아보고 새로운 생명을 키우러 농촌으로 눈길과 발길을 돌려야 할 때입니다. 도시의 소비적 작태 대신 농촌을 통한 생명의 살림이 어느 때보다 필요한 시기라고 여겨집니다. 다음의 정치지도자가 농촌을 지극히 여겨야하는 근원적인 이유가 여기에 있습니다.

지구를 생각하는 정치지도자

언젠가부터 기후위기는 SF영화의 소재거리나 과학자들만이 연구하는 학술적 영역을 벗어났습니다. 우리는 당장 문 밖을 나가기가 무섭게 미세먼지로 숨 막히는 일상을 경험하고 있으니까요. 대기오염, 수질오염, 토양오염, 해양오염 등으로 우리를 둘러싼 지구라는 하나밖에 없는 생명의 별이, 약 45억 년간 유지되어온 그 생태계가 18세기 후반 영국의 산업혁명 이후 300년도 채 안 되어 무너지고 있는 것입니다.

그럼 어디서부터 실마리를 풀어야 할까요? 간단하게 생각해 봅시다. 자기 자신만의 편리와 이익을 위한 인간의 무한한 욕망은 무차별적으로 자연을 훼손하고 자원을 고갈시켜 탄소를 지나치게 배출했으며, 그에 따라 지구는 점점 뜨거워지고, 뜨거워진 지구는 사막화와 물 부족, 남·북극의 해빙과 해수면 상승 등을 초래하고 있습니다. 이러한 과정에서 아주 미약한 전조현상으로 나타나는 것이 지금 우리가 직면한 미세먼지의 고통입니다. 앞으로 인류가 곧 직면하게 될 악몽 같은 재난은 생각하고 싶지도 않습니다.

그런데 이러한 문제는 어느 한 나라의 정치지도자가 자국의 이익을 생각하는 차원에서는 절대 해결할 수 없습니다. 국가주의, 혹은 국가이기주의의 정치적 셈법으로는 전 지구적으로 당면하는 이러한 문제에 해법을 찾을 길이 없습니다. 물론 인류가 직면한 문제는 지구 생태의 위기만이 아니라 지금 모두가 겪고 있는 코로나19 바이러스와 같은 감염병을 비롯한 온갖 질병, 부의 불평등, 불공정한 분배, 대대로 이어지는 빈곤, 죽음의 문턱까지 내몰린 기아, 아직도 곳곳에 만연한 노동착취, 성·지역·인종·이념·종교 등의 차별과 혐오, 그리고 이러한 모든 것을 포괄하는 전쟁이라는 마지막 발악까지 무수히 많은 사회적 문제들이 상존해 있습니다. 위에서 언급한 생태·환경적인 문제와 이러한 사회적 문제가 긴밀히 이어져 있는 것 또한 사실입니다. 사슬처럼 연결되어 있는 이 모든 지구적 문제를 자국의 이익을 우선시하는 정치적 의식과 시스템으로는 결코 해결할 수 없습니다.

그러나 우리의 현실은 그렇지 않죠. 한 국가의 정치적 권력의 정점인 정치지도자를 비롯한 모든 선출직 권력은 민의의 지지를 받아야 하고, 민의의 지지는 1인 1표의 투표를 통해 결정됩니다. 여기까지는 공정하고 정당한 것 같지만, 과연 그런가요? 이미 한 사람 한 사람은 자본주의가 베풀어 준 달콤한 편리와 이익에 길들여져 있습니다. 저 멀리 아프리카의 아이가 전쟁과 기아에 허덕여 뼈만 앙상해도, 혹은 아마존 밀림의 나무가 무참히 베어지고 남태평양의 물고기가 비닐과 미세플라스틱을 먹다가 죽어나가도 그것은 마치 매일 도로에서 마주치는 로드킬road kill 당한 고라니나 고양이쯤으로 여기겠죠. 매우 끔찍하지만 이젠 익숙한 풍경이 되어, 눈 찌푸리며 고개 돌려 지나치기만 하면 아무런 상관없는 것이 되어버렸죠. 그저 나만 편리하면 그 뿐! 그 편리를 위해 돈만 있으면 그 뿐! 그 돈을 벌기 위해 가리지 않고 개발하고 착취하면 그 뿐!

  그렇게 자본주의는 한 개체의 이익과 욕망에 기대어 암처럼 무한히 증식합니다. 자본은 뭉쳐야 살 수 있었던 인류의 모든 공동체를 산산이 해체시켰습니다. 생노병사와 관혼상제의 모든 것을 우리의 이웃인 사람과 자연에게 의존하지 않고 돈에 의존하게 만들었습니다. 돈만 있으면 사람이 죽고 자연이 망가져도 상관없는 세상을 만들어 놓았습니다. 이런 세상에 살아남기 위해 우리는 죽으라고 돈을 벌고 그 돈을 벌기 위해 공부하고 그 공부를 위해 어릴 때부터 인생이 망가졌습니다.

  이 원리 또한 이렇게 단순합니다. 결국 모든 이는 돈을 많이 벌게 해 주기를 원하고, 그들은 성장과 발전과 개발을 장밋빛 공약으로 내세우는 정치지도자를 뽑게 되어있습니다. 따라서 정치지도자 후보들은 그들의 표를 사기 위해 성장을 약속하지 한가하게 지구의 생태나 공정한 분배를 내세우지 않습니다. 이처럼 이미 정치는 자본에 의해 잠식되었고, 그런 의미에서 진정한 정치는 실종되었습니다.

  제가 순진한 생각일까요? 그러나 진정으로 정치의 본질을 생각한다면 더는 이러지 못할 것입니다. 앞으로 정치지도자가 될 사람들은 나무와 곤충과 물고기와 새들의 미래를, 산과 강과 바다와 하늘의 미래를, 우리 아이들의 미래, 그리고 이 땅의 고통 받는 모든 존재들의 현실을 생각해야 할 것입니다. 황사나 미세먼지가 자욱한 날!! 마스크로 제 입과 코만 막지 말고, 그것들이 어디서 오는 건지 생각해야 합니다. 그러기 위해선 정치지도자 당선의 투표권을 가지고 있는 우리가 먼저 생각해야 합니다. 저 먼지들이, 그와 같은 숨 막히는 고통들이 도대체 어디서 오는 지를….

혁명을 일으키는 정치지도자

정치지도자란 자리는 우리나라 최고 권력자의 자리입니다. 최고 권력자가 잘 못해서 혁명을 당하면 당했지, 그 자리에 있는 자가 혁명을 한다는 것은 어불성설일 수도 있습니다. 그러나 정치지도자야말로 민의에 의해 국가 최고의 권력을 양도받은 자로서 모든 분야에 있어서 그만큼 마음껏 혁명해야할 사람도 없다고 저는 생각합니다. 그냥 그 권력을 유지하기에 급급하거나 타성과 안일함에 젖어 있다면 그 어떤 권력도 부패할 수밖에 없기에, 정치지도자의 제1 책무는 바로 혁명정신에 입각하여 혁명을 실천하는 것이라 할 것입니다.

예를 들면 문재인 정권에서 검찰개혁을 한다고 했지만, 도리어 검찰은 이에 맞서 강력한 대선후보를 탄생시킴으로써 정권에 맞선꼴이 되지 않았습니까? 5년 동안 한다고 한 것이 이것입니다. 이래서는 안 되죠. 개혁이 아니라 혁명이 필요한 이유입니다. 몸이 썩어간다면 아픔을 감수하고라도 썩은 뿌리까지 완전히 도려내는 외과수술이 필요합니다. 검찰은 말할 것도 없고, 양승태 대법원의 '사법농단'은 또 어떻습니까? 법질서를 가장 먼저 수호해야할 대법원장을 비롯한 판사들이 헌법정신을 유린하는 초유의 사태가 벌어졌음에도 결국 '사법농단' 관련 판사들, 즉 임성근, 신광렬, 조의연, 성창호 부장판사 등에게 줄줄이 무죄가 확정되었죠. 검찰이나 사법부 같은 법조계의 혁명이 절실한 이유가 여기에 있는 것입니다. '새 포도주는 새 부대에 담아야한다'마태오 9, 17 혹은 '돌 하나도 다른 돌 위에 남아 있지 않을 것이다.'루카 21, 6와 같은 낡은 관습慣習 타파와 화려한 성전聖殿 해체의 예수 정신이 간절합니다.

우리의 현실에서 혁명이 필요한 분야가 한 두 곳이 아니겠지만, 시급하고 중요한 것 몇 가지만 들어 보겠습니다. 자, 이런 법조계 말고도 더하면 더했지 절대 못하지 않는 분야가 있습니다. 바로 언론입니다. 오죽하면 '기레기'라는 불명예

스러운 딱지가 붙었겠습니까? 하기야 그런 딱지가 붙어도 후안무치厚顔無恥여서 전혀 바뀌지 않죠. 왜일까요? 돈이 되니까, 권력이 되니까 그런 것입니다. 맹자는 "부끄러워할 줄 모르면 사람이 아니다"無羞惡之心, 非人也라고 했죠. 이미 사람이길 포기해서 사람들은 그들을 '기레기'라고 부르는 것 같습니다. 수많은 예들이 있지만, 최근 다시 불거진 이 사건은 언론혁명이 왜 필요한지 단적으로 잘 보여주고 있다고 생각합니다. 〈미디어오늘〉 2021년 12월 17일 기사http://www.mediato-day.co.kr/news/articleView.html?idxno=301251 참조.의 일부입니다.

지난 2017년 10월 31일 새벽 스스로 세상을 떠난 57세 손진기씨. 대구에 위치한 한국패션산업연구원 책임 행정원으로 17년 동안 건물 대관업무를 해온 그는, 김강석 쿠키뉴스 기자의 '표적'이 됐다. 김 기자는 자기 지인이 손씨로부터 '원하는 날짜에 이미 예약이 있어서 센터 대관이 어렵다'는 대답을 들었다는 이유로 손씨에게 폭언을 가했고, 손씨 상사까지 찾아가 인사 불이익을 요구했다. 손씨를 겨냥해 김 기자의 보복 기사도 이어졌다. 2017년 10월 '손씨가 금품을 수수하며 자의적으로 대관업무를 하고 있다'거나 '한국패션센터가 잘못 운영되고 있는데도 연구원이 손씨를 감싸고 있다'는 취지의 '허위' 기사 두 건이었다. 손씨는 목숨을 끊기 두 시간여 전 김 기자에게 문자를 보냈다.

"당신은 펜을 든 살인자요. 당신의 욕망을 채우기 위해 수단과 방법을 가리지 않고 글을 썼지요. 언젠가는 많은 사람이 상처받는 글을 못 쓰도록 할 것입니다. 그동안 얼마나 당신 글로 인해서 많은 상처를 받았는지 생각해봤는지요. 당신이 쓴 글에 대해서 책임을 질 것을 바랍니다. 당신은 펜을 든 살인자요."

그 사건 직후 김강석 기자는 사표를 내고 언론계를 떠났으며, 징역1년과 1억 3000만원 배상책임을 진 것으로 일단락되는 듯 했으나, 4년 만에 다시 회자가 된 것은 김 기자가 2021년 11월부터 〈더팩트〉 대구경북취재본부 기자로 활동을 한다는 기막힌 사실 때문입니다. 이런 것이 어떻게 가능한 지… 정말 이토록 부끄러워 할 줄 모르니 '기레기'라고 해도 할 말은 없는 듯합니다. 이 사건은 우리 언론의 현주소를 보여주는 상징이라 할 수 있습니다. 사실 이보다 더 구리고 어처구니없는 일들이 언론이란 이름으로 비일비재하게 일어나고 있지 않습니까? 권력의 감시 역할이 아니라 스스로 권력이 되어버린 우리의 언론을 향해 "당신은 펜을 든 살인자요"라고 아직도 손진기씨는 피눈물로 절규하고 있는 지도 모릅니다. 가짜뉴스, 마녀사냥, 마타도어matador 등이 점점 더 기세를 부리기 언론지형을 뒤집어엎을 언론혁명! 아직도 혁명에 이유가 더 필요한가요?

그리고 노동혁명 역시 매우 절실하고도 시급한 과제입니다. 왜냐하면 마찬가지로 사람의 목숨이 달린 문제이기 때문입니다. 지금도 많은 산업현장에서 소중한 생명이 죽어나가고 있습니다. '2인 1조' 조차 지켜지지 않는 무리한 노동과 간단한 안전장치 등의 미비로 노동자들이 어처구니없이 희생되고 있습니다. 이 또한 사람보다는 돈을 우선시하기 때문에 벌어지는 현상 아닌가요? 최근의 잘 알려진 사례만 살펴봐도, 2016년 구의역 스크린도어 수리 작업 도중 지하철에 치여 숨진 김아무개군19살, 2017년 제주도 생수공장 특성화고 현장실습 도중 프레스에 눌려 숨진 이민호군18살, 2018년 태안화력발전소에서 컨베이어벨트에 끼여 숨진 김용균씨24살 … 그리고 2021년 평택항 부두에서 컨테이너 정리 작업 도중 구조물에 깔려 숨진 이선호씨23살 등… 우리는 얼마나 더, 일하다 생명을 잃어야 하는 걸까요?

또한 병원 등 의료기관 내의 은어인 '태움'('영혼이 재가 될 때까지 태운다'는 의미 문화는 인간의 존엄성을 심각하게 훼손하는 행위로서 우리 사회 직장 내의 노동여건이 매우 취약함을 보여주고 있는 것이지요. 그렇게 해서 스스로 목숨을 끊는 노동자는 또 얼마나 많습니까? 이렇듯 의료노동자, 공장노동자, 건설노동자, 경비노동자, 청소노동자, 택배노동자, 성노동자 등 열악한 이 땅의 노동현장에서 날마다 죽어 나가는 현실을 당장이라도 갈아엎어야 하지 않을까요? 노동혁명이 절박한 이유입니다.

그 외에 부동산혁명, 교육혁명, 재벌혁명, 국방혁명, 금융혁명 등 차마 이 지면에 다 나열할 수 없는 혁명의 대상들이 우리 삶의 곳곳에 진을 치고 기다리고 있습니다. 이 모든 것의 공통분모이자 정점을 이루고 있는 것이 바로 '돈'입니다. '경쟁'입니다. '탐욕'입니다. 이러한 욕망의 기저가 사람과 자연을 밀어냅니다. 우리의 삶은 길을 잃고 허덕입니다. 정치는 실종되고 자본만이 춤추지요. 우리는 정치를 복원하여 이런 판을 완전히 뒤집어야 합니다. 그래서 혁명이 필요하고, 그 혁명을 약속하고 실천할 정치지도자가 우리에게는 절실한 것입니다.

나오며

앞서 얘기했듯이, 현대 자본주의 시대에서 '돈 안 되는 것'은 어느 분야에서든 환영받지 못하기에 정치판에서 또한 예외는 아닙니다. 이 판에서 돈이 안 된다는 것은 표가 안 된다는 말로 치환할 수 있고 표가 안 된다는 것은 말 그대로 정치지도자 선거에 아무런 도움이 안 되기 때문에 집권에 무용한 것이 됩니다. 정권을 획득하고 유지하는 데에 무용하다면 그 '돈 안 되는 것'은 정치로부터 완전히 무관심해질 것이며 배제될 것입니다. 그런데 자본의 논리가 비껴간 곳에서 참 인간의 삶과 참 생명의 꽃이 피어납니다. 그곳에 상품화되지 않은 날것의 삶이 꿈틀거리기 때문입니다. 그 원초적인 생명마저 자본으로 박제화 된다면 우리네 삶은 끝장날 것입니다.

정치가 필요한 것은 바로 이 지점입니다. 세계화를 등에 업고 나온 신자유주의와 금융시장의 급팽창을 바탕으로 출현한 신자본주의 등으로 인한 현대사회의 심화된 불평등 문제를 해결할 주체가 바로 민의에 의해 선출된 정치권력이 아니겠습니까? 원래 사회계약론의 기본 바탕이 바로 힘 있는 자들의 폭력으로부터 민의에 의해 권력을 위임받은 국가가 방어해주는 거 아닙니까? 다 같이 골고루 평화롭게 잘 살도록 해주겠다고 약속한 것 아닙니까?

그런데 지금의 상황은 어떠합니까? 정치가 자본에 종속되어, 초국가적 자본의 위세에 각국의 정치는 눈치껏 '돈 되는 것'만 지원해주는 정책을 펴기에 바쁩니다. 그래야 표를 얻고 계속해서 권력을 유지할 수 있기 때문이죠. 그러는 사이 유한한 자원을 가진 지구는 무차별적으로 파헤쳐져 망가지고 있습니다. 개발로 인한 이익은 모두 대기업을 비롯한 이권에 참여한 극소수에게로 가고, 무너진 생태로 인한 피해는 -아무런 관여도 하지 않은- 우리 모두에게로 고스란히 전가됩니다. 선진국과 제 3세계와의 관계도 이와 똑같습니다. 더 큰 문제는 개발에 관여하지 않았던 우리와 같은 제 3세계의 인민들도 이젠 선진국처럼 성장이라는 욕망의 열차에 올라탔거나 타려고 한다는 것입니다. 일방적으로 피해를 봤다고 생각하는 그들 역시 이해는 가지만, 결과적으로는 다 같이 미쳐가는 것이죠. 이것이 모두 무한성장이라는 도저히 가능할 수 없는 자본이 깔아놓은 환상의 늪에 빠진 결과라고 생각해요.

이제 우리의 정치지도자는 어떤 사람이어야 할까요? 이러한 시류에 영합해서 불가능한 성장을, 모두가 파멸하는 성장을 공약으로 내세우는 사람이어야 할까요? 아니면 냉정하고도 진솔하게 상황을 설명하고, 우리 모두 조금 불편함으로써 조금 가난함으로써 조금 절약함으로써 이 지구와 거기에 깃든 모든 생명들과 공존하는 길을 보여주는 사람이어야 할까요? 참된 정치지도자는 앞으로의 우리 아이들이 마음껏 숨 쉬고 물 마시고 흙 밟고 뛰어놀 수 있는 이 땅과 하늘을 물려주는 사람이어야 하지 않을까요?

요즘 여야를 가리지 않고 한 표라도 더 얻기 위해 중도확장이라는 명분으로 자신의 정치적 입장이나 가치조차 후퇴시키고 모호해지는 경우가 많습니다. 『장자莊子』「추수秋水」편에 한단지보邯鄲之步라는 고사성어가 나오죠. 조趙나라 서울 한단邯鄲에 가서 한단 사람들의 걸음걸이를 배우다 한단의 걸음도 자신의 걸음도 모두 잊어버린 연燕나라 도읍 수릉壽陵의 소년처럼, 우리의 정치지도자는 자신의 걸음걸이를 잃지 않기를 바랄 뿐입니다.

다행이도 기적처럼 이와 관련된 매우 훌륭한 모델이 이 지구라는 행성에 살고 있습니다. 바로『세상에서 가장 가난한 대통령 무히카』라는 책으로 잘 알려진 우루과이 40대 대통령인 호세 알베르토 무히카 코르다노이하 무히카입니다. 우리도 한 번 이런 가난한 성자와 같은 정치지도자를, 친밀하면서도 존경스러운 진정한 어른으로서 정치지도자를 기대해보는 것은 아직 먼 미래의 일일까요?

하기야 우리에게 정치지도자란 그저 권력욕에 눈이 멀어 총칼을 앞세우고 철권통치를 하든가, 권모술수에 능해 거짓으로 연막을 치고 포장으로 진실을 가려 자기 잇속만 채우든가, 그것도 아니면 너무나 무능하여 스스로는 아무 것도 못하고 옆에서 시키는 대로 그대로 하는 정치지도자의 기억이 너무 강하긴 하지만 말입니다. 우리에게 남아있는 정치지도자의 이미지와는 달리 무히카 정치지도자는 돈이나 표에 연연하지 않고 끝까지 올바른 걸음으로 자신의 길을 걸어갔습니다. 그의 진심은 고스란히 전해져, 2009년에 52%의 득표율로 정치지도자에 당선되었던 그가 2015년 퇴임 때는 오히려 더 높은 65%의 지지율로 임기를 마치는 정치지도자가 되었습니다.

그에게 정치는 무엇이었을까요? 미루어 우리에게 정치는 무엇이어야 할까요? 그리고 정치지도자는 어떠해야 할까요? 정치가, 그리고 한 나라의 지도자의 생각이 왜, 얼마나 중요한 지 다음의 그의 연설문을 살펴보는 것으로 부족한 글의 마지막을 갈음하겠습니다.

"… 우리가 직면한 진짜 위기는 환경의 위기가 아니라 정치의 위기입니다. 오늘날 우리는 인간이 이룩한 문명을 통제하지 못하고 있습니다. 오히려 우리가 만든 문명에 의해 우리 삶이 통제당하고 있습니다. 우리는 이 세상을 발전시키기 위해 태어난 것이 아닙니다. 우리는 행복하게 살기 위해 지구에 온 것입니다. … 우리는 일하고, '쓰고 버리는' 문명을 반복해야만 하는 악순환의 고리에 갇히고 말았습니다. 이것은 문명이 태생적으로 정치의 문제임을 깨닫게 합니다. … 우리는 무한정 시장의 지배를 받을 수는 없습니다. 우리가 시장을 지배해야만 합니다. … 우리는 직시해야 합니다. 물과 환경의 위기가 현대 사회 문제의 원인이 아니라는 것을요. 문제의 원인은 우리가 만든 현대 문명의 모델이고, 우리가 재조명해봐야 할 것은 지금 우리가 살고 있는 방식입니다. …"2012년 6월 12일 UN 지속가능발전 정상회의〈리우+20〉무히카 연설문 중.

선을 후원하고 악에 저항하라!

정치, 성서는 어떻게 증언하는가

배용하 / 평화누림메노나이트교회 목사

'사회 참여'라는 말조차 여전히 색안경을 끼고 바라보는 수준의 한국 기독교 역사에는 서구처럼 시민사회가 만들어지는 과정을 기독교가 함께 공유한 경험이 많지 않습니다. '사회 참여' 하면 기껏해야 구제를 떠올리는 것이 다수 기독교인과 교회의 태도입니다. 그런데 정치 참여라니? 정치를 진지하게 대하는 태도에 대한 논의는 어쩌면 다수 기독교인의 관심 대상이 아닐 수 있다는 생각이 듭니다. 따라서 이 글은 왜 기독교인이 정치에 관심을 보여야 하는지에 대한 성서의 이야기, 즉 하나님께서 얼마나 정치를 중요하게 대하셨는지에 대해 살펴볼 것입니다. 그리고 대통령선거와 지방선거를 앞둔 시점에서 기독교인으로서 바라는 지도자의 임무미션에 대한 생각을 나누겠습니다.

사실 세상의 왕에 대해서 성서는 냉소적입니다. 성서에 흐르는 공통적인 정서는 세상의 왕들이 너희를 괴롭히고 재산을 약탈하고 가족을 앗아갈 것이라는 경고에서 시작합니다. 그리고 인간의 정치에 거리를 둡니다. 그리고 열왕기하를 통해서 어떤 왕이 선하며 어떤 왕이 악한지를 알려줍니다. 왕에 대한 이야기 같지만 실제는 왕의 정치에 대한 기록들입니다. 즉 백성들을 힘들게 하는 정치가 하나님의 싫어하는 것이고 악이라고 평하며 거리를 둡니다.

정치는 특정 종교인들을 대상으로 하는 것이 아닙니다. 따라서 기독교에서 지향하는 하나님나라는 왕국과는 다른 요구가 있을 수밖에 없습니다. 특히 투표행위만이 아니고 직접 선출직으로 정치에 참여하는 것은 비기독교인들의 요구까지 수용해야 하므로 갈등이 있을 수밖에 없습니다. 만약 공무원으로 선출되었는데도 일반 국민의 필요가 아닌 개인의 기독교 가치관만을 주장하며 마치 정부가 기독교왕국인 것처럼 정치하는 것은 좋은 태도일 수 없습니다. 혹시 누군가에게 그런 엄청난 소명이 있다면, 그 정치를 교회 안에서 실현하시면 됩니다. 기독교인끼리 그렇게 하면 됩니다. 그 행위는 정말 하나님이 원하시는 것이니까요. 물론 현실은 세상보다 교회 안의 정치가 더 하나님의 마음에 합할 것이라는 객관적 평가를 받기 어려운 상황입니다.

따라서 기독교인이 정치지도자를 비롯한 선출직 공직자정치인를 뽑는 과정에 참여하는 것에 대한 성서의 안내를 따라가보고, 제가 생각하는 공직자의 덕목에 대해서 생각했습니다. 저는 정치나 사회 참여를 하는 적지 않은 분들의 동기가 성서의 가르침에서 시작을 했다기 보다 오히려 현실의 부조리하고 불의한 상황에 각자의 양심이 반응하면서 시작된 사례가 많다고 생각합니다.

전 세계적으로 정부의 규모와 권한은 점점 커지고 있는 추세입니다. 조금만 주의 깊게 살펴보면 대부분의 정부는 사실상 거대한 소비기업이 되었습니다. 어떤 정치인은 대한민국을 초일류기업으로 만들겠다고 했습니다. 이때 기업은 제조업이 아니고 거대 소비기업을 의미합니다. 수입이 보장된 돈을 가지고 돈을 쓰는 일을 하는 것이 정부이기에 소비기업이라고 볼 수 있습니다. 한국도 실제로 노동자 100명 중 8명꼴로 중앙과 지방 정부에 고용이 된 상태입니다. 또한 정도의 차이는 있지만, 정부는 국민 전체 수입 평균의 30% 정도를 세금이나 다른 방식으로 징수하고 있습니다. 물론 유럽 선진복지국가의 세금이 수입의 50%에 근접하고 있다는 점에서 한참 적은 비율인 것도 사실입니다. 1세기에 평균 5~10%

의 세금 징수가 이루어졌던 것에 비하면 놀라운 변화입니다. 이 엄청난 세수를 집행하다보니 매우 광범위한 법과 규칙들이 만들어지고 국민들은 그 영향을 받을 수밖에 없습니다. 작은 정부, 큰 정부의 장단점이 있겠지만, 정부의 영향력이 커졌고 결코 무시할 수 없는 수준이라는 것을 부인할 수 없습니다.

과거에는 의료와 빈민 구제, 교육 등을 종교가 감당하는 부분이 많았지만, 지금은 정부나 정부의 지원을 받는 단체에서 그 일을 맡는 비율이 늘고 있습니다. 즉 공공영역이 확장되고 있다는 것입니다. 이 점에서 국민들의 투표 행위는 정치적으로 정부가 어떤 방향으로 복지를 지향하고 교육 등에 집중할 수 있는지를 결정하는 중요한 시작점임을 부인할 수 없습니다.

실제 북미나 유럽만 해도 기독교인이 조직적으로 현재 정치권에서 벌어지는 일에 참여하여 영향을 끼치는 예가 적지 않습니다. 정당 활동에 참여하거나 공직에 선출되는 것, NGO 단체에서 활동하거나 로비를 통해서 선출된 공식자를 감시하고 세금이 정의롭게 사용되는지를 감시하는 역할을 하는 것 등이 그것입니다. 이는 현직의 문제 있는 공직자들을 탄핵 소환하거나 기독교인의 선한 양심에서 공직자들을 지지하는 형태로 나타나기도 합니다. "민주주의는 정치인의 고압적 태도에 대한 반대 없이 존재할 수 없다"는 노이하우스의 말처럼 끊임없이 반대세력으로 목소리를 내는 것도 기독교인들이 정치에 참여하는 방식입니다. 자끄 엘륄은 이제는 혁명이 아니라 반란, 즉 끊임없이 통치자들의 불의와 거짓에 저항하고 귀찮게 하는 행위파업, 태업, 시위, 고발, 압력만이 현시대에 할 수 있는 유의미한 현실참여라고 이야기합니다.

성서에 등장하는 인물 대부분은 타락한 세상에서 분투했습니다. 그들 다수는 권력자들을 향해 정의로운 조언은 물론 강력한 비판을 마다하지 않았습니다. 우리 시대의 기독교인들도 권한을 위임받은 정치인들이 그리스도의 주권을 받아들이도록 계속 도전하면서 그들이 정의를 실천할 수 있도록 기도하는 마음으로 압력을 가해야 합니다.

존 레데콥은 메노나이트 관점에서 정치를 다룬 『기독교정치학*Politics under God*』에서 다음과 같이 기독교인의 책임을 말합니다.

> "우리에게 술 취한 자들이 운전하지 못하도록 막고, 사람들에게 도둑질하지 말라고 말해주며, 잔인한 폭력을 방지할 책임이 있듯이, 우리는 권력자들에게 정의를 실천하라고 말해줄 책임이 있다. 그것이 바로 예언자들이 한 일이다. 우리는 권력자들에게 불필요한 무력을 사용하지 말라고 말해줄 책임이 있다. 그것이 바로 세례 요한이 한 일이다. 우리는 평화와 평화정착을 증진시키라는 성경의 명령을 받았다. 그것이 바로 예수가 산상수훈에서 강조한 것이다. 우리는 정부가 환경을 파괴하지 못하도록 요구할 책임이 있다. 우리는 소외된 개인과 그룹을 보다 인간답게 대우하도록 압력을 행사할 책임이 있다. 그것이 바로 예수께서 마태복음 25장에서 가르치신 것이다. 이미 우리가 보았듯이, 우리는 비기독교인 통치자들에게 옛날의 벨사셀 왕처럼 하나님 앞에 책임을 져야 한다는 사실을 일깨워줄 책임이 있다."

성서는 어떻게 말하고 있는가

성서에서 예언자나 백성시민들을 통해서 통치자들을 대하는 곳을 일부 살펴보겠습니다. 이러한 성서의 이야기는 요즘으로 말하면 압력 행사이기도 하고 시민불복종운동이라고 할 수도 있겠습니다. 먼저 출애굽기를 보면 하나님께서는 히

브리 산파와 모세의 부모에게 파라오에 대한 불복종 실천을 조장하고 상을 내립니다. 왕과의 약속을 지키지 않은 동방박사 역시 불복종의 한 사례입니다. 또한 하나님은 출애굽기 3장에서 장로들에게 이집트의 최고 통치자에게 압력을 행사하라고 명령하십니다.

신명기 10장 17-19절의 말씀은 공공의 정책에서 당장 가져다 사용할 수 있는 강령이기도 합니다.

> 세상에 신도 많고 주도 많지만 너희 하느님 야훼야말로 신이시오. 주이시다. 크고 힘있으시며 지엄하신 신이시요. 뇌물을 받고 낯을 보아주시는 일이 없는 신이시다. 고아와 과부의 인권을 세워주시고 떠도는 사람을 사랑하여 그에게 먹을 것, 입을 것을 주시는 분이시다. 너희도 한때는 이집트 땅에서 떠돌이 신세였으니, 너희도 또한 떠도는 사람을 사랑해야 한다. 공동번역

신명기 17장 14-20절에서는 통치자를 위한 하나님의 기준을 제시하십니다. 내치와 외치의 실제적인 정치철학으로 현대에 가져와도 전혀 손색이 없는 가이드라인입니다.

> 너희는 너희 하느님 야훼께서 주시는 땅에 들어가서 그 땅을 차지하고 자리를 잡으면, 이내 주변에 있는 모든 민족들처럼 왕을 세우고 싶은 생각이 들 것이다. 그런 생각이 들면 너희는 반드시 너희 하느님 야훼께서 골라주시는 사람을 왕으로 세워야 한다. 같은 동족을 임금으로 세워야지, 동족이 아닌 외국인을 임금으로 세우면

안 된다. 그러나 왕이라고 해도 군마를 많이 기르는 일만은 하지 못한다. 백성을 이집트로 다시 보내어 군마를 많이 얻어오게 해도 안된다. 너희가 그리로 되돌아가지 못하리라고 야훼께서 너희에게 일러두시지 않았느냐? 왕은 또 많은 후궁을 거느리지 못한다. 그러면 마음이 다른 데로 쏠릴 것이다. 은과 금을 너무 많이 모아도 안된다. 그는 왕위에 오른 다음에도 레위인 사제를 시켜 이 가르침을 두루마리에 베껴 평생 자기 옆에 두고 날마다 읽어야 한다. 그리하여 자기를 택하신 야훼 하느님을 경외하고 이 가르침에 담겨 있는 말 한마디 한마디를 성심껏 지키며 그 모든 규정을 실천하여야 한다. 마음이 부풀어올라 제 동족을 얕잡아보는 일도 없고 이 계명을 어기는 일 또한 털끝만큼도 없어야 한다. 그리하면 그뿐 아니라 그의 후손들도 이스라엘 왕위에 오래도록 앉게 될 것이다.공동번역

잠언 31장에서는 시민불복종이나 로비에 해당하는 것으로 하나님의 통치 아래 있는 자라면 가난한 자들과 자신의 권리를 위해서 또한 말하지 못하는 이들의 권리를 보호하기 위해 발언해야 한다며 용기를 주고 있습니다.

바울은 사도행전 16:37~39절에서 정치세력이 자신들을 공정히 다루어야 한다며 압력을 가하고 있으며 이러한 항의는 받아들여집니다.

그러자 바울로는 "치안관들이 로마 시민인 우리를 재판도 하지 않은 채 공중 앞에서 매질을 하고 감옥에 처넣었다가 이제 와서 슬그머니 내보내 주겠다니 될 말이오? 안 되오. 그들이 직접 와서 우리를 석방해야 하오." 하고 말하였다. 그 전령들이 치안관들에게 가

서 이 말을 전하자 그들은 바울로와 실라가 로마 시민이라는 말에 겁을 집어먹고 두 사람에게 가서 사과를 하였다. 그리고 밖으로 데리고 나가 그 도시에서 떠나달라고 간청하였다. 공동번역

이는 시민권의 주장이며 사도행전 22:25~29절에서도 이 시민권을 주장하고 있습니다. 바울이 모든 권세가 하늘에서부터 온 것이니 복종하라는 말을 문자적으로 이해하고 불의한 권력에 기생했던 기독교인들에게는 이 성구가 이율배반적으로 다가올 수 있습니다.

그래서 군인들이 바울로를 결박하자 바울로는 거기에 서 있던 백인대장에게 "로마 시민을 재판도 하지 않고 매질하는 법이 어디 있소?" 하고 항의하였다. 이 말을 듣고 백인대장이 파견대장에게 가서 "어떻게 하실 작정입니까? 저 사람은 로마 시민입니다." 하고 알리자 파견대장은 바울로에게 가서 "당신이 로마 시민이라는 것이 사실이오?" 하고 물었다. 바울로가 그렇다고 대답하자 파견대장은 "나는 많은 돈을 들여 이 시민권을 얻었소." 하고 말하였다. 이 말을 듣고 바울로가 "나로 말하면 나면서부터 로마 시민권을 가진 사람입니다." 하고 밝히니 바울로를 심문하려던 사람들이 곧 물러갔다. 바울로가 로마 시민이라는 것이 드러나자 그를 결박했던 사실 때문에 파견대장도 겁을 집어먹었다. 공동번역

또한 이사야서 1장 16-17절은 하나님의 통치를 신뢰하는 이들이 마땅하게 행할 바를 안내합니다. 61장에서는 하나님께서 진보하며 긍정적이고 책임 있는 공

공의 정책을 요구합니다. 이 외에도 "약자를 돌보는 것이 통치자들의 훌륭한 정책"겔34:4이며, "정의에서 어긋난 지도자는 벌을 받을 것"눅11:42 등 많은 현실 정치의 지도자와 위임을 받은 자들에 대한 당부와 그들을 어떻게 관리해야 하는지에 대한 안내는 차고 넘칩니다.

내 앞에서 악한 행실을 버려라. 깨끗이 악에서 손을 떼어라. 착한 길을 익히고 바른 삶을 찾아라. 억눌린 자를 풀어주고, 고아의 인권을 찾아주며 과부를 두둔해 주어라. 공동번역

모든 선출직 공직자에게 바라는 바

먼저 유권자들은 정치지도자와 선출직 공무원을 선출하는 것은 4~5년 간 복잡하고 어려운 일을 유권자를 대신해서 일할 임기가 정해진 계약직 공무원을 뽑는 일이라는 점을 잊지 않았으면 합니다. '계약직'이라는 말도 사실은 일을 제대로 하지 못하면 언제든지 유권자가 탄핵할 수 있기 때문에 '임시계약직공무원'이라는 말이 더 가까울 수도 있겠습니다. 유권자들은 정치지도자에게 도덕군자나 전쟁터의 장수, 자선사업가 같은 이미지를 은근 기대하고 있는 것 같습니다. 물론 윤리적으로나 외교적으로나 복지 등에서 이런 기대를 하는 것은 당연합니다. 하지만 이 모든 것은 국민이 낸 세금을 집행하는 대리자로서 하는 일에 불과합니다. 그냥 큰 살림을 하는 집사를 고용하는 것이라고 생각하면 어떨까요. 게다가 이미 집안에는 각 분야별로 오랫동안 그 일을 해 온 작은 집사늘공, 관료들이 여럿 있습니다. 그들은 고용이 보장된 상태입니다. 그래서 철밥통이라고 합니다. 그러다보니 이들의 속성상 일반 기업처럼 성과를 위해 노력하거나 문제를 해결하려기보다, 하던대로 그리고 문제를 만들지 않으려는 관료의 특성이 있습니다.

그러니 선출직 정치지도자는 늘공이라고 불리는 공무원들이 살림을 잘 하는지 감시하고 고용주인 국민의 뜻을 따라서 새로운 정책을 계획하고 이를 집행하는 일을 지휘하는 자리입니다. 이 정도의 인식만 있어도 그릇된 인식에서 출발하는 정치지도자 사용법에 대한 불편함을 적잖게 극복할 수 있을 것으로 생각합니다.

제가 투표를 할 때에 마음속으로 바라는 첫째 임무는 "국민의 생존에 대한 장기 정책"에 우선순위를 두고 정책을 집행하는 것입니다. 국가 간 교역이 잘못 삐끗하면 상대적으로 약한 나라에 엄청난 혼란을 줄 수 있다는것을 최근 들어 온국민이 확인하고 있습니다. 한국도 자원이 부족하기 때문에 수출로 먹고 사는 나라라는 박정희 군사독재 시절의 모토가 여전히 개발론자들 사이에서 쩌렁쩌렁합니다. 하지만 이 관점은 정치지도자의 임무라는 중요성 면에서 차순위로 생각해도 늦지 않습나. 사동차나 반도체를 팔아서 식량을 사온다는 것이 얼핏 보면 설득력이 있어 보이지만, 자국의 경제가 돌아가는데 꼭 필요한 것들을 전적으로 타국에 의지하였다가 낭패를 당한 경우를 여럿 볼 수 있습니다. 최근의 요소수 사태가 그것입니다. 국내에도 동양 최대의 요소수 생산 공장이 있었지만, 가격 경쟁에서 중국 제품에 밀려서 국내공장은 다 문을 닫았습니다. 만약에 중국과 외교적인 갈등이 생기고 중국이 무역을 한국에 대한 통제 수단으로 쓴다면 국내 물류 대란은 피할 수 없는 상태가 될 것입니다. 실제로 세계 최고의 IT기업이 있는 한국이 기껏 만원 안밖의 요소수 때문에 혼란을 겪자 중국의 네티즌들이 조롱을 해댔던 것도 남의 이야기는 아닙니다. 뒤늦게 그나마 명맥을 유지하던 요소수 공장을 지원하고 가동율을 높여서 안정세로 접어들게 되었습니다. 사실 국민들은 자동차용 요소수만 생각할 수 있지만, 자동차용의 비율은 10%에 불과합니다 공업용이 30%, 농업용이 60%에 달합니다. 이는 자동차가 멈추는 것처럼 단순한 문제가아니라, 국민의 생존과 관련한 심각한 문제로 인식해야 합니다. 이번 사태를 통새서 어떤 것을 국가가 지켜야 하고 책임져야 하는지 많을 것을 배웠을 것이라고 생각합니다. 이를 계기로 다양한 분야를 돌아보아 국가가 돌아가는데 필수적인 부분에서는 다시는 이런 혼란이 없도록 더 근본적인 대책을 마련하고 있는지 감시해야합니다.

이러한 분야 중 무엇보다 중요한 곳이 식량자원 부분입니다. 한국은 식량자급율이 갈수록 떨어지고 있습니다. 유일하게 100%였던 쌀 자급율 마저 2018년 이후로 100% 이하로 떨어졌습니다. 쌀을 뺀 식량 자급율은 10.2%2020년에 불과합니다. 경제 규모에서 세계 9위GDP, 2021.3이지만 식량수입으로는 세계 7위입니다. 경제규모 상위 10개국 중에 곡물수입 20위 안에 드는 나라는 중국과 일본, 한국 뿐입니다. 경제규모가 항상 식량을 책임지지는 못합니다. 식량자급률이 보장될때에 더 안정적으로 경제규모 유지가 지속가능할 것입니다. 그러나 한국은 농업총생산액 대비 농업보조금 비율도 OECD평균의 절반에도 미치지 못합니다. 이런 상황에서 농지는 줄어들고 농지였던 곳은 창고가 생기거나 태양광 등의 상대적으로 토지 활용 이익이 많은 쪽으로 사용되고 있습니다. 땅 소유주들은 식량농사가 아니라 전기농사를 선택하고 있습니다. 자기 소유의 농지가 없는 농민은 농사를 지을 땅이 줄거나 임대료가 상승하여 농사를 계속 할 수 없고, 생계 수단이 사라지는 지역을 그대로 지킬 수도 없는 막다른 곳으로 몰리고 있습니다. 지역의 인구 감소로 지역이 소멸될 것이라는 위기감을 실제로 가속화하는 일을 정부가 앞장서 하고 있는 격입니다. 농민은 갈 곳을 잃고 있습니다. 생존과 관련된 농업은 무너지면 단기간에 회복할 수 있는 분야가 아닙니다. 이미 사라진 농지와 농부를 어떻게 할 수 있을까요? 결국 농업은 대기업이 돈을 버는 분야로 전락할 것입니다. 다양한 종의 농산물은 사라질 것이고 안전이 보장되지 않는 얼굴

없는 농산물이 식탁을 점령할 것입니다. 이미 대기업은 식량수입을 통해 막대한 이익을 챙기면서 국내 식량자원의 고갈에 앞장서고 있지만 정부는 손을 놓고 있는 상황입니다. 농업이 모든 산업의 근간이라고 누구나 말하는데 왜 한국에서는 공허한 소리로만 맴돌고 있는지 정치지도자가 되겠다고 하는 사람이라면 심각하게 되새겨볼 일입니다. 식량자원은 국민의 생명과 관련이 있고 국가의 존폐에 가장 중요한 요소입니다. 그러나 이것이 무너지는것이 신자유주의의 광풍 아래서 더 가속화되고 있습니다. 정치지도자는 단기적인 경제호황이나 실적로서의 경제가 아니라 위기 상황에서 국민의 생존에 대비할 수 있는 근본적인 정책을 세우고 이를 장기적으로 실행하는 일을 해야 합니다.

다음으로 주고 싶은 임무는 "마을지역공동체의 회복을 위한 정책"을 개발하고 실시하면 좋겠습니다. 고령화 사회와 도시화 사회에서 정부의 할 일은 늘어갈 수밖에 없습니다. 이는 노인과 사회적 약자에 대한 복지 확충 등 돌봄에 인력과 예산이 꾸준하게 늘고 있습니다. 그러나 이렇게 정부의 규모를 무한정 늘리면 감당하기 어려운 결과를 가져올 수밖에 없습니다. 오히려 그 예산 일부를 사라져가고 약해져가는 마을공동체의 불씨를 살리고 지속할 수 있도록 하는 일에 사용하는 것이 더 근본적인 해결방안이 될 것입니다. 마을이나 지역 공동체 안에서 자체적으로 정부가 했던 돌봄을 한다면 기계적 돌봄이 아닌 지속가능한 정책이 될 것이라 생각합니다. 이에 대해서는 이미 오래전부터 여러 지자체에서 실험하고 또 열매를 거두고 있는 부분을 찾아서 중앙정부 차원에서 더 큰 힘을 실어주었으면 합니다. 마을 공동체의 회복은 관주도가 아니라 더 창조적이고 구체적인 필요를 살피는 민간주도의 창조성이 더 절실한 분야입니다.

다음으로는 "가짜뉴스처벌"과 관련한 강력한 정책을 구현하는 것입니다. 지금 우리 사회는 표현의 자유라는 미명 뒤에 숨어서 사이비 언론이 독버섯처럼 번지고 있습니다. 이들이 생산하는가짜 뉴스 때문에 생기는 갈등과 이 과정에서 생기는 사회비용이 지나치게 많이 발생합니다. 무책임한 말과 근거없는 글들의 확장은 진실은 물론 사실까지도 교묘하게 왜곡합니다. 그리고 이 말들은 마치 기술의 발전이 그렇듯이 문제점에 대해서 그 누구도 어떤 책임을 지지 않는 것이 현실입니다. 이러한 무책임한 언론이나 유언비어 등의 선동이 세대를 나누고 지역을 나누고 남녀를 나누는 등 갈등을 조장하고 있습니다. 이는 다양성 보장의 문제가 아닙니다. 사회적 갈등으로 생긴 눈에 보이지 않는 사회적 비용의 규모가 어마어마하며 건강한 사회를 병들게 하는 특성이 있습니다. 이에 대해서 관주도로 하여 정치적인 갈등을 유발하지 말고 시민 단체와 언론의 광범위한 참여와 국민적 합의를 끌어낼 수 있는 정치력이 필요할 것입니다.

끝으로 "실제적 통일 정책"을 실천하는 것입니다. 남북한의 분단 상황은 대부분의 사회 정치적 문제 해결의 발목을 잡는 핵심 요소입니다. 인권이나 경제, 문화, 정치 거의 전분야에 걸쳐서 분단 상황은 미래를 발목 잡고 있는 특수한 상황입니다. 여러모로 개선된 부분도 있지만, 정권의 성향에 따라서 통일 정책도 진보와 후퇴를 거듭하고 있습니다. 또한 이 과정에서 민족에 최종적으로 이익이 되는 것보다는 특정 정치세력의 선전선동의 도구로 통일문제가 오르내리기 일쑤였습니다. 통일이 만사는 아니고 만통도 아니지만, 통일을 향해 뚜벅뚜벅 걸어가는 뚜렷한 통일관을 가진 정치지도자를 기대합니다. 우리가 남북한의 휴전 상황 때문에 들어가는 군유지 비용과 대결비용이 얼마나 큰 지를 생각해보면 통일을 향한 투자는 아무리 강조해도 지나치지 않습니다. 얼마의 돈이 들더라도 돈으로라도 평화를 살 수 있는 그런 정치지도자를 기다립니다.

짧은 결론

성서는 하나님이 하나의 윤리를 선하게정의롭게 창조했다고 안내합니다. 하지만 선택의 자유를 가진 사람들에 의해서 두 종류의 왕국이 만들어진 것입니다. 여기서 선택이란 하나님이 아닌 정부의 필요를 요구하고 그것을 선택한 세속정부의 숙명을 뜻합니다.

한국 기독교는 선거 때마다 기독교인인 후보를 부각하면서 정치에 참여하는 모습을 보이고 있습니다. 하지만 대부분은 그 후보의 정치적인 태도나 가치 때문이 아니고 그저 기독교인이라는 것 때문에 그를 선출해야 한다고 강변하는 수준에 그치고 있습니다. 그렇다고 기독교인이라는 것이 보수교회가 정치인을 지지하는 일관된 기준은 아닙니다. 후보가 기독교인이어도 진보적 성향을 보이면 반대하며 기독교인도 아니라고 합니다. 또한 기독교인이 아닌 것은 물론 사교적인 정황이 있어도, 그가 보수적인 정치 성향을 가지고 있으면 그를 교회로 불러 강단에 세웁니다. 사실 기독교인이 평화주의적 신념을 고집하는 한, 한국이라는 분단의 특수성 때문에 높은 수준의 정책을 현실화하면서 공직에 참여하긴 쉽지 않습니다. 따라서 기독교인으로서 자신의 신앙보다 낮은 수준의 가치를 지향해야 한다면 기독교인이 그 자리에 있을 이유는 사라집니다. 하지만 "악에 저항하고 선을 후원하라"는 하나님의 통치 아래 사는 기독교인이라면 이 기독교 정치학의 가치를 실현하는 것을 멈추어서는 안됩니다.

성경에 대한 우리의 이해를 고려할 때, 가치 있는 정치참여는 신실한 기독교적 제자도와 양립할 수 있다고 믿는 우리는 모든 기독교인이 성경적 가르침을 우리 식으로 이해하는 것이 아님을 기억할 필요가 있습니다. 선택에 대한 기독교적 강조와 다른 견해의 기본적 합법성을 고려할 때, 우리는 모두 이런 문제에서 서로 존중할 필요가 있습니다. 계시된 말씀을 다르게 읽고, 그 후에 자신들의 신념에 따라 살아가는 사람들도 정치 영역에서 나름대로 하나님의 기대에 충실하게 살고 있음을 기억해야 합니다. 만약 하나님에게 인간의 정치가 중요하다면, 그 이유는 바로 사람들을 향한 주님의 마음 때문일 것입니다. 약한 곳을 향한 하나님의 마음이 멈춘 적이 없으며, 이 하나님의 마음 편에 선 사람들 때문에 하나님은 세상에 얼굴을 드러내고 있으시다고 믿기 때문입니다. 투표를 하겠다고 마음 먹은 기독교인이라면, 하나님 편에 선 정치인을 선출하기 위한 기도와 행동에 함께 할 수 있기를 바랍니다.

헬조선을 웰조선으로

이명묵 / 세상을바꾸는사회복지사 대표

헬조선 자체를 방치하고 있는 사회에 대한 분노. 사회권 보장으로 실질적 자유
권을 누릴 수 있는 사회로의 대전환에 대한 사회적 논의를 지속하는 것이 해법

10여 년 전부터 청년들은 우리 사회를 '헬조선'이라고 말합니다. 자신이 태어
난 조국을 '지옥'에 비유하거나 인식하는 것은 그들 자신과 우리 사회 모두에게
비극입니다. 청년은 그 지옥의 문 앞에서 세 가지 선택지로 고민을 합니다. 생존
하기 위해 수단과 방법을 가리지 않는 전쟁을 치르거나, 나름의 돌파구나 자위
도구로 소확행에 의존하거나, 만사 체념의 무기력에 빠지거나 말입니다. 우리
사회는 이 비극의 원인을 찾고 희극 대본을 구상하기보다는 표피적 발상을 반복
하고 있습니다. 청년일자리 청년주택 청년수당 등이 그런 것이지요.

청년들이 헬조선이라고 하는 이유는 무엇일까요? 가장 큰 원인은 '불평등'일
것입니다. 부모의 경제적 사회적 정치적 지위의 차이가 청소년기 성장의 차이로
반영되고, 청년이 된 뒤 직업과 직장과 직위의 차이가 삶의 질 차이를 낳는 점입
니다. 이러한 일련의 차이가 누적되어 자신의 행복이 좌우되는 현실이 개인의 불
행감에 멈추지 않고, 세상을 지옥이라 저주까지 하는 것은 이러한 불평등한 현실
에 아무런 조치도 취하지 않는 우리 사회에 대한 불만입니다. 나의 고통과 불행
에 무관심한 사회에 이들이 어떤 책무와 기여를 다 할 수 있을까요? 각자도생할

뿐이겠지요.

반쪽의 자유와 민주주의와 경제성장

박정희 전두환 독재정권이 무너진 1987년 이후 국민은 빼앗긴 민주주의와 자유를 누리고 있다고 생각합니다. 언론 출판 표현의 자유, 집회 결사의 자유. 대통령 직선제와 지방자치제. 경제는 성장하여 G10. 찾았고 누린다고 하는 자유와 민주주의와 경제성장은 누구의 자유이고 민주주의이고 경제성장인가요? 아직은 극히 일부 국민의 차지일 뿐입니다.

형식적 자유와 실질적 자유가 있습니다. 지금까지 우리가 배웠던 자유는 형식적 자유입니다. 언론 출판 표현 집회 결사 사상 종교 양심 거주이전 직업선택의 자유 등. 실질적 자유는 내가 하고 싶은 일을 하면서 먹고 살 수 있는 자유입니다. 이것이 삶의 행복을 좌우하는 핵심 요소 중 하나입니다. 우리나라에서 형식적 자유는 70~80% 수준, 실질적 자유는 20~30% 수준으로 보입니다. "하고 싶은 일"이란 청소년 시절 꿈꾸었던 일이고, 자아를 실현하는 일입니다. 고등학교와 대학교 졸업생이 희망하는 대기업이나 공사 취업이 그런 일일까요? 수십만 명 공시 준비생의 청소년 시절 꿈이 공무원이었을까요? 대개는 실질적 자유의 후자 요소인 "먹고 살 수 있는" 조건에 맞춘 차차선 행복의 선택일 겁니다.

종종 국가별 국민 행복지수 발표를 봅니다. 우리 경제력은 10위권인데 행복지수는 50위권입니다. 이때 행복도를 측정하는 지표 7가지는 〈1인당 GDP, 기대수명, 사회적 지원망, 개인 선택의 자유, 사회적 관대함, 정부와 기업의 부패 수준, 최근의 감정 경험〉입니다. 한국이 앞의 두 지표는 무난하지만 나머지 다섯 지표에서 낮은 평가를 받은 탓입니다.

몇 년 전에 출간된 『우리도 행복할 수 있을까』는 국제 행복지수 상위권인 덴마크 국민의 일상을 들여다본 책입니다. 저자는 덴마크 국민 행복의 근원을 "스스로 선택하는 즐거운 자유, 사회가 나를 보호한다는 안정, 남이 부럽지 않은 평등, 세금이 아깝지 않은 신뢰, 의지할 수 있는 이웃"에서 찾았습니다. 다시 세 가지로 정리하자면 〈행복한 학교, 행복한 일터, 행복한 사회〉였습니다.

우리의 목소리로 정치를 결정하는 민주주의가 아직은

아리스토텔레스는 인생 지고지순의 선은 행복이라고 했습니다. 사람이 일상에서 최선을 다하는 것은 자신과 가족의 행복을 위해서 일겁니다. 사회가 추구하는 것은 구성원 개개인의 행복과 구성원 모두의 행복을 극대화하는 것입니다. 앞의 국제 지표와 덴마크 관찰기에서 공통되는 부분은 "개인의 자유로운 선택의 행복"입니다. 어떤 것을 어느 학교에서 공부할지에 대한 교육의 선택, 어떤 일에 종사할지에 대한 직업의 선택, 어느 지역 어떤 집에서 살아갈지에 대한 거주의 선택이 그런 것입니다.

우리 사회는 어떠합니까? 청소년은 스스로 선택하기 어려운 교육체제와 고정된 교과목과 서열화된 학교에서 상급학교 진학의 유일한 목표를 향해 서로 경쟁하면서 자아를 잃어갑니다. 그래서 OECD 국가 중 청소년 행복지수는 낮고 자살률은 높은 지옥에서 살아가고 있습니다.

직업과 직장은 자아실현의 경로와 장으로서 숭고한 노동이라고 하지만, 대개는 생계형 노동일 뿐입니다. 그 단순 생계조차도 대기업과 중소기업과 자영업체에 따라 다르고, 정규직과 비정규직에 따라 다르고, 직급과 직위에 따라 다릅니다. '자아실현'이나 '하고 싶은 일'에 종사하지 못하는 것은 생계가 불안정하기 때문입니다. 그러다 보니 노동의 행복감은 낮아지기 쉽습니다.

인구의 절반이 수도권에 몰려 삽니다. 먹고살겠다고 서울로 오지만 높은 주거비로 고통을 겪거나 주거 불안에 시달리고, 재개발 이후엔 절반 이상이 동네를 떠나야 합니다. 잦은 이사는 자녀의 잦은 전학과 노인의 관계 단절을 낳습니다. 획일화된 아파트의 주거 형태는 이웃사촌을 소멸시키고, 지역사회 중심이 아닌 단지 중심의 도시계획은 지역공동체 역사성을 진즉 포기했습니다.

이렇게 교육과 직업과 주거에서 스스로 선택하기를 포기하는 것은 행복을 포기하는 것입니다. 그 포기를 강제하는 것은 사회시스템이고, 사회시스템의 두 축은 사회정책과 정치제도입니다. 민주주의에는 정치적 민주주의, 경제적 민주주의, 사회적 민주주의가 있습니다. 조금 더 나아가면 사법적 민주주의도 있겠지요 이 세 민주주의 발전 정도가 국민의 행복을 결정합니다. 우리의 경우 1987년 이후 민주주의가 자리 잡았다고 하는데 이는 정치적 민주주의를 말하는 것일 겁니다. 정치적 민주주의는 절차적 민주주의와 실질적 민주주의로 완성되는데, 우리는 절차적 민주주의만 확보한 상태이니 정치적 민주주의 절반의 수준입니다. 나머지 절반 실질적 민주주의는 국민의 정치적 의사가 의석에 그대로 반영되는 제도입니다. 그러나 소선구제를 채택한 우리나라는 실질적 민주주의 구현에 답을 못 찾고 있습니다. 인구의 절반이 여성이지만 여성 국회의원은 19%입니다. 21대 국회 40세 미만 인구는 전체 인구의 42%이지만 40세 미만 국회의원은 17% 50명입니다. 중소기업 노동자는 전체 노동자의 80%이고, 비정규직 노동자가 35~40%이지만 국회에서 중소기업 노동자와 비정규직을 대표하는 의원은 얼마나 될까요? 국민의 40%가 무주택자이지만 이들을 대표하는 국회의원은 몇 명이나 될까요? 우리 정치는 "50~60대 집 있는 고소득 비장애 친기업 남자"들이 지배하고 있습니다. 지난 2020년 21대 총선에서 비례선거제 하나인 연동형비례제가 변칙 활용되어 실질적 민주주의가 왜곡되고 오염된 상처만 입었습니다.

90%를 외면하는 10%의 나라

경제적 민주주의는 경제민주화로 표현되기도 합니다. 작게는 기업 간의 분배 문제이고, 크게는 우리 사회 분배의 정의 문제입니다. 우리나라 중소기업 유형 자산과 부가가치의 80%는 대기업과의 협업 관계원하청 포함에서 발생합니다. 대기업 대비 중소기업 노동자의 임금은 일본이 80% 선이고 우리나라는 60% 선입니다. 그만큼 우리 기업계에선 이익공유제 개념이 자리 잡지 못했을 뿐더러 강자 독식 구조가 강고한 반증입니다. 사회 전체로 봐서는 국가는 부자인데 국민은 가난한 형국입니다. 〈2022년 세계 불평등보고서〉에 따르면 우리나라는 상위 10%가 전체 소득의 46.5%를 가져가며, 하위 50% 소득의 14배, 하위 50% 부의 52배를 차지하여 세계적으로 최상위최악의 불평등 국가입니다. 양극화된 시장소득을 조정하는 사회소득이 소극적이거나 부재하다 보니 빈부초격차 사회로 치닫게 되었습니다. 이러한 소득 불평등이 각 개인의 삶으로 연결될 때는 어느 한쪽 사회 구성원들의 인간다운 삶이 어려워지고 그들 인간의 존엄한 정체성도 붕괴하게 됩니다. 따라서 그들의 경제 참여 활동에 집중과 창의성이 작동되지 않아 경제는 활력을 잃게 되고, 더욱 심각한 지경에서는 폭동이 일어날 수도 있습니다. 기업 간의 불평등 내지 부당 거래를 예방하거나 징벌하는 제도를 운용하는 것이 경제적 민주주의입니다. 사회적 불평등을 예방하거나 해결하면서 사회구성원이 교육과 직업과 주거를 스스로 선택하고 행복한 삶을 누릴 수 있도록 뒷받침하는 것이 사회적 민주주의입니다.

자신의 삶을 스스로 선택하고 설계하는 것은 즉 자기가 하고 싶은 일을 하면서 먹고 살 수 있는 것은, 그런 결정을 할 수 있는 개인적 또는 사회적 환경이 마련될 때 가능합니다. 개인적 환경에 국한한다면 일부 유복한 가정환경이거나 인간 승리적 전투적 삶의 결과입니다. 그러나 이러한 경우는 사회 구성원의 삶을 개인에게만 맡기는 작은 국가, 무책임한 사회의 모습입니다. 사회 구성원의 행복지수가 높은 나라들의 공통점은 개인의 행복조건을 국가가 적극 뒷받침합니다. 〈보육 □ 교육 □ 노동 − 주거 □ 건강 □노후〉까지 생애주기별로 적극적인 사회보장정책을 실시합니다. 보육시설부터 대학원 과정까지 무상입니다. 부모의 소득이나 직업이 학업의 변수가 되지 않습니다. 정규직과 비정규직의 임금 격차가 크지 않거나 동일하거나 오히려 더 많기도 합니다. 대기업과 중소기업의 임금격차가 있지만 사회소득 개입으로 최종 단계 가처분소득에서는 격차가 크게 완화됩니다. 노동시장이 유연한 대신 실업보장이 동시에 작동하여 불안하지 않습니다. 부실한 주거정책으로 주거권이 취약하여 평생 집 문제로 고통받는 우리와 달리, 20~35%의 높은 공공임대주택 공급으로 소득이 좀 낮더라도 집 걱정 없이 살아가고 계속거주권이 보장되어 임차인도 안정된 생활을 할 수 있습니다. 병원비 불안으로 전체 가구의 81%가 실손 민간의료보험에 가입한 우리와 달리, 공공무상의료제도 운영으로 병원비 걱정이 없습니다. 우리나라의 노인빈곤율은 2018년 현재 43.4%로 OECD 평균 14.8%의 3배에 이릅니다. 노인세대가 젊은 시절 선진국 노동자에 비해 먹지 않고, 쓰지 않고, 쉬지 않고, 자지 않으면서 두 배 가량 일한 것을 생각하면 노인빈곤 고통은 3배가 아니라 6배라 할 수 있습니다. 폐지 줍고 박스 주우면서 자존감 상실의 인생 말년을 보내는 우리 사회 노인문제는 G10 기여를 외면하는 국가 도덕성의 문제이기도 합니다.

스스로 선택한 삶에서 행복할 수 있는 사회

생애주기별 사회보장정책이 튼튼한 사회에서는 소득이 좀 낮은 일에 종사하더라도 사적 지출이 크지 않아 보전되는 가처분소득으로 자신의 삶을 지배할 수 있습니다. 자녀 교육과 집 문제로 가계 압박을 받지 않으니 결혼과 출산에 부담이 없습니다. 건강과 노후가 불안하지 않아 현재 일에 여유 있게 집중할 수 있고, 인간 존엄함을 유지할 수 있습니다. 이러한 일련의 사회환경이 연봉과 물질에 종속되지 않으면서 자신을 주체로 하고 싶은 일에 종사하면서 먹고 살 수 있는 자유를 가능하게 합니다. 따라서 실질적 자유권은 생애주기별 사회보장 즉 사회권 보장으로 가능하게 되지요. 사회권 보장에는 적지 않은 정부 재정이 필요합니다. 이는 국민 세금으로 충당되는데, 세금과 정부 사회정책에 대한 신뢰와 공생의 사회연대 의식이 이의 밑바탕이 됩니다.

사회보장정책과 사회권 강화 이야기가 나오면 일각에서는 "대한민국에서 사회주의 하자는 것이냐?" 되묻습니다. 사회 구성원의 자유권과 사회권을 보장하는 Human SOC보육 교육 실업 주거 의료 노후에 대해서는 사회주의 관점으로 접근하는 것이 구성원의 행복지수를 높이고 인간 존엄을 지키는 방책입니다. 이조차 시장경제 자본주의 체제에 맡겨두어선 지금과 같이 헬조선 원성이 하늘을 찌르고, 심화되는 각자도생으로 사회공동체와 인간성은 회복되지 못할 것입니다.

그런데 왜 1987년 이후 실질적 정치적 민주주의와 경제적 민주주의와 사회적 민주주의가 진척되지 않았을까요? 왜 총체적 민주주의 발전이 지체되고 있을까요? 민주주의는 "정의 인권 평등 연대"의 뿌리에서 자라나는데 우리는 그간 황금과 물질에 눈이 어두워 이를 소홀히 한 탓이라 봅니다. 양극화와 불평등의 각자도생 대한민국이 더 붕괴는 일은 막아야 합니다. 헬조선은 이제 멈추어야 합니다. 대한민국 대전환의 시대선언을 하고 자기성찰과 새로운 세계를 찾아 나서야 합니다. "정의 인권 평등 연대 민주주의"가 사회적 규범으로 자리 잡을 수 있도록 최소 10년은 사회적 논의를 뜨겁게 지속해야 합니다. 전국 각지에서, 남녀노소 광범위한 참여로, 다양한 방식으로 국민적 공감대를 형성할 수만 있다면. 세상은 구성원이 공유하는 사회철학의 방향으로 변할 것입니다.

걷어차진 '계층사다리' 이야기를 가끔 합니다. 계층사다리를 복원하기보다는 그것이 필요없는 사회를 상상하면 어떨까요? 계층사다리는 신분 상승과 계층 상승의 도구로 또 하나의 경쟁과 과다 희생의 통로입니다. 어느 부모에게서 태어나든, 어떤 직업에 종사하든, 어디에서 살든 굳이 계층사다리에 오르지 않더라도 사회권을 기반으로 실질적 자유를 누리고, 연대기여로 사회권과 자유권의 선순환을 일으킬 수 있다면. 50위권의 행복지수가 10위권으로 달라질 수 있을 것입니다. 그때 비로소 우리는 인간성 회복의 사회공동체를 이루며 자아실현의 행복한 삶을 살아갈 것입니다. 그것이 헬조선Hell-朝鮮이 웰조선Well-朝鮮으로의 전환일 것입니다.

노인들이 20대 정치지도자에게 바라는 정책

고현종 / 노년유니온 사무처장

1. 살인은 사육하는 일 간병의 급여화

"나 좀 죽여줘. 제발 부탁이야."

아내는 일 년 동안 남편인 정씨80세에게 부탁했습니다. 차마 정씨는 아내의 부탁을 들어줄 수 없었습니다. 엄연히 살인이니까요.

아내는 20년 전에 뇌졸중으로 쓰러졌습니다. 아내 병세는 조금씩 악화되고 아예 움직이지 못했습니다. 정씨는 아내 병간호뿐만 아니라 자녀 돌봄도 책임진 다중 간병입니다.

아들은 나이가 50살이지만 몸은 초등학교 1~2학년 수준입니다. 키 130cm에 몸무게가 30kg 남짓이지요. 아들은 장애를 안고 태어났습니다. 몸과 마음 발달이 더뎠습니다. 복합 장애 1급 판정을 받았습니다. 그래도 정씨 부부에게는 눈에 넣어도 안 아픈 아들입니다. 정씨 아내는 아들에게 물리치료, 재활치료, 음악치료까지 안 해본 게 없습니다. 그러나 아들의 병은 좋아지지 않았습니다.

30년간 아들 병시중을 한 아내가 뇌졸중으로 쓰러졌습니다. 그때부터 정씨는 아내와 아들의 병간호를 도맡아야 했습니다. 직장도 그만두었습니다. 모아두었던 돈도 집도 병원비, 간병비로 사라졌습니다. 아내는 이런 형편을 알았습니다. 자신 스스로 죽음을 선택할 수 있다면 결행했을 텐데 혼자서는 화장실도 못 가는 상태인지라 남의 도움 없이는 죽을 수도 없었습니다. 그래서 남편 정씨에게 죽여

달라고 부탁한 것입니다. 정씨도 병간호가 너무 힘들어 아내와 아들을 죽이고, 자신도 자살할 생각을 수도 없이 했습니다. 막상 아내로부터 죽여 달라는 말을 듣자 아내와 아들을 끌어안고 울기만 했습니다.

언제까지 간병 문제를 외면 할 것입니까?

간병살인으로 일컬어지는 사례들이 있습니다. 간병살인을 한 이들은 주변에서 희생적인 부모이거나 효자, 효부로 불린 이들이었습니다. 하지만 끝 모를 간병의 터널에서 결국 무너졌습니다. 빚은 눈덩이처럼 불어났고, 다른 가족의 삶은 나락으로 떨어졌습니다.

가정에서 돌봄을 받는 환자를 100만 명으로 추산합니다. 20가구 가운데 한 가구는 누군가의 집에서 아픈 가족을 돌보는 것입니다. 이 순간에도 누군가는 가족의 대소변을 받아내고 밥을 떠먹이고 욕창을 막으려 체위를 바꾸는 중노동을 일상처럼 반복합니다.

독박 간병은 끝없이 살인을 사육합니다. 간병의 의료보험 급여화, 사회적 간병 시스템이 필요한 이유입니다.

2. 노후소득 보장 정책

국민연금과 기초연금 연계를 폐지

한 어르신이 저에게 물었습니다.

"언제 부터가 저녁이고, 또 언제까지가 저녁인지를 어떻게 구분하지?"

"어두워지기 시작할 무렵이 저녁의 시작이고요. 더는 어두워질 수 없을 만큼 어두워졌을 때가 저녁의 끝이라고 생각합니다. 어르신은요?"

"저녁으로 뭘 먹지 생각하는 순간부터 저녁이고, 밥 먹고 나서 설거지를 끝냈을 때가 저녁의 끝이라고 생각해."

"왜 이런 기막힌 질문을 하세요."

"국민연금, 기초연금이 돈 나오는 곳이 다른데도 막 섞어서 이리 까고 저리 까고 하니 도대체가 저녁과 밤의 구분이 헷갈리는 것처럼 그래서 그러지."

어르신이 그렇게 생각할 만도 합니다.

기초연금은 하위 소득 70% 노인에게 월 30만원을 지급합니다. 30만원이 지급되지 않는 경우가 있습니다. 국민연금 수급액이 기초연금 30만 원의 1.5배인 45만 원이 넘으면 최대 15만원을 삭감 합니다. 올해 기준으로 국민연금 50만원 받으면 3만원 감액되고, 70만원에 6만 7천원, 90만원에 9만2천원, 100만원에 9만 7천원이 감액됩니다.

국민연금 때문에 기초연금이 깎인 수급자 수는 36만 3천명입니다. 국민연금과 기초연금을 같이 받는 노인의 15.8%에 달하는 수치입니다.

기초연금 감액 대상자는 해마다 늘고 있다. 2016년 22만 4307명에서 지난해 6월 36만 2908명으로 4년 동안 61.8% 늘었습니다.

감액 대상자는 한 해 평균 4만 명씩 증가하고 있습니다. 올해 40만 명이 2030년에는 74만 명에 달할 것으로 예상합니다.

국민연금과 기초연금 연계를 설계한 이는 박근혜 정부입니다. 10만원 지급되던 기초노령연금을 기초연금으로 이름을 바꾸고 연금액도 20만 원으로 상향하면서 연계제도를 만들었습니다. 이 당시에 어르신들은 반발했습니다.

이러한 반발은 제도가 시행되면서 노인들의 분노로 바뀌었습니다. 국민연금은 회사 다니면서 내가 낸 돈을 은퇴 후 연금으로 받는 일종의 개인연금이라는 것입니다. 기초연금은 국가가 가난한 노인 70%에게 세금으로 주는 돈인데 하나로 묶어서 감액하는 게 개인의 재산권을 침해하는 것이라고 어르신들은 주장합니다.

연계 감액제도를 폐지하면 연 6천억 원의 재정이 추가로 필요합니다. 이를 노인들 입장에서 보면 매년 6천억원을 손해 본다고 볼 수도 있습니다.

연계 감액 제도는 젊은 세대의 국민연금 가입을 주저하게 만듭니다. 국민연금 수급자가 늘면서 제도의 장점이 많이 알려졌습니다. 임의 가입, 추가 납부 하는 사람 수도 늘어나고 있는데, 연계 감액 제도가 지속된다면 젊은 층을 중심으로 국민연금 가입 동기를 약화 시킬 것입니다.

노인 빈곤율이 45%로 OECD국가 평균보다 세 배가 높은 수치로 1등을 달리는 대한민국.

기초연금이 도입 되었지만 노인 빈곤율을 획기적으로 낮추진 못했습니다. 이유는 낮은 급여 때문입니다. 국민연금도 비슷한 상황이지요.

적정한 급여액이 보장되어야 노인 빈곤을 완화 할 수 있습니다. 그렇다면 이번 대선 공약으로 국민연금과 기초연금의 연계를 풀겠다는 후보를 만나고 싶습니다. 가뜩이나 용돈 연금으로 평가 받는 국민연금과 기초연금이기에 연계 감액 없이 다 모아도 노후의 삶이 만만치 않은 현실이기에 절실합니다.

기초연금 부부 감액 폐지

기초연금은 혼자 받으면 30만원 받지만, 부부가 받으면 60만원이 아닌 48만원만 받습니다. 각각 20%가 감액된 것입니다.

부부 감액은 국민연금과의 연계도 아닙니다. 소득 역전 방지책도 아닙니다. 그냥 부부니까 깎는 것입니다. 부부로 오랫동안 살면 축하를 해야 하는데 헤어지지 않으면 페널티를 부과하는 것처럼 보입니다. 해당되는 노인이 240만 명입니다.

어느 어르신은 부부 감액을 방지하기 위해 이혼을 생각했다고 합니다. 위장 이혼 같은 것이지요. 미혼인 젊은 사람에게 부부 감액 제도를 말했더니, "결혼 하지 말아야지"라며 반농, 반진담을 건넵니다.

줬다 뺏는 기초연금 해결

기초연금을 줬다가 뺏어가는 경우도 있습니다. 줬다 뺏는 기초연금으로 불리 고 있습니다.

아무리 기초연금이 오른다 해도 우리 사회 가장 가난한 노인인 국민기초생활 보장 수급 노인들은 아무런 혜택이 없습니다. 현재 약 50만명에 이르는 기초수 급 노인들은 매달 25일 기초연금을 지급받지만 다음 달 20일 국민기초생활보장 생계급여에서 같은 금액을 삭감당하기 때문입니다.

기초노령연금 시절에는 10만원을 지급하고 생계급여에서 10만 원을 삭감했 는데, 이제는 기초연금이 30만 원으로 오르면서 똑같이 30만원이 삭감된 결과입 니다.

공공부조의 보충성 원리에 따라 기초연금이 전액 생계급여의 소득 인정액에 포함되어 그만큼 생계급여가 줄어들기 때문입니다. 이 때문에 비수급 노인들의 가처분소득은 기초연금만큼 늘어나고 있지만 기초수급 노인의 소득은 늘 제자 리입니다.

기초수급 노인들은 "가난한 사람은 더 가난해지고, 기초수급 노인이 아닌 사 람과는 격차가 더 벌어진다"며 제도에 대한 회의감을 드러내기도 합니다.

심지어 집주인도 받는 기초연금을 지하 단칸방 세입자인 기초수급 노인은 못 받는 아이러니가 발생합니다.

그런 이유 때문일까요? 기초수급 노인들이 아예 기초연금 신청을 포기하는 일이 늘고있습니다. 2020년 국정감사에서 더불어민주당 강병원 의원 자료에 의하면, 기초수급 노인 50만명 중

6만명은 아예 기초연금을 신청하지 않았습니다.

기초연금을 받더라도 그만큼 생계급여가 삭감되기에 실익이 없고, 오히려 의료급여 수급까지 탈락할 수 있다는 우려 때문입니다. 이 기초연금 신청 포기 비중은 2017년 9.8%에서 계속 늘어 2020년 12.3%에 이릅니다.

지금까지 정부는 '보충성 원리'를 내세우고 빈곤 노인 단체는 '형평성'을 요구하며 평행선을 달려왔습니다. 두 주장이 상충하면서 아무런 해법을 찾지 못하는 사이 가난한 노인들은 계속 기초연금 혜택에서 배제되고 있습니다. 더 이상 이러한 상태를 계속 방치할 수는 없습니다.

이를 개선하기 위해 노인 가구에 대해 생계급여 소득 인정액 산정에서 기초연금을 비롯한 공적 이전 지출을 포함한 소득의 30%를 공제하는 정책을 제안합니다. 이러면 기초수급 노인도 기초연금의 30% 금액을 지원받을 수 있습니다.

국민연금과 기초연금의 연계 삭감 폐지, 기초연금 부부 감액 중지, 줬다뺏는 기초연금을 해결하는 정치지도자를 만나고 싶습니다.

3. 노인혐오

86세 노인에 쏟아진 끔찍한 댓글 그 결말이 두렵습니다.

혐오를 맞닥뜨린 노인들의 한숨…

"내가 뭘 잘못했지?"

"늙으면 죽어야지… 이렇게 눈치가 없었으니 말이야."

얼마 전 대중을 상대로 한 모임에 참석했던 김춘석85·남·가명씨는 그곳에서 경

험한 일을 잊을 수 없다며 자조하듯 말을 이어갔습니다. 그날 춘석씨는 빈자리를 확인하고 그곳에 앉았습니다. 그때 옆자리에 앉아 있던 사람이 갑자기 일어나 다른 곳으로 이동하려고 하는 것이 아닌가? 춘석씨는 누군가 자신이 앉은 자리를 맡아둔 건 아니었을까 하는 생각에 "여기 주인이 있어요?"라고 물었지만, 30대로 보이던 그 사람은 아무 대답 없이 자리를 떠났습니다.

이후 자신의 옆 자리가 비어 있는데도 젊은 사람들이 앉지 않고 서 있는 모습을 보게 되었습니다. 춘석씨가 가까이 서 있는 사람을 보고 손짓으로 자리가 비었다고 했지만, 그는 인상을 구기며 다른 곳으로 가버렸습니다. 한쪽에 다리가 아픈지 앉았다 섰다를 반복하는 사람이 있기에 조심스럽게 "여기 자리 있으니 앉아요"라고 말했지만, 그 역시 아무런 대꾸 없이 자리를 떠났습니다.

춘석씨는 생각했습니다. '내가 무슨 잘못을 했나?' '내 몸에 무엇이 묻었나?' 그는 자신의 몸을 샅샅이 살폈지만 이유를 알 수가 없었습니다. 모임이 끝난 뒤 참석한 사람들과 커피를 마시며 대화하는 시간이 있었지만, 그때도 춘석씨는 알 수 없는 기류에 민망함을 느꼈다고 했습니다.

> "커피를 마시러 몇몇 사람과 같이 갔는데, 카페에서도 내 옆자리에
> 앉질 않더라고. 말도 걸지 않고… 멀거니 있다가 나왔어요."

춘석씨는 스스로 물었다. 왜 사람들이 나를 피하고, 말도 걸지 않는 것일까? 내가 무슨 잘못을 한 것도 아니고, 예의에 어긋난 행동을 한 것도 아닌데….

그가 모임에서 있었던 일을 친구에게 이야기했더니 "옷차림이 깨끗하고 반듯해야 해. 그렇게 해도 사람들이 끼워 줄까 말까 하는데… 너의 행색을 보라고"라는 말이 돌아왔습니다. 군데군데 긁혀 가죽이 일어난 구두엔 뽀얀 먼지가 내려앉

아 있었고 윗옷으로 걸친 남방엔 주름살처럼 곳곳에 구김이 가 있었으며 바지는 색이 바래 있었습니다.

"그런 행색이니 사람들이 피하는 거야."

'노인 혐오'의 대상이 되지 않으려면 옷차림부터 바꿔야 한다는 말이었습니다. 춘석씨는 그제야 그날의 경험이 어떤 의미였는지 이해가 됐습니다. 반지하 단칸방에서 혼자 사는 춘석씨는 그 후로 밥은 굶어도 젊은 사람들이 좋아하는 향수는 사서 뿌리고 다닙니다. 하지만 그렇게 해도 모임에 참석한 사람들은 여전히 춘석씨 옆에 오지 않습니다.

'노인은 지저분하다', '위생관념이 없다'라는 편견

조운행82·남·가명씨는 자신에게 후원금을 전달하는 사람과 식사를 함께할 때마다 이상함을 느꼈습니다.

"내가 먹는 반찬에는 손도 안 대는 겁니다. 먹다가도 내 손이 가면 반찬을 일체 안 먹더라고요. 식당에 가면 늘 반찬을 두 벌을 달라고 하고. 식당 주인이 둘이 와서 반찬을 두 벌 달라고 하면 어떡하냐고 하면, 어쩔 수 없이 한 벌 갖고 먹는데 밥과 국에만 손 대더라고요. 앉아 있을 때도 꼭 마주보지 않고 대각선으로 앉아요. 코로나19 전부터 그랬어요. 그때 알았어요. 나랑 같이 밥 먹는 걸 싫어하는구나. 더럽다고 전염시킨다고 생각하는구나. 내가 밥과 반찬을 흘리면서 먹는 것도 아닌데, 왜 멀리하는지 모르겠어요."

운행씨는 후원자가 '노인은 지저분하다', '위생관념이 없다' 등의 편견을 갖고 있는 것 같다고 말했습니다. 그를 서운하게 하는 건 그뿐만이 아니었습니다.

"내가 무슨 말을 했는데, 자기 생각과 다르면 괜히 짜증을 내요. 내가 잘 몰라서 하는 말이라며 자신 이야길 따르라고만 하고 말입니다. '눈가에 눈물 닦아요',

'입가에 침 고였어요'하면서 날카롭게 쏘아붙이는데 모멸감이 들었어요. 나이 들면 눈가에 눈물이 고이고, 입가에 마른 침이 생기는 게 흉인가요? 손수건 가지고 다니면서 늘 조심하려고 닦는데 말입니다."

김복순78·여·가명씨 또한 노인이란 이유로 지하철에서 황당한 일을 겪었습니다. 복순씨가 탄 지하철 객차 안에서 젊은 사람과 노인 사이에 시비가 붙었는데, 이내 언성이 높아지더니 욕설이 섞인 말들이 오가기 시작했습니다. 일이 커질 것을 우려한 김복순씨는 노인 팔을 붙잡은 뒤 "어르신이 참아요. 그냥 그러려니 해요"라고 말했습니다.

그런데 갑자기 젊은 사람이 복순씨에게 "뭐라고? 어르신이 참으라고 그냥 그러려니 하라고? 누가 잘못 했는데… 나이 먹었으면 나잇값 해야지. 그러니까 늙은이들을 싫어하는 거야 돈만 축내는…"이라며 소리를 치는 것이 아닌가. 복순씨는 단순히 상황을 정리하려고 한 것뿐인데 느닷없이 공격을 당했습니다. 당황스런 일을 겪은 그는 앞으론 어떤 일이 생겨도, 내 눈 앞에서 다툼이 일어나도 나서지 말아야겠다고 다짐했습니다.

코로나19 확산으로 복지관 이용을 못하게 된 이정례75·여·가명씨는 온라인으로 대체된 프로그램을 듣고 싶어 자녀에게 스마트폰 사용 방법을 물었다가 "어머니, 몇 번씩 알려줘야 해요. 되지도 않는 온라인 프로그램에 접속하려고 해요. 그냥 쥐 죽은 듯이 조용히 계세요. 코로나예요"라는 면박만 받았습니다.

춘석씨와 운행씨, 복순씨, 정례씨는 자신의 행동에 잘못이 있었다면 사람들이 피하는 걸 이해할 텐데, 어떤 이유도 없이 단지 노인이기 때문에 격리 대상이 된 것 같다며 답답함을 토로했습니다.

온·오프라인 할 것 없이 만연한 '노인 혐오'

네 사람의 경험처럼 사람과 사람이 직접 만나는 오프라인에서의 노인 혐오도 문제지만, 인터넷 등 온라인 속 노인 혐오는 그 수위가 상상을 초월합니다. 지난 4월 정부청사에서 열린 '제4차 연령통합 세대연대 정책포럼'에 참석한 김주현 충남대 사회학과 교수에 따르면, 한국의 노인 차별이 OECD 15개 나라 중 두 번째로 심한 것으로 나타났습니다.

틀니를 끼는 노인들을 지칭한 틀X이나 크게 말하는 할머니들을 비하하는 의미로 쓰이는 할XX 등의 혐오 단어는 인터넷 상에서 공공연하게 쓰이고 있다. 당장 노인 관련 뉴스에 달리는 댓글만 봐도 온라인상 노인 혐오가 얼마나 심각한 수준인지 알 수 있습니다.

최근 한 유튜브 채널에 86세 운전자가 몰던 차량이 중앙분리대를 들이받는 영상이 올라왔습니다. 운전자가 경찰 조사에서 급발진을 주장하는 등 사고 경위가 명확하게 밝혀지지 않았음에도 관련 기사 댓글에는 "저게 노망이지 급발진이냐", "86세면 중앙선이 아니라 요단강을 건너도 안 이상할 나이인데…", "나이만 들어봐도 욕 나오네" 등의 노인 혐오·비하 댓글이 적지 않게 달렸습니다.

춘석씨는 "젊은 사람들이 우리 때와는 달리 취업이 힘들고, 먹고사는 문제가 힘드니까 화가 날만도 하지"라고 이해하면서도 "그 화를 힘없는 노인에게 쏟아부어서 스트레스를 푸는 건 좀 아니라는 생각이 들어요"라고 아쉬움을 표현했습니다.

온라인과 오프라인 상에서 일어나는 노인 혐오를 그대로 방치한다면, 최근 우리 사회를 큰 충격에 빠뜨린 '60대 할머니에게 담배 심부름을 시키고 때린 10대' 사건 같은 일들이 비일비재하게 벌어질지도 모릅니다. 혐오는 혐오를 낳고, 반복될수록 그 강도 또한 세질 테니까요.

4. 노인 디지털 격차 해소 방안

"노인은 변하지 않습니다. 노인을 변화시키려 하지 마세요. 사회복지사 선생님들만 소진됩니다."

사회복지사 보수교육 시간에 강사가 교육을 받는 사회복지사들에게 한 말입니다.

코로나19의 확산은 비대면 수업, 온라인 모임, 영상통화 등 공간의 제약을 받지 않고도 일상생활을 유지할 수 있도록 하는 디지털 기기의 사용을 가속화했습니다. 이런 변화는 세대 간 디지털 불평등을 줄일 수도 있고, 심화시킬 수도 있습니다. 앞에서 말한 강사처럼 노인을 변하지 않는 존재로 규정한다면 디지털 사회의 불평등은 당연히 감수해야 하는 일이 되지만, 그게 아니라면 디지털 사회의 불평등은 해결해야 하는 문제가 되기 때문입니다.

임현정76세, 여씨는 디지털 사회에 적응하기 위해 노력했지만, 주변의 고정관념 때문에 좌절한 경우입니다.

"엄마, 어제 가르쳐줬잖아. 또 잊어버렸어. 전화하고 문자만 주고받으면 됐지, 굳이 뭐 다른 것까지 배우려고 해. 섣부르게 알다가는 사기만 당해."

스마트폰 사용법을 가르쳐달라는 현정씨에게 딸이 핀잔을 늘어놓으며 한 말입니다. 가족한테서 운전을 배우면 절대 안 된다는데, 현정씨에게는 모바일 사용법을 배우는 일이 그랬습니다. 반복적으로 훈련하고, 느리더라도 인내심을 가지고 지지해주었다면 효과적인 학습이 가능했고 디지털 사회에 적응도 가능했을 텐데, 한두 번 가르치다가 포기하라고 다그치는 딸을 보면서 배우고 싶은 의지가 꺾였다고 현정씨는 말했습니다.

"키오스크를 이용해 보려고 해도 뒤에서 사람이 기다리면 마음이 급해지고, 틀려서 잘 안 되면 뒷사람에게 눈치가 보여서, 노인이 문제라는 비웃음을 살까봐

피하게 돼."

　노인들에게는 익숙하지 않은 정보기술을 반복적으로 이용하면서 자신감을 갖도록 하는 것이 중요하다고 현정씨는 말했습니다.

　김선태78세.남씨는 모바일 기기로 은행 업무, 쇼핑, 열차 예약, 친구들 간의 소통, 필요한 정보 검색까지 능숙하게 한다. 5년 전만 해도 디지털 기기 사용이라면 핸드폰으로 유튜브를 시청하거나 전화를 걸고 받는 것이 전부였습니다. 어떤 과정으로 디지털 사회에 적응했을까요?

　"5년 전에 복지관에서 핸드폰 사용법 등을 배웠지만 뭐 써먹을 일이 없어서 사용을 안 하니 잊어버리더라고. 더 배워야 하는 동기도 없고…."

　선태씨는 노인 일자리에 나가기 시작하면서 디지털 기기 사용법을 반복적으로 훈련했습니다.

　"일을 하면서 의무적으로 단톡방을 만들어 대화하고, 사진 보내고, 모바일로 서로 선물해 보고, 열차표 예약도 해보고, 노인 일자리 활동 영상을 유튜브에 올리는 일을 반복적으로 하다 보니 익숙해지더라고."

　노인들의 디지털 불평등을 줄이기 위해서는 가족들과 주변 가까운 사람들의 지지와 격려가 필요합니다. 노인들이 디지털 기기를 처음 배우는 경로는 가족이나 주변의 가까운 사람들이 대부분입니다. 이들에게 부정적인 반응과 면박을 받으면 배우려는 의지가 꺾입니다.

　정부의 지원도 필요합니다. 디지털 기기의 앱과 프로그램을 이용할 수 있도록 노인의 역량을 높이는 것도 중요하지만, 음성인식 기능이나 인체보안 기능 등 현재 개발된 기술을 보다 적극적으로 적용해서 노인들이 손쉽게 디지털 기기를 활용할 수 있도록 노인 친화성을 향상시켜야 합니다. 또한, 스마트폰 요금 할인, 노인 가정에 무료 와이파이 설치, 공공 와이파이 확대, 피처폰 사용자의 스마트폰으로 무상교체 등도 시급합니다.

가족과 정부의 지원이 노인들의 디지털 기기 접근성을 높였다면, 디지털 기기 활용 역량을 축적하고 능력을 배가하는 훈련의 장으로 노인 일자리를 활용하면 좋습니다. 첫 번째로는 디지털 기기 활용 교육을 연 8시간 이상 노인 일자리 필수 의무교육으로 배정할 필요가 있으며, 두 번째로는 사업에 참여하는 노인들의 디지털 기기 활용 역량 수준, 활용 능력 지표를 만들어 서울시 노인일자리 수행기관 평가 항목에 포함해야 합니다.

코로나19로 온라인 경제가 일상화되었지만, 정보화 수준이 낮은 노인들은 적응을 힘들어하고 있다. 노인들 처지에서는 디지털 기기를 잘 활용하면 원격진료를 받거나, 음식을 배달시켜 먹는 등 삶의 질을 높일 수 있는 좋은 기회일 수 있습니다. 앞에서 소개한 김선태씨 사례에서 보듯 노인 일자리를 잘 활용하는 것이 노인들을 위한 디지털 포용의 첫걸음일 것입니다.

서울에서 살아남기

정두영 / 관악주거복지센터 센터장

안녕하세요. 저는 서울에서 살고있는 이제 막 40대로 넘어온 여성이고 5세 자녀를 둔 엄마이자 사회복지사로 일하고 있는 국민입니다. 여성의 삶에도 20대, 30대, 40대의 욕구가 다 다르고 비혼자와 기혼자일 때의 삶이 다르고 일을 하며 육아를 하는 엄마와 그렇지 않은 엄마의 삶의 욕구는 다 달라서 현안이 발생할 때마다 선택지가 좁았다가 넓었다가 하는데 모두의 욕구를 반영할 수 있는 사회가 과연 있을까 싶긴 합니다. 우리 모두가 다 개인의 욕구가 시급하고 어려운 인생사이기에 어느 시대의 리더의 정책적 철학과 방향이 잘 맞을 때는 참 좋지만, 그렇지 않을 때에는 나쁜 사회가 되기 십상인 시절을 살고 있는 것 같습니다. 그만큼 현대 사회가 복잡한 것 같습니다.

그래도 기준은 있어야 할 것 같습니다. 압축 성장의 결과로 빈부격차는 갈수록 벌어지고 있고, 인권의 불균형성과 모든 것이 소득수준으로 수렴되는 사회문화적 현상을 극복하며 두루두루 행복할 수 있고 안전할 수 있는 것들을 정리하면 기준이 될 수 있지 않을까 싶은데요, 저는 오늘 제 삶에 기반한 '두루두루'에 대한 기대를 말씀드리고자 합니다. 이것은 2021년을 살아가는 한 국민의 기대이자 대안이자 충분히 우리사회에서 해왔었고 하고 있는 것들이라 생각합니다.

도시에서 일과 육아를 병행하는 보통의 삶

저는 5세 아이를 키우고 있고 둘째가 뱃속에 있습니다. 참으로 다행스럽게도 일과 육아의 병행이 가능한 생태계에서 살아서 아이로 인한 큰 어려움은 없었던 것 같습니다. 저의 사례를 바탕으로 다른 지역에서도 다양한 움직임들이 이뤄지면 좋겠다는 마음에 말씀을 드리려고 합니다.

도시에서 일하는 부모들은 보통 둘째는 꿈도 꾸지 못합니다. 왜 그럴까요? 교육비도 비싸고 학교 내에서도 소득에 따라 차별과 혐오가 있기도 하지만, 이미 학교를 보내기 전에 부모들은 둘째를 낳고자 하는 욕구가 있더라도 포기하곤 합니다. 바로 영유아를 키울 때부터 물리적·심리적 어려움이 따르기 때문이지요. 특히 조부모님으로부터 도움을 받지 못하는 처지에 있는 가정이라면 어려움은 더 커집니다.

예를 들어 어떤 엄마도 처음부터 숙련된 엄마가 되지는 못할 것입니다. 여기저기 인터넷 상에 육아와 관련된 정보들은 즐비하게 있지만, 아빠 엄마 아이의 성향에 맞는 최적의 상태를 찾기 위해선 다양한 어려움을 헤쳐가야 합니다. 하지만 내가 살아가고 있는 생활 반경 내에 신뢰할만한 비빌 언덕은 부족하기만 합니다. 요즘 흔히들 말하는 '독박육아'의 전형적인 사례입니다. 처음 생명체를 키우며 느껴지는 강한 책임감에 떠밀려 어느새 1년이 지나면 육아휴직기간이 끝나고 출근을 해야 할 때가 다가옵니다. 여기서 새로운 사회가 시작됩니다. 바로 1년 내내 설렘과 두려움으로 돌봤던 내 아이를 어린이집에 맡겨야 합니다. 가정형 어린이집, 국공립 어린이집, 민간어린이집, 직장어린이집, 공동육아 어린이집 등, 알아보고 최선의 선택을 하고 싶지만 아이에겐 한없이 미안합니다. 아직 걷지도, 말도 못하는 아이를 엄마에게 떨어뜨려 놓는 것은 마음이 상당히 어려운 일이거든요. 적응이라도 잘하면 좋지만, 어린이집 시스템 상 보육교사 1명당 아이의 비율이 높아 아이의 특성을 고려하는 보육을 원하는 것은 사치입니다. 이제 막 세상에 나온 지 채 1년이 되지 않은 아이에겐 모든 것이 두렵고 어렵기만 할 테니, 제대로 잘 애착관계가 형성되며 적응하는 건 그야말로 좋은 교사를 만나야 하는 복불복입니다.

그렇게 눈물의 적응기간을 보내고 실제로 출근을 해야 할 시기에 도래합니다. 이제부터는 출퇴근 사이에 아이의 등하원까지 물리적인 일의 양이 늘어납니다. 우리가 회사에 다니면 보통 출퇴근 시간은 오전 9시에서 오후 6시까지지요. 그런데 어린이집 운영시간도 부모의 출퇴근 시간과 거의 비슷하여 아빠나 엄마 중 한명은 매우 바쁩니다. 어린이집이 8시부터 오후 7시까지 운영한다고는 하지만 실제로 조부모님의 도움을 받거나 하원도우미를 고용하여 6시가 되기 전에 하원을 시키니, 비용부담을 줄여야하는 가정은 홀로 아이가 어린이집에 남아있는 모습을 지켜봐야만 하지요. 물론 아이는 선생님과 잘 놀고 있으나, 먼저 간 친구들로 인한 상실감은 매일 적응하기엔 쉽지 않습니다.

그럼에도 불구하고 아이가 365일 건강하면 그나마 다행입니다. 그러나 이게 가능할 리가 없지요. 아이가 전염병에 걸리거나, 열감기가 온다면… 매해 얼마 있지 않은 연차를 써야 하지요. 최대 4박5일을 써야하는 일들도 1년에 4~5번은 발생합니다. 하지만 노동환경은 부모가 다니는 회사별로 차이가 많지요. 연차를 쓰는 것 자체가 어려운 직종도 있고, 연차를 사용할 수 있어도 사용하기 어려운 조직문화도 있으며 이에 대한 부담은 대부분의 조직에서 아빠보다는 엄마가 더 많이 갖고 있는 것도 현실입니다. 이렇게 맞벌이를 하며 육아를 하는 것은 매우 어려운 일이 되지요. 공무원이나 교사처럼 신분보장이 완전하지 않은 다른 직장은 유연한 고용을 한답시고 해고하는 것도 쉽기 때문에 참으로 일하면서 육아하는 게 더 어렵습니다.

도시에서 일과 육아를 병행하며 보통의 삶 뛰어넘기? 살아남기!

앞서 저는 '참 다행스럽게도 일과 생활이 병행 가능한 생태계'에서 살고 있다고 말씀드렸습니다. 그러나 저는 자본력도 없고, 학벌도 SKY출신이 아니며, 비빌 언덕이 있는 대가족을 이루어 살고 있지도 않습니다. 또한 저와 신랑은 신분 보장이 되지 않은 비정규직이자 박봉의 지역 활동가입니다. 이런 제가 어떻게 일과 생활이 병행이 가능할까요? 그것도 서울에서?

제가 일하는 곳은 서울 관악구에 있는 작은 시민단체에서 운영하는 주거복지센터입니다. 지역에서 주거로 인해 어려움을 겪고 있는 다양한 주민을 만나며 사회적 문제로 확대하고 제도적 변화를 견인합니다. 또한 위급한 상황에 놓여 있는 문제를 함께 해결하며 서로에게 비빌 언덕이 될 수 있는 모임들을 구성하기도 합니다. 저희가 하고 있는 일의 내용도 중요하지만 여기서 이야기하고 싶은 것은 바로 조직문화와 체계입니다.

저희는 총 직원이 9명인 소규모 시민단체이지만 관악구에서 25년이 넘게 지역 주민의 권익을 옹호하는 활동을 해왔습니다. 따라서 특별히 인권교육을 받지 않더라도 인권의 철학과 그 바탕을 같이하고 있습니다. 따라서 주민의 상황과 직원의 상황에 대해 함께 고민하고 배려하는 것들이 조직에 녹여져 있습니다. 9명의 직원 중에서 어린 자녀를 키우고 있는 직원은 저밖에 없지만, 저는 제게 필요한 부분들을 요구하고 조직은 수용하며 지금까지 활동을 이어올 수 있었습니다. 예를 들어 육아휴직과 출산휴가는 기본이고, 아이가 아파서 연차를 사용해야 할 때 상사나 다른 직원들의 눈초리를 신경 쓸 필요가 없습니다. 오히려 한마디라도 서로를 더 걱정해줍니다. 사실 너무나 당연한 관계맺음인데, 제 주변의 이야기를 들어보면 그렇지 못한 상황들도 많이 있는 것 같습니다. 육아휴직을 당당히 요구하기도 어렵고, 연차를 쓸 때도 눈치를 보기도 하구요. 육아휴직을 하고 연차를 쓰는 것이야 제도적으로 보장되기 때문에 사용하겠지만, 조직 문화가 이를 수용하기 어려운 사람들로 이뤄져 있다면 사용하는 당사자 입장에서도, 함께 일하는 동료들의 마음에도 부정적인 에너지들이 있을 수밖에 없습니다. 따라서 형식적인 제도도 중요하지만 이 제도들이 조직에서 자연스럽게 안착될 수 있는 조직문화가 참 중요하다는 것을 말씀드리고 싶습니다.

저희 아이가 다니고 있는 어린이집은 서울에 30개 미만으로 설치돼 있는 '공동육아 어린이집'입니다. 공동육아 어린이집에 대해 잠시 설명을 드리면 1970년대 관악구 난곡동에서 시작된 탁아방 활동이 1990년대 마포구에서 '공동육아 어린이집'으로 본격화 되었고 현재는 제도권으로 편입되어 '부모협동형 어린이집' 유형으로 분류되어 운영하고 있습니다. 관악구에서는 사회적경제 이론이 도입되면서 2010년 전후로 다양한 사회적 기업들이 설립되고 이 흐름을 타고 2017년 돌봄에 대한 주체의 당사자성이 중요시되며 돌봄의 공급자와 소비자가 서로 협동하는 형태의 어린이집을 준비하게 됩니다. 그리고 2018년 3월, 서봄어린이집을 개원하고 현재까지 운영하고 있습니다.

공동육아 어린이집은 부모들의 협동으로 설립하는 것이기 때문에 부모들이 부담해야하는 비용이 만만찮습니다. 하지만 관악구는 당시 서울시 사회적경제 지원센터에서 지원하는 특구사업에 선정되어 부모들의 비용부담이 적었습니다. 적게는 수백만 원에서 많게는 수천만 원까지의 후원과 출자로 시작되곤 합니다. 그러나 관악구는 욕구가 있는 부모들과 사회적 경제 분야의 행정력의 결합으로 부모들의 비용을 출자금 300만원과 월조합비 17만원으로 시작하게 됩니다. 하지만 사업의 지원은 초기 설립 자금이고 이를 지속적으로 운영하기 위한 비용은 더 커져 현재는 출자금 500만원에 월 조합비 35만원으로 운영하고 있습니다.

공동육아 어린이집의 가장 큰 장점은 부모와 교사가 협동하여 운영하기 때문에 그 무엇보다 어린이집에 대한 신뢰도가 높다는 것입니다. 특히 재정, 교사채용, 식재료 구입 등 어린이집을 운영하는 전반의 사안은 부모가 운영하기 때문에 보통의 어린이집에서 발생하는 회계문제, 아동학대와 같은 교사 문제가 절대적으로 적을 수밖에 없습니다. 또한 식재료도 모두 생협에서 공급받고, 보육교사 1인 당 아동의 비율이 타 기관에 비해 절반에 가깝기 때문에, 생애 최초 자아가 형성되고 사회화가 시작되는 시기에 기관에서 자율성을 존중받으며 편안하게 지낼 수 있습니다. 프로그램은 세시절기에 맞춘 다양한 놀이와 요리교실이 일상에 녹여서 운영되고 있고 오전 내내 숲으로 바깥놀이를 다니며 사계절의 자연을 접하고 뛰어 놀 수 있습니다.

너무 좋지요? 네. 실제로 참 좋습니다. 하지만 부모가 운영하는 것만큼 많은 품이 들어갑니다. 홍보도 해야 하고, 어린이집 청소도 해야 하고, 재정상태도 파악해야하고, 부모조합을 운영할 만한 역량도 있어야하고… 그런 품을 들이고도 비용도 내야하니 정말 솔직히 말하면 평범한 직장을 다니는 부모들에게는 그림의 떡이나 마찬가지입니다. 앞서 언급했지만, 일과 육아를 병행하는 것 자체만으로도 버거운 게 현재 노동시장입니다. 퇴근하고 와서 아이와 눈 마주치며 30분을 온전히 집중해서 놀이를 할 수 있는 것도 쉬운 일이 아니지요. 그런데 어린이집 일까지 해야 한다니요? 게다가 일반 어린이집을 가면 무료인데, 여기는 매달 35만원까지 납부해야한다니요? 서울의 빚 없이 자가를 소유한 세대가 아니고서야 2021년을 살아가는 맞벌이 가족에게는 쉽지 않은 선택이지요.

저의 경우는 저와 남편이 비슷한 인생의 가치관과 교육관을 가지고 있기 때문에 없는 살림이지만 큰 의견충돌 없이 자본주의 체계에서 제 조건에서는 상상하기엔 어려울 수 있는 생활을 할 수 있는 것 같습니다. 하지만 저는 여기서 멈추지 않고 제가 누리고 있는 생활들을 사회적으로 수용되게 하는 것이 꼭 필요하다고 생각합니다.

도시에서 일과 육아를 병행하며 살아남으려면

도시에서 일과 육아를 병행하고도 살아남기 위해선 참 많은 조건이 필요합니다. 그리고 현재 대부분의 사람들은 그 해결방법을 '돈', 자본증식을 기본으로 생각하는 것 같습니다. 물론 자본력은 상당히 중요한 부분이 맞습니다. 제 개인적인 삶의 경험에서는 집 문제나 운영을 위한 문제 등에 따른 큰 위기를 극복하기 위해서는 자본이 필수처럼 느껴질 때가 한 두 번이 아니었기 때문이죠. 하지만 더 중요한 것들이 있는 것 같습니다. 그것은 바로 신뢰, 즉 '사회적 자본'입니다. 제가 앞서 말한 일과 육아를 병행하면서도 사람답게 살아갈 수 있는 것은 바로 사회적 자본의 생태계 속에서 살아가기 때문입니다.

그런데 사람들이 서로의 신뢰를 구축하고 필요한 욕구에 따라 다양한 사회적 자본들을 쌓고 경험하기 위해서는 선행조건이 필요합니다. 왜냐하면 이 또한 물리적인 시간이 필요하고 내 삶을 담보하면서까지 실행하기엔 당장의 우리의 삶이 너무 팍팍하기 때문입니다. 이 선행조건의 최상위는 노동시간의 단축이라고 생각합니다.

코로나19로 인해 사람들의 삶이 많이 바뀌긴 한 것 같습니다. 저희도 화상회의를 통해 일을 진행하기도 하고, 저처럼 임산부에 백신미접종자는 고위험군으로 분류되어 재택근무도 할 수 있게 됐습니다. 저는 이전에는 퇴근은 밤 11시에 하더라도 출근은 반드시 제 시간에 해야 하는 줄로만 알았습니다. 그것이 조직문화를 지키는 힘의 근간이라고 생각했기 때문입니다. 그런데 코로나19로 재택근무를 하면서 이렇게까지 편해도 되는지 죄책감이 느껴지긴 하지만 마음이 편하고 또 다양한 공간에서 일을 하니 일의 능률이 더 올라가는 것을 경험했습니다. 게다가 조직이 저 같은 고위험군에 놓인 임산부를 배려해줬다는 생각에 오히려 더 일을 열심히 하게 됐습니다. 그러면서 알게 된 것은 '아. 인간은 자율적으로 선택할 수 있고 책임질 수 있구나'였습니다. 출퇴근 시간이라는 것에 의존하지 않아도 내가 나의 업무를 능률적으로 할 수 있고, 조직원들과 할 일들을 체크하며 일을 진행하는데 큰 무리가 없다는 것을 알았습니다. 어쩌면 제 삶에서 초등학교를 다닐 때부터 현재까지 등하교를 하고 출퇴근을 하며 그 공간에서 주체적인 참여가 아닌 수혜를 받는 타인으로 지내며 누군가의 감시와 의존에 익숙해져 있었던 것은 아닐까 생각해 보게 됐습니다.

하지만 저처럼 이렇게 자율적으로 일을 하기 어려운 직군이 있지요. 그 경우엔 물리적인 노동시간을 줄여야 한다고 생각합니다. 이와 더불어 비정규직이나 특수직업군의 경우는 더 높은 임금을 책정할 수 있는 새로운 기준이 필요할 것입니다. 지금은 심각한 학벌주의와 혐오문화가 팽배해 노동의 질이나 양에 따른 임금책정이 아닌 다른 조건들로 부익부 빈익빈 현상이 더 심화되고 가속화되고 있다고 생각합니다. 이는 분명 기형적인 구조임에도 불구하고 기득권의 입장을 대변하는 다양한 문화가 지속적으로 확대 양산되고 사회적 문제가 개인의 탓으로 몰아가는 분위기 속에 고립되고 고통받는 사람들이 많아지고 있음에도 제도적으로 강하게 도입할 수 없는 것 같습니다. 과연 누구의 이익을 위함일까요? 다시 한 번 깊게 생각해 봐야할 것 같습니다.

일을 통해 자아를 형성하는 사람들과 노동시간이 단축된 경제적인 기반을 마련하기 위한 사람들이 함께 모여 작은 단위의 욕구를 사회적으로 해결하고, 그러한 경험들이 축적되어 조금 더 큰 문제를 해결해 나가며 참여를 통해 끊임없이 재사회화되고 서로 연결되는 것이 새로운 사회의 기반을 이룰 수 있다고 생각합니다. 그리고 이 첫 출발은 노동시간의 단축일 것이라고 생각합니다.

그리고 두 번째는 동네에 작은 단위들과 다양한 주체들이 함께 할 수 있는 시스템들이 있어야 한다는 것입니다. 제가 경험한 것은 행정에서 예산을 투입하고, 주민이 참여하는 다양한 경험들이었습니다. 앞서 언급한 공동육아 어린이집도 행정이 함께 했기 때문에 초기 자본이 마련되어 지역주민의 진입장벽을 낮출 수 있었듯이 말입니다. 이 외에도 주민참여예산제도를 통해 지역 주민의 욕구들을 반영하여 그 동네의 주민들이 주체가 되어 그 동네의 주민들의 삶에 맞게 변화될 수 있었고. 민관협치를 통해 행정에서 몰랐던 사회적 약자들이 발굴되고 또 그들이 주체가 되어 목소리 낼 수 있는 실질적인 변화가 있었다고 생각합니다.

하지만 최근 서울시 오세훈 시장의 사업들은 주민의 주체성을 빼앗고, 행정을 엘리트라 칭하며 선민사상을 여과 없이 보여주고 있습니다. 주민들의 욕구와 자발적인 참여로 만들어낸 다양한 생태계들을 권력자 한 사람의 세계관으로 모두 바꾸려는 시도들을 하고 있습니다. 이는 제가 일하고 있는 주거복지센터에도 영향을 미쳤습니다. 십수년 가까이 쌓아온 지역 내의 네트워크, 그리고 다양한 성과들은 알지도 못하지만 알고싶어하지도 않았습니다. 한 사람 한 사람 만나며 지역 주민의 욕구로 만들어진 사업들을 철저히 무시했습니다. 이에 대화를 시도하는 저희들을 존중은커녕 일관되게 무시하였고 불통의 시정운영을 했습니다.

저는 여기서 한 권력자가 휘두른 칼이 얼마나 많은 사람들에게 상처를 주는지 똑똑히 보았습니다. 2016년, 국민의 힘으로 정치지도자를 끌어내린 우리인데 그 기세를 저 권력자 한 사람이 다 빼앗을 수도 있다는 생각에 분노가 치솟았습니다. 그러나 마음 한 편으로는 보여주고 싶었습니다. '오세훈 시장, 당신의 생각이 잘못됐음을'요. 그래서 저희가 만나왔던 시민분들과 함께 다양한 목소리를 냈고 잘못된 길을 가고 있는 오세훈 시장의 정책 방향에 제동을 걸어 났습니다. 예전에 시민의 힘으로 정치지도자를 끌어내렸듯이 또다시 서울 시민의 힘으로 오세훈 시장의 정책방향이 우회할 수 있도록 했습니다. 물론 정책 방향을 바로잡기 위해서는 앞으로 더욱 해야 할 일들이 많지만 다양한 시민의 참여를 통해 지속적으로 대응하고 확대해 나아가다보면 가능할 것이라 생각합니다.

이 사례를 통해 제가 말씀드리고 싶은 가장 중요한 부분은 더 많은 시민력이 모아져야 한다는 것입니다. 시민이 스스로 시민임을 자각하고 다양한 사회적 참여를 하고 그 참여를 통해 스스로 성취를 가져가고 함께 발전하는 그 힘들이 모아져야 한 권력자의 권력욕으로 생태계를 무너뜨리는 일을 막을 수 있을 것이라 생각합니다. 그러기 위해서는 더욱더 질 높은 민관협치가 중요하다고 생각합니다.

저는 사람들이 가장 살고 싶은 사회는 사회구성원이 충분히 인간성을 회복했는가가 중요한 지표라고 생각합니다. 하지만 지금은 소득노력이 아닌 자산자본으로 모든 것이 평가되고 여기서 살아남기 위해 시민들의 삶은 태어난 후 5세부터 치열하게 경쟁하며 살아갑니다. 이 과정에서 사회적 관계, 신뢰, 그리고 자아를 쉽게 잃어버리곤 합니다. 이를 신자유주의 체제 하에서 더 부축이고 개인의 탓으로 돌리며 각자도생하라고 여기저기 외치고 있습니다. 결국 우리는 헬조선에서 탈출하지 못하고 자포자기하는 사람들이 갈수록 더 많아지고 이를 지켜보며 불안에 떨고 있는 건 아닐까 합니다.

적어도 제 다섯 살 아들과 봄에 만날 제 뱃속의 아이는 이렇게 살지 않으면 좋겠습니다. 저는 제 아이들과 저와 만나는 모든 사람들의 인간화를 간절히 바랍니다. 그러기 위해 더욱 주체적으로 목소리내고 내 삶 곳곳에 희망의 빛을 심으며 살아가려고 합니다. 우리 함께 그리 살면 참 좋겠습니다.

재원또는예산 대책 없는 공공주택 공약의 운명은?

최창우 / 안전사회시민연대 대표

사람들이 꿈꾸는 사회는 어떤 사회일까요? 지금의 대한민국 사회와는 질적으로 다른 새로운 사회를 생각해 보기도 하고 소외되는 사람이 없는 사회를 상상해 보기도 합니다. 모두 모두를 존중하고 모두가 모두를 친구처럼 느끼며 살 수는 없는 걸까요? 대부분의 정치인들은 약자를 보듬겠다고 합니다. 정적을 향해서는 약자에 대한 관심이 1도 없다고 목소리를 높입니다. 누구를 약자라고 할까요? '약자' 하면 떠오르는 사람들이 있을 것입니다. 지하철이나 버스에 '노약자석'이 있는 걸 보면 우리 사회는 약자를 어지간히 챙기는 사회인 것처럼 보이기도 합니다. 약자의 상대어는 강자죠. 어떤 정치인은 '억강부약'이라는 말을 전매특허처럼 쓰고 있습니다. 억강부약에서 약자도 우리들이 생각하는 그 약자들일 것입니다. 약자라는 말을 들을 때마다 그 말에 저항감이 듭니다. '왜 약자가 있고 강자가 있어야 하는 걸까?', '약자도 없고 강자도 없는 사회가 좋은 사회 아닐까?' 하고 묻고 싶은 겁니다.

약자도 없고 강자도 없는 사회: 우리나라 헌법은 자유와 평등의 가치가 소중하다고 말합니다. 이 사회에 사는 사람 가운데 자유는 필요 없다거나 평등은 필요 없다고 말하는 사람은 없을 것입니다. 오늘의 대한민국의 현실은 어떤가요? 자유도 평등도 일부 기득권층의 전유물 아닌가요? 다수의 대중, 특히 저소득층이라 불리는 소득 하위 40%계층은 불평등과 부자유의 덫에 걸려 있습니다. 자산을 기준으로 보면 불평등은 더욱 극심합니다.

지난 해 7월 유엔무역개발회의UNDP은 한국이 개발도상국을 졸업하고 이제 선진국이 되었다고 선포했습니다. 무엇을 기준으로 선진국이라 하는지는 잘 알려져 있습니다. 주로 경제적 기준에 따라 결정합니다. 공동체를 얼마나 잘 일구는지, 사회 구성원 한 사람 한 사람에 대한 인간존엄성은 얼마나 중히 여겨지는지, 사회적 평등은 얼마나 보장이 되는지, 빈부격차는 얼마나 적은지, 양극화 양상은 얼마나 나타나는지, 민중들이 얼마나 행복감을 느끼는지 이런 기준을 중요하게 생각해야 하지 않을까 생각합니다. 말은 선진국이라고 하는데 선진국으로서 갖추어야 할 삶의 기본 조건이 결여된 사회라면 정부와 국회는 무엇을 해야 할까요? 정부 관계자나 민주당은 물론 여당을 지지하는 사람들도 유엔으로부터 선진국으로 공인되었다고 자랑하기에 여념이 없는데 우리 사회는 불평등과 양극화 심화, 주거권과 노동권 유린으로 속은 텅 비있다고 생각합니다. 속 빈 강정을 놓고 이 세상에서 가장 맛있는 음식이라고 말해봐야 와 닿지도 않고 불신만 쌓이게 됩니다.

곧 정치지도자 선거가 있습니다. 2020년대 대한민국에 필요한 정치지도자의 자질은 무엇일까요? 적어도 다음 세 가지 자질은 갖고 있어야 한다고 생각합니다. 첫째, 사회통합 능력이 있어야 합니다. 둘 째, 양극화와 빈부격차를 극복할 수 있는 대안이 있어야 합니다. 셋째, 인간존엄성과 민주주의, 인권을 이해하는 안목이 있어야 합니다. 첫 번째와 세 번째는 인품이 뛰어나고 소통 능력이 출중하며 인권 의식이 높으면 성취할 수 있는 과제입니다. 하지만 두 번째 문제는 단순히 후보의 인품이 뛰어나다고 되는 일이 아닙니다. 코로나 사태로 더욱 심각해지는 양극화와 빈부격차 확대 문제를 해결하기 위해서는 돈이 확보되어야합니다. 선거를 치르는 당과 후보는 당선에 매몰된 나머지 온갖 공약을 다 하게 됩니다.

양극화와 빈부격차 극복하는 데 어떤 계획이 있으며 그 계획을 달성하는 하는 데는 얼마만큼의 돈이 필요하고 그 돈은 어떻게 마련하겠다는 구체적인 방도를 제시하지 못한다면 후보 때 내놓은 화려한 공약은 모두 공수표가 됩니다. 국민들, 특히 빈부격차와 양극화로 신음하는 대다수 국민들은 또 다시 낙심하게 되고 당선된 새 정치지도자로부터 민심이 떠나게 됩니다. 한번 떠난 민심은 돌아오지 않습니다. 정치에 불신과 혐오가 높아집니다. 그래서 공약은 반드시 실현 방도가 함께 제시되어야 합니다.

한국사회는 자산 격차는 매우 크고 양극화는 심화되었습니다. 그 정도가 완화되기는커녕 점점 더 심해지고 있다는 점에 주목해야 한다고 생각합니다. 사회 구성원들 가운데 재산이 적고 소득이 적은 사람은 지금까지 간신히 버텨왔습니다. 앞으로 더 힘든 삶이 기다리고 있습니다. 여야 유력한 후보들은 너나없이 구미가 당길만하다 싶으면 경쟁적으로 공약으로 내어 놓고 있습니다. 이들이 내어 놓는 공약은 소확행이라고 불리는 것도 있지만 대규모의 돈이 확보되지 못하면 헛공약으로 전락할 공약이 대부분입니다. 공약 중에도 돈이 대규모로 확보되어야 하는 분야는 주거·의료·교육·노후·비정규직·안전·재난지원·기후위기 분야입니다. 이들 문제를 해결하겠다고 하면서 이것도 하고 저것도 하겠다고 합니다. 돈 문제는 나몰라하면서 아껴서 할 거라고 말합니다. 사기입니다. 사기 가운데서도 악성 사기입니다.

더욱 이해할 수 없는 것은 이 세금도 깎고 저 세금도 깎겠다고 말하는 것입니다. 종부세도 줄이고 양도세도 줄이고 또 다른 세금도 줄이겠다면서 돈이 천문학적으로 들어갈 공약은 하루가 멀다 하고 막 쏟아내고 있습니다. 윤석열 후보는 심지어 종부세 폐지까지 거론하고 있습니다. 돈 줄이는 공약과 돈 들어가는 공약이 양립 가능할까요? 표가 되는 건 뭐든지 해서 일단 당선되고 보자 하는 심보 아닐까요?

우리나라는 언젠가부터 선거 때는 막 지르고 선거 끝나면 적당히 수습하거나 언제 공약을 했느냐 듯 망각의 늪에 빠져 있습니다. 정치지도자 선거가 끝나면 당선자는 인수위라는 걸 만듭니다. 인수위는 후보의 공약을 칼질하는 역할을 합니다. 후보는 모른 체 하고 넘어가고요. 구렁이 담 넘어가듯이 넘어가는데 이걸 야무지게 따질 곳이 없다는데 문제가 있습니다. 더 근본적으로는 유권자라 불리는 주권자가 권리 행사를 하지 않는데 큰 원인이 있습니다. 왜 주권자가 자신의 책무라 할 '따지는 일'을 하지 않게 되었을까요? 제가 생각하는 한국의 주권자는 좀 특별한 것 같습니다. 평상시는 시시비비 따지는 일을 하지 않다가 너무나 화가 나는 상황이 오면 모두 거리로 나와 기존의 질서를 뒤집은 다음 다시 일상으로 돌아가고 또 이전처럼 묻거나 따지지 않고 침묵하는 것 같은 모습으로 살다가 또 가만있으면 안되겠다 싶으면 다시 거리로 나와서 기존 질서를 뒤집어 놓고 다시 들어가는 일을 반복하는 것 같습니다.

8.15 해방 이후만 보더라도 해방직후 10월항쟁, 4·19항쟁, 광주민중항쟁, 유월항쟁, 광우병 항쟁, 박근혜 정권 때 촛불항쟁이 모두 주권자의 주권 발동의 사례입니다. 주권자가 항쟁을 마무리하고 들어가면 다시 잠잠해지고 관료와 정치집단, 자본가 집단이 치밀하게 세력 정비를 한 다음 다시 기득권을 복구하고 강화하는 과정이 계속됩니다. 항쟁이 끝나고 나면 항쟁으로 인해 공간이 열립니다. 그 공간은 누가 확보할까요? 야당이라 불리는 기존의 정치권입니다. 오늘의 집권당인 민주당이 그 주인공이지요. 기존 정치세력을 대체할만한 별도의 정치·사회세력을 만들어내지 못하면 같은 형태는 앞으로도 반복될 가능성이 큽니다. 항쟁이 일어났으면 체제를 개량하든 체제를 혁신적으로 바꾸든 체제를 들어 엎

든 의미 있는 결과가 나와야 하는데 그러지 못했습니다. 지금까지는 인적 물적 조건을 확보하고 독재정권을 향한 투쟁경험과 집권 경험을 가진 민주당이 항쟁의 결과물을 챙기는 게 반복되었습니다. 민주당이라는 보수 기득권 세력을 강화하는 것으로 이어졌습니다.

어떤 사람은 민주당 세력은 지금의 국민의힘 세력과 비교할 수 없을 만큼의 차이가 있다, 국민의힘은 수구꼴통이고 민주당은 민주주의와 평화를 자신의 정체성으로 삼는 개혁세력 내지 진보세력이라고 말합니다. 어떤 면에서는 민주당이 나은 측면이 있는 건 사실입니다. 남북관계, 한일관계에서는 얼마간의 차이가 있지만 그밖에 다른 분야에서는 의미 있는 차이를 못 느낍니다. 특히 재벌 체제에 대한 시각, 기업을 대하는 시선, 미국을 대하는 자세, 국민 안전을 생각하는 태도에 있어 차이를 느낄 수 없습니다. 비정규직에 대한 태도 또한 본질적인 차이를 느낄 수 없습니다. 둘 다 지독한 국가주의 철학 신봉자입니다. 둘 다 성장주의자입니다. 이번에 재명 후보가 '공정성장'을 들고 나오는 데서도 확인이 됩니다. 이 후보는 '555공약'^{국민소득 5만 달러, 종합국력 세계 5위, 코스피지수 5000}를 내걸었습니다. 이명박 후보의 747공약을 연상케 합니다.

박정희 정권 이후만 보더라도 지난 40년 동안 민주당은 기득권 세력의 주요축으로서 기능을 해왔습니다. 민주당은 어쩌다가 한번 씩 주권자의 이해를 대변하는 경우도 있지만 기본 성격은 한국사회 보수 세력의 기둥으로 기능을 해왔습니다. 군부정권과 그 후예가 워낙 반민주주의 세력이다 보니 상대적으로 진보적으로 보인 게 사실지만 민주당은 해방직후 친일파 세력과 지주계급이 주축이 되어 만든 한국민주당^{한민당}의 후예입니다. 민주화 투쟁과정에서 변화가 있었다고 평가하는 사람들도 있지만 기득권 질서를 온존시키는 역할을 하는 건 예나 지금이나 같습니다.

기득권을 타파하려면 어떻게 해야 할까요? 가장 중요한 것은 세 가지입니다. 하나는 기득권 세력에게 증세를 하는 것입니다. 다른 하나는 노동자들이, 자영업자들이, 세입자들이 생존의 권리를 누리고 단결할 수 있는 법과 제도를 만드는 것입니다. 또 다른 하나는 기존질서 중심의 교육 체계를 바꾸고 노동권, 주거권, 인권 보장과 평화권 실현, 나아가 나라의 정체성 확보를 위한 학습과 교육이 이루어져야 합니다. 대선을 앞둔 현시점에 각 당 후보가 내거는 공약을 보면 이 세 가지가 모두 빠져 있습니다. 증세 계획도, 억눌리는 위치에 있는 사회 구성원들의 권리 보장과 단결권 보장도, 차이나는 학습과 교육 구상도 제시하는 후보가 없습니다. 왜 그러는 걸까요? 대선 후보들은 물론 대선에 참여하는 정당들이 기존의 가치 체계에 포획되어 있다는 걸 뜻합니다.

이 대목에서 한 가지 더 말합니다. 이재명 후보 이야기입니다. 평화와 민주를 사랑하는 사람 가운데 상당히 많은 사람들이 이재명 후보를 공개적으로 든 남 몰래든 밀고 있습니다. 또 다른 유력한 주자인 윤석열 후보가 국민의힘 후보인 것도 있지만 퇴행성이 드러나서 더욱 그럴 것으로 생각합니다. 하지만 깊이 생각해 보아야 게 있습니다. 이 후보가 과연 의미 있을 만한 진보성을 가지고 있느냐 하는 물음을 던져 보아야 한다고 생각합니다. 물론 누구를 지지하느냐 하는 문제는 각자 판단할 문제가 그 판단은 존중되어야 합니다.

이재명 후보는 전두환이 경제는 잘했다, 박정희의 불균형 개발 정책 방향은 옳았다, 이승만도 공과가 있다면서 농지개혁은 잘했다고 말합니다. 한 가지 짚고 넘어가면 어떤 인물이 정치지도자할 때 이루어진 개혁정책을 그 인물이 했다고 하는 것도 옳지 못합니다. 농지개혁은 농민 대중과 조봉암이 했다 이렇게 말할 수도 있습니다. 농지개혁은 토지개혁으로 나아가지 못한 미완의 개혁이다 이렇게 평가할 수도 있습니다. 대동세상과 민주주의, 인권을 내걸고 대선에 출사표를 던진 사람이 희대의 극단적인 독재자인 박정희, 전두환, 이승만을 찬양하는 것, 그리고 '공과론'으로 독재자에 대한 평가를 희석시키는 태도는 반역사적일 뿐만 아니라 철학의 빈곤을 드러내는 것에 다름 아닙니다.

민주주의와 평화를 사랑하는 사람들은 이재명 후보가 엉뚱한 곳으로 나가면 비판을 해야 합니다. 침묵은 금이 아닙니다. 침묵은 참됨과 거짓을 분간할 수 없게 할 때가 많습니다. 비판해야 할 때 비판하지 않고 넘어가면 나중에 크게 후회합니다. 윤석열 후보의 '전두환이 정치는 잘했다'는 말과 이재명 후보의 '전두환이 경제는 잘했다'는 말이 본질적으로 같은 내용임에도 불구하고 시민사회나 광주지역 사회에서 이재명의 발언에 대한 비판은 거의 나오지 않았습니다. 우리 편이다 이런 심리가 작동했거나 이 후보를 비판하면 윤 후보에 유리하다는 논리 앞에 무릎 꿇은 결과 아닐까 싶습니다. 이건 명백히 이중 잣대입니다. 개인이나 집단이나 잣대는 하나이어야 합니다. 그 때 그 때 달라서는 신뢰를 상실합니다. 정치노선이나 정책노선, 사회철학을 말할 때 잣대가 둘이어서는 내부부터 썩어 문드러지거나 스스로 붕괴되는 참혹한 결과를 낳습니다.

이재명 후보를 비판할 점이 전두환 찬양, 박정희 찬양만 있는 건 아닙니다. 큰 공약을 하면서도 재원 대책을 내어 놓지 않습니다. 주택 공약을 잠시 살펴보겠습니다. 그는 임기 안에 250만호 주택을 공급하고 그 가둔데 100만호는 기본주택으로 공급하겠다고 합니다. 250만호는 문재인 정부의 공급 계획에 일부 증가시킨 것이라고 합니다. 그런데 문재인 정부가 대대적으로 공급하겠다고 말한 곳에 주택이 약속된 시간에 들어설 가능성이 거의 없다는 데 문제가 있다. 기본주택 100만호를 공급하겠다고 하지만 구체적 내용이 무엇인지, 어디에 공급하겠다는 것인지 제시하지 않았습니다. 이 후보는 지난 2일 "시장에서 기대하는 이상의 추가 공급대책을 준비"하고 있다고 했습니다. 그래서 언론에서는 "250만호 + 알파 나오나?" 이런 제목의 기사를 내보내고 있습니다.

문재인 정부에 대한 비판이 매우 높습니다. 물론 지지자들이나 문재인 정부를 좋게 평가하는 사람들은 성과가 많은 정부라고 말합니다. 문재인 정부는 절반은 실패했습니다. 첫째는 집값 폭등과 전세가 폭등이고 둘째는 비정규직, 자영업자, 실직자에 대한 민생 안전망 확보 실패에 있습니다. 문재인 정부는 전국 평균을 내면 집값이 그렇게 많이 오른 것도 아니라고 말합니다만 수도권에 인구의 절반이 몰려 있고 비수도권도 도시가 발달한 점을 생각할 때 전국 평균으로 문제를 호도해서는 안 됩니다. 집값과 전세가 폭등한 원인은 여러 가지가 있습니다만 가장 큰 이유 두 가지를 들면 하나는 다주택자에 대한 상상초월 특혜 제공입니다. 임대사업자 등록하면 세금 감면과 온갖 특혜를 베풀었기 때문에 마음 놓고 집을 매점매석했습니다. 다른 하나는 공공주택공급 정책의 부재에서 찾을 수 있습니다. 빈부격차, 양극화 시대에 폭증하는 공공임대주택 요구에 부응하기는커녕 박근혜 정권에서 공급하던 규모를 살짝 초과해서 공공임대주택을 공급했을 뿐입니다. 장기공공임대주택 공급량이 1년에 10만호를 넘지 못했습니다. 1,2인 가구 증가에 따라 가구 수는 폭발적으로 증가하는 데 말이죠.

그렇다면 이재명 후보도 주거 문제의 근원을 공공주택 정책 부재에서 찾아야 한다고 생각합니다. 그런데 이 후보가 내어 놓은 공약을 보면 재원 대책은 희미하고 기본주택 100만호를 공급하겠다고 하지만 무엇을 말하는지 잘 들어오지 않고 어떻게 공약을 이행할 것인지 알 수 없습니다. 윤석열 후보 공약은 '이재명 따라하기'를 하는 것 같습니다. 이 후보가 250만호 공급 외치니까 자신도 250만호 공급을 외칩니다. 김 빼기 작전 같습니다. 이후보가 병사에게 월급 200만원 지급을 말하니까 윤 후보도 200만원을 외칩니다. 윤 후보는 청년 원가주택을 30만호 공급하고 역세권 첫 집 주택을 20만호 공급하겠다고 하는데 역시 '어떻게'가 빠져 있습니다. 재원 대책과 구체적인 공급 방도를 제시하지 않는 공약입니다.

지난 2016년 총선 때 민주당 사령탑은 김종인 씨였습니다. 10년 동안 공공임대주택 150만호 공약을 하면서 재원 대책도 함께 제시했습니다. 국민연금에서 100조원을 투자 받아 공공임대주택 공급과 국공립유치원 설립에 쓰겠다고 했습니다. 실행이 되지 않아 많은 실망을 안겼습니다. 하지만 완벽하지는 않을지라도 구체적이고 실효성 있는 재원 대책은 나왔습니다. 이 사례를 소개하는 이유는 국민연금 가입자와 여론의 눈치를 볼 수밖에 없었음에도 구체적인 방법을 내어놓았다는 것입니다. 이번 선거운동처럼 구체적인 재원 대책도 없이 사람들이 혹할 수 있겠다 싶은 공약만 내어놓은 몰지각함과 몰상식은 안보여 주었으면 좋겠습니다. 이재명 후보든 윤석열 후보든 재원대책 없이 나온 공약은 인수위 때 대부분 잘려나가거나 집권 과정에서 흐지부지하고 넘어갈 가능성이 99%입니다.

지난 2017년 대선 때 문재인 후보는 장기공공임대주택 13만호를 공약했습니다. 인수위 과정에서 반 넘게 잘려나갔습니다. 박근혜 정권 때 보다 100% 많은 장기공공임대주택 공급을 약속했지만 실제는 박근혜 정권이 공급했던 규모에서 거의 변동이 없었습니다. 주권자를 속이는 행동입니다. 지난 2012년 박근혜 후보는 공공임대주택 120만호를 공약했습니다. 매년 20만호씩 공급하겠다고 했습니다. 하지만 집권 기간 동안 공급된 장기공공임대주택은 공약의 3분의 1에 불과합니다. 재원 대책이 서지 않으면 공약은 빈 공약으로 끝난다는 걸 실증해 줍니다.

이재명 후보는 새해 들어 좀 더 구체적으로 공약을 했는데요. 매년 공공주택을 20만호씩 공급하고 "역세권의 가장 좋은 지역에 짓겠다"고 했습니다. 역세권 어느 곳에 매년 20만호씩 지을 부지가 있으며 어떤 과정을 거쳐 짓겠다는 구체적인 계획이 없습니다. 그는 이렇게 했습니다. 1월 6일 MBC 100토론에서 "대규모 택지 개발을 하면 광역교통 대책을 만들고 반드시 역을 지어 넣는다"면서 '역세권이 허허벌판이기 때문에 역 근처 가장 가까운 요지에 공공주택을 짓는다'고 했습니다. 그의 말은 대규모 택지 개발을 하게 된다면 역 주변에 공공주택을 많이 지을 수 있다는 의미였습니다. 그렇다면 언제 어디에 대규모 택지개발을 하게 될 것인지 말해야 합니다. 현재 추진되는 3기 신도시가 2028년에야 완공되는데 4기 신도시를 지정하고 대규모 택지개발을 하겠다는 의미인 것 같습니다. 신도시 지정 이외의 대규모 택지 공급은 가능성이 별로 없습니다. 그의 임기 안에는 역세권 공공주택 공급 계획이 없는 거나 마찬가지라는 의미 아닌가요? 그의 임기는 2027년에 끝나니 말이다. 이 후보는 경인선 지하화, 서울 경부고속도로한남대교 남단~양재 구간 지하화 같은 방안도 내어 놓았지만 얼마나 현실성이 있고 얼마나 주택을 공급할 수 있을지 미지수입니다. 이런 공약은 하나마나한 공약입니다. 이왕 역세권에 허허벌판에 막 지을 수 있다면 규모가 30만호나 40만호가 아니고 왜 20만호입니까? 역세권에 공공주택은 많을수록 좋지 않겠습니까? 이렇게 질문하면 적어도 어떤 근거로 20만호가 공급이 가능한지, 재원은 어떻게 하고 어떤 법률이나 규정을 만들어서 새로 제정해서 실행력을 확보할 것인지, 언제 입주할 수 있도록 할 것인지는 말해야 합니다. 이전에 치러진 정치지도자 선거에 나온 다른 후보들은 왜 그런 공약을 하지 못했을까요?

　약속을 한 뒤 책임을 못 지면 정치 불신을 가중시킬 뿐만 아니라 당선된 정치지도자에 대한 신뢰도 그 사람이 이끄는 정부에 대한 신뢰도 추락합니다. 정치지도자와 정부의 힘 또한 추락합니다. 그렇게 되면 어떤 일도 올바르고 실행력 있게 추진할 수 없게 됩니다. 재원 대책 없이 내지른 공약의 부메랑입니다. 정치지도자 선거든 국회의원 선거든 재원 대책이 빠진 선거 공약은 유권자를 속이는 행위입니다. 이재명 후보도 윤석열 후보도 공공주택 공급에 대한 재원 대책을 내고 구체적인 공급 부지와 경로에 대해 구체적으로 밝힐 책임이 있다. 앞으로 있을 모든 선거에서는 후보들은 물론 정당 또한 재원 대책을 함께 제시해서 유권자의 선택을 받아야 합니다. 모든 걸 내가 다 해주겠다고 말하고 선거 끝나면 나 몰라라 하는 풍토 이제는 끝내야 합니다.

"아프면 안되는 나라, 대한민국"

김인규 / 간병시민연대 활동가

* 세계에서 손꼽히는 의료 시스템을 갖춘 의료 강대국 대한민국. 그러나 이면
  에 숨겨진 대한민국 의료계의 허점과 민낯의 현실은 너무나 참혹합니다.
* 아파서 의료기관에 갔으나 각종 의료사고와 의료범죄에 노출된 환자들. 과
  연 환자들은 의료인과 병원을 믿고 안전하게 치료받을 수 있을까요?
* 저출산 시대, 1인 가구수 증가, 초고령화 사회를 앞둔 대한민국. 바뀐 시대
  속 가족구성으로 이제는 아파도 마음 놓고 치료받을 수 없는 대한민국 간병
  문제의 현실 속 이야기.

대한민국은 의료사고 및 의료범죄 공화국?

"환자 되지 마세요~ 아프면 큰일 납니다"

누구나 아플 수 있습니다. 그러니 누구나 환자가 됩니다. 그러나 지금 대한민
국 의료 현실은 아프면 안됩니다. 수많은 의료사고와 의료범죄 피해자들도 그랬
습니다. 처음부터 자신들이 피해자가 될 것이라는 생각조차 하지 않았습니다.
하지만 현실은 많이 달랐습니다.

한때는 존경받는 '의사 선생님'이었지만, 이제는 전문가 직업군 중 성범죄 1위
의 직업이자 각종 의료범죄와 불법 비리 등으로 이미 국민들에게 신뢰를 잃은 지
오래되었습니다.

그동안 우린 수많은 언론을 통해 아래와 같은 사건·사고들을 접하고 있습니

다.

- 동네 의원에서 주사기 재사용으로 약 100여명의 환자가 C형 간염에 집단 감염되어 수년간 / 평생 치료를 받아야하는 '집단 감염 사건'

- 배가 아파서 병원이나 응급실에 갔는데 맹장이라며 수술시켜 놓고, 나중에 알고 보니 맹장이 아닌 단순 염증이나 다른 원인이었던 사건.

- 환자에게 잘못된 주사액 다른 환자의 주사약, 용량 초과, 환자 증상에 맞지 않는 부작용 약품 등 투여하여 결국 사망하게 한 사건

- 수술실에서 담당의사가 아닌 '의료기기 영업사원, 간호조무사, 행정직원 등' 비의료인이 불법으로 '대리수술유령수술 사건'

- 환자가 뒤바뀌거나 수술 부위를 잘못하여 엉터리로 수술한 사건 : 왼쪽 다리가 아닌 오른쪽 다리를 수술했거나, 환자 차트 착오로 아예 뒤바뀐 수술 등

- 수술 중 환자 몸에 이물질 의료용 칼, 가위, 바늘, 붕대/솜 등을 몸속에 그대로 둔 채로 봉합한 사건

- 병원에서 환자가 혈액 수액을 맞았는데, 나중에야 잘못된 혈액형으로 투여한 사실을 알게 되어 이를 간호사와 의사가 공모하여 은폐한 사건. 결국 환자는 사망.

- 갑자기 몸이 아파서 응급실에 갔는데, 실력이 부족한 인턴이나 바쁜 응급의가 환자를 제대로 확인 및 진단하지 못해서 오진으로 때를 놓쳐 환자가 사망한 사건.

- 갓 태어난 신생아를 떨어뜨려서 사망에 이르게 하고도 의료인 / 병원이 은폐한 산부인과

- 환자를 더 많이 받아서 이익을 챙기려고 다른 의사의 명의와 면허로 불법 진

료 및 부당청구 사건

– 신생아 여러 명이 집단 감염으로 사망한 대학병원 사건

– 요양병원 / 요양원에서 노인 환자 학대와 인권 유린 사건, 환자가 사망 후
　가족에 알리지 않은 채 요양급여를 부정 수급한 사건

– 의사가 환자를 진료 중에 또는 수술 중에 성추행 / 성폭행한 사건

– 프로포폴 과다 투여하다가 환자가 죽자 사체를 유기해버린 사건

등 외에도 수많은 의료사고와 의료범죄가 하루에도 계속해서 쏟아지고 있습니다.

위의 공통점은 대부분의 국민들이 치료를 받기 위해서 흔하게 병의원에 갔다가 발생한 일입니다. 국민은 당연히 의료기관과 의료인을 믿고 갔지만 그들은 환자의 안전과 건강을 위하기보단 환자를 논벌이 수단으로 여기고, 이익만을 더 내기 위해서 불법 비리를 서슴지 않았으며, 환자의 안전과 인권이 유린된 채 결국 안타까운 죽음으로 가족과 생이별을 하거나 평생 장애를 갖은 채 남은 여생을 치료와 고생으로 살아야 하는 이들도 많았습니다.

과거의 의료사고는 의료인들의 실수, 오진, 부족한 실력 등으로 인해 발생한 것이 많았다면 언제부턴가는 의료범죄와 의료살인까지 저지르고, 환자를 속이며, 때론 병원과 의료인이 서로 공모와 은폐를 하며 부정수급까지 하는 불법 비리 행태까지 일어나는 등의 '고의적 의료범죄'가 늘어나고 있습니다.

즉 환자의 안전과 건강이 가장 보호받고 치료받아야 할 의료기관과 의료인에게 오히려 가장 위협받는 상황이 되어버린 대한민국 의료계의 민낯이자 허점인 것 같습니다.

어쩌면 그 원인 중 하나가 바로 지난 2000년 1월에 갑자기 바뀐 개악법인 의료법 개정안 '의사 면허 취소 사유'에 대한 조항 때문이 아닐까 합니다.

당시 의료법 개정 이전인 1999년도까지는 "의료인이 업무상과실치사나 일반 형사 범죄로 금고 이상이 형사처벌을 받을 경우 면허 취소가 가능 했었습니다"

그러나 2000년도에 바뀐 현행 의료법 제8조 4항에서 '의료 관련 법령을 위반하여 금고 이상의 형을 선고받고 그 형의 집행이 종료되지 아니하였거나 집행을 받지 아니하기로 확정되지 아니한 자'로 결격사유의 대상을 규정하고 있습니다.

따라서 현행법은 의사가 살인·강도·강간 등의 중범죄를 저질러도 의사면허가 유지될 수 있는 허점을 갖고 있습니다. 심지어 면허취소 사유에 해당되어 취소가 되었어도, 일정기간 후에 다시 신청하면 대부분 의사 면허를 재교부 받는다고도 합니다. 그래서 많은 국민들이 '의사 면허는 신의 면허?'냐며 비판의 목소리도 많습니다.

왜냐하면 다른 전문직인 변호사, 공인회계사, 법무사, 공무원 등은 금고 이상 형 선고 시 자격이 취소되기 때문입니다. 또 해외 사례를 보아도 "일본은 현재에도, 1999년도까지의 대한민국 의료법보다 더 엄중하게 '의사가 벌금형 정도의 형사처벌만 받더라도 면허취소, 3년 이내의 의료업 정지 처분이 가능' 합니다. 또 선진국인 독일이나 미국 대부분의 주의 경우도 '형사처벌을 받은 의료인에 대해 자격에 대한 규제가 시행'되고 있습니다."

대한민국의 '의사면허는 절대 면허'라 불리는 이유이기도 합니다. 그래서 대한민국의 현행 의료법을 2000년 이전 의료법 개정 전으로 되돌아가야 한다고 주장하는 이들도 많습니다.

대다수의 국민들이 현행 의료법을 반대와 비판을 하고 있으며, 국회에서도 그동안 약 10차례 의료법 개정안이 발의되었으나, 모두 의사단체와 관련 국회의원들의 반발로 무산되곤 하였습니다. 더구나 코로나19로 감염자 확산과 위중증 환자가 늘어감에도 의사단체는 총파업과 진료거부라는 불법행위까지 하기에 이르렀고, 전공의들마저 파업에 가세하며 시험거부의 사태까지 있었으며, 이로 인해 수많은 환자들이 제때 치료를 받지 못하고 응급실을 다니다 사망한 사건도 발생하였습니다. 국민의 비판에도 정부 및 보건복지부는 제대로 된 처벌도 이뤄지지 않았고 그 누구도 책임지지 않은 채 봐주기식 / 의료계 눈치만 보는 행태를 보여 왔습니다.

결국 정부 및 행정기관의 무능함과 의료계의 집단 이기주의로 인해 국민과 환자의 건강과 안전을 위협하는 행태를 겪게 되었습니다. 최근 2021년 말 코로나19 재확산으로 위중증 병상이 부족함에도 대부분이 국공립병원에서 전담병원으로 이뤄졌고, 민간 병원들은 일부 병원과 소수의 병상만 내주다가 2021. 11월 행정명령이 내려진 후에야 '울며 겨자먹기식'으로 일부의 병상수를 내놓고 있는 정도입니다. 그동안 종합병원들은 많은 혜택과 지원이 있었음에도 코로나 병상에 대한 소극대처와 집단이기주의로 민낯을 보이기도 했습니다.

앞서 의료기관에서 발생하는 수많은 의료사고와 의료범죄들의 사례에서도 보았듯이 누구나 환자가 되어 병의원에 갔다가 발생하는 사건이자, 점점 더 범죄의 수법이 지능화되고 집단화되고 있다는 것이 특징입니다. 언론에 나온 사건은 지극히 일부분이며 실제로 밝혀지지 않은 각종 의료범죄와 불법 비리는 더 많을 것으로 예상됩니다.

매년 한국의료분쟁조정중재원에 상담 문의는 연중 6~7만건이며, 조정 신청 건수도 약 3천여 건입니다. 그 외에도 한국소비자원에 접수, 병원 / 의료인과의 직접 협의, 바로 의료소송으로 시작하거나, 의료소송의 어려움과 비용문제 등으로 아예 포기하거나, 의료사고에 대한 인지를 하지 못한 사례 등까지 계산한다면 실제 관련 의료사고나 의료범죄 등의 사건은 2~3배 이상이 될 것으로 예상됩니다.

물론 모든 사건이 의료사고나 의료과실이 아닐 수 있습니다. 하지만 그만큼 많은 국민들이 의심할만한 일을 겪고 있다는 것이며, 더욱 확실한 것은 지금 이 순간에도 수많은 의료기관과 의료인들이 계속해서 의료사고는 물론 각종 의료범죄와 불법 비리가 이어지고 있습니다.

과거에는 진료과정 중 실수나 오진, 실력 부족 등의 발생한 의료사고가 많았다면, 시간이 갈수록 의료인과 의료기관들이 불법 비리임을 알면서도 환자를 돈벌이 수단으로 여기며, 환자의 생명이 위협이 된다는 사실을 알면서도 서로 공모, 은폐하는 사건·사고가 점점 늘어나고 있다는 것입니다.

환자의 안전이 최우선으로 보호해야 할 곳이 의료기관이고, 건강하게 회복하도록 치료를 해줘야 하는 의료인이 오히려 환자에게 가장 위협이 된다면 국민의 건강과 안전은 누구에게 믿고 맡길 수 있을까요?

여러 사건·사고들을 보면서 충격적인 대한민국 의료계의 허점과 민낯이 점점 드러나고 있습니다.

물론 지금 이 순간에도 환자를 진정으로 생각하고 혼신을 다해서 치료를 하는 의료인과 의료기관이 많습니다. 그러나 잘못된 시기과 집단 이기주의로 인해 올바른 의료인의 정신을 방해하고 심지어 그들을 위협하는 곳도 결국은 똑같은 의료인이자 의료기관이 되는 사례도 목격하게 되었습니다.

부디 '히포크라테스 선서, 나이팅게일 선서' 했을 때의 다짐을 기억하며 병원 및 의료인의 의무를 잊지 않길 바랍니다. 지난 십수년간 수많은 의료범죄와 불법 비리, 집단 이기주의로 인해 스스로 무너트린 의료인 및 의료기관의 명성과 존경을 되찾고자 한다면 이제는 진심으로 반성하고 진정으로 국민의 건강과 안전을 위해서 노력하는 모습을 주기 바랍니다.

또 정부 행정기관과 지자체는 의료기관 / 의료인의 눈치를 보지 말고 제대로 된 관리감독과 소신껏 책임을 다하고, 국회에서도 국민의 건강과 안전을 위해 의료법 개정과 제도를 개선시켜야 합니다. 오랜 토착비리 및 유착관계로 인한 범죄 방임은 결국 국민에게 피해가 되돌아가기 때문입니다. 공직자의 적극행정이 국민의 건강과 안전을 보호하는 방법입니다.

그래서 저도 지난 2018년부터 현재까지 계속해서 00의료기관의 불법 비리 등을 공익신고하고 있으며, 이에 공익신고자로 인정되어 의료기관의 비리가 밝혀져 포상금을 받기도 했습니다. 한 명의 노력과 목소리로 의료개선이 되어 환자가 안전하게 보호받길 바래봅니다.

'간병문제' 이제 전 국민이 겪고 있는 현실이 되었습니다

시대가 많이 바뀌었습니다. 저출산 시대로 인구가 줄어들고, 소가족 / 핵가족화 / 조손가구 / 1인 가구 수 증가로 가족 형태가 변화하고 있으며, 어느덧 고령사회를 넘어 곧 2026년이면 초고령화 사회를 직면한 대한민국은 간병문제로 인해 지금 큰 위기를 맞이하고 있습니다.

과거에는 병원 진료비가 비싸서 수술이나 중증질환의 치료를 위해서 '소 / 집 팔아서 병원비 냈다'라는 이야기가 많았습니다. 당시에는 의료보험^{현 건강보험}의 급여율보다 비급여율이 훨씬 높았기 때문에 병원 진료비가 엄청 비쌀 때였습니다. 이후 점점 건강보험 적용률이 높아지면서 다행히 환자들의 부담도 많이 줄어들었습니다. 그런데 지금은 심각한 문제점은 치료비 보다 비싼 '간병비와 간병문제'가 큰 위기의 현실로 다가왔습니다.

과거에는 대부분의 가족구성원이 대가족이었기에 가족 중 아픈 환자가 있으면, 누군가는 병원에 함께 묵으며 간호간병을 하였고, 집에서 있을 때도 돌봄을 할 수 있었습니다. 그러나 지금은 저출산으로 인구가 많이 줄었고, 소가족 / 핵가족화 되어 가족 구성원도 적습니다. 시골에는 노인들만 살거나 도시에 나간 젊은 세대들의 1인 가구 수도 빠르게 증가하고 있습니다.

더욱이 대한민국은 이미 고령사회이며 곧 2026년이면 전 세계에서도 이례적으로 가장 짧은 기간내 초고령화 시대에 직면한 나라가 됩니다. 구분 : 65세 이상 인구가 전체인구의 7% 이상이면 : 고령화, 14% 이상이면 : 고령, 20% 이상이면 : 초고령화 사회

더구나 농어촌과 같은 지방에는 이미 초고령화 사회가 시작되었습니다. 제 고향 충남 논산시의 경우, 65세 이상인구가 전체인구의 27.67% 로 이미 초고령화 시대이며, 논산시 성동면의 경우 현재 44.70% 로, 머지않아서 과반수가 넘을 것으로 예상됩니다.

즉 대한민국은 노인 인구와 1~2인 가구 수가 많고, 다른 가족 구성원도 아주 적다보니 가족 중 아픈 환자가 발생하면 누군가가 병원이나 집에서 간병, 돌봄, 부양해줄 사람이 없는 시대가 되었다는 것입니다. 그만큼 인구 절벽은 곧 국가적 위기가 됩니다.

당장 여러분이나 가족 / 아이 / 떨어져 사는 부모님이 아파서 병원에 입원했다고 생각해보세요. 당장 옆에서 간병을 해야 하는데 직장 일을 급히 빠지고 갈 수 있나요? 당장 내일부터 며칠간 자리를 비울 수 있나요? 서민들의 현실은 힘듭니다. 그럼 어떻게 해야 할까요?

첫 번째, '개인간병인 고용'하면 당장 급히 구하기도 힘들고, 비용은 2021년 기준 1일당 11~13만원을 줘야하며, 와상환자 / 중증환자의 경우 15만원 이상을 요구도 합니다. 한달 약 350~500만원이 듭니다. 서민들 월급 이상 되죠? 여러분

은 그렇게 몇 달~몇 년을 감당할 수 있겠습니까?

두 번째, 요양병원들과 여러 병원들이 운영하고 있는 '공동간병인실'의 이용 시 비용은 1일당 2~4만원으로 개인 간병인보다는 저렴하지만, 제대로 된 환자 치료나 간병이 되지 않고, 노인환자 학대 / 인권 유린, 간병인에게 의료행위 지시, 각종 의료범죄 등의 문제점들이 발생하고 있습니다.

세 번째, 가장 나은 방법인 '간호간병통합서비스'를 운영하는 병원을 이용하는 것입니다. 아직은 일부 병원만 참여하고 있으며 병상수도 많이 부족하여 대도시 위주로 시행중입니다. 21년 11월 기준, 현재 간호간병통합서비스는 전국 614개소, 63,271병상임

'간호간병통합서비스'란 지난 2013년에 '포괄간호서비스'로 시작하여 2016년 4월부터 '간호간병통합서비스'로 명칭이 바뀌었으며, 간호사 / 간호조무사가 전문지식과 경험으로 환자를 직접 간병과 치료를 한꺼번에 하여 개인간병비 부담을 완화하자는 취지와 목적으로 운영중인 의료서비스입니다. 간병인이나 가족 대신 간호사가 중심이 되어 직접 간병과 간호서비스를 제공하는 것입니다. 2015년 1월부터 건강보험이 적용되어 최근 2021년 기준 개인부담율이 간호간병료 약 2만 2,340원정도입니다.

그러나 간호간병통합서비스를 운영하는 많은 병원들과 간호사들이 실제로는 자신들의 편의를 위해서 거동이 안되는 와상환자나 중증 환자는 거부하고, 편한 경증환자만 선택하는 일명 '환자 골라 받기'를 하고 있는 부작용을 낳고 있습니다.

저 역시 부모님을 모시고 다니며 입원 수속 과정에 주치의가 허락했음에도 해당 병동 간호사가 와상환자는 힘들어서 안된다며 4차례나 거부되어 포기하고 끝내 개인간병인을 급히 구하거나 못구할 땐 직접 간병을 하기도 했습니다. 결국

간호간병통합서비스가 처음 생긴 목적과 취지를 배반하고 '빛 좋은 개살구' 식으로 잘못 운영되고 있어서 개선이 필요합니다.

마지막 네 번째로, 위 3가지를 할 수 없는 형편이나 상황이라면 가족 누군가가 병원이나 가정에서 '직접 간병과 돌봄'을 해줘야 합니다. 결국 밖에서의 직업이나 생계를 포기해야하고 환자를 직접 돌봐야 합니다. 그로인해 2차 생계의 어려움을 겪게 되고 간병하는 사람도 오랜기간 할 경우 심신 건강이 악화되어 많은 어려움을 겪게 됩니다.

간병과 돌봄은 결국 '한 가정의 시간 멈춤 또는 후퇴' 가 됩니다. 환자는 물론 간병하거나 부양하는 가족에게도 많은 어려움과 힘든 상황을 초래합니다.

이러한 이유로 간병비의 개인 부담은 결국 간병 파산으로도 이어집니다. 저 역시 부모님을 모시고 수년간 여러 의료기관에 다니며 들은 간병비와 관련비용이 4,000여만원이나 됩니다. 또 치료비와 기타 비용은 별도로 들었으며 그렇게 총 1억원의 비용을 사용했습니다.

더구나 아버지의 경우 남자 환자라는 이유로 간병인을 구하지 못해서 끝내 저는 직장을 그만둔 채 병원에서 아버지를 곁에서 2달넘게 직접 간병을 하였고, 그로인해 2차 생활고도 겪게 되었습니다. 결국 저희 가족에게도 간병문제가 끝내 간병파산으로 이어지는 경험을 했습니다.

부모님을 모시고 다니며여러 의료기관에서 개인 간병인 고용, 공동간병인실 이용, 간호간병통합서비스 거부 당함, 가족 돌봄 등을 직접 경험하였고 그 과정에서 수많은 의료기관들의 각종 불법 비리와 노인 학대 사건들을 목격하였습니다. 그래서 그들의 문제점을 지적하고 의료 개선이 될 수 있도록 정부 및 행정기관에 공익신고와 수많은 언론에 공익제보도 하였습니다.

간병문제는 이제 부모님 및 노인 세대의 문제뿐만 아니라 그 젊은 자녀들이나 조손 세대에게도 이어지는 사회적 문제가 되고 있습니다. 바로 청년 간병 영 케어러 Young carer 문제입니다. 미혼 청년이 건강이 좋지 않은 부모 / 조부모님을 혼자 부양돌봄, 간병하는 세대를 말합니다. 최근 강도영씨 사례처럼 아버지의 간병비와 진료비에 감당하지 못해서 어쩔 수 없이 퇴원하여 집에서 간병과 돌봄을 하다가 결국 파산되어 병든 아버지의 죽음을 침묵해야만 했던 사례가 그 대표적인 예입니다.

어느덧 간병은 노인 / 조부모님 / 부모님-중장년 자녀들-청소년들에게 이어지는 대물림이 되었고, 젊은 청년들에게 꿈과 미래를 포기하게 만들며 '간병 파산'으로 이어지다가 최악의 경우 '간병 살인'으로도 치닫게 되는 사회적 악순환과 국가적 재난이 되었습니다. 이미 대한민국에서는 장애인 가족 및 중증환자 가족들이 오래전부터 겪고 있는 일이기도 합니다.

이제 해결 방법은 바로 '간병문제 국가책임제'로 전환되어야 합니다. 이미 대한민국 국민들이 겪고 있는 현실에 국가가 책임지고 나서야 합니다. 간호간병 통합서비스를 다시 개선하여 병원과 병실을 최대한 많이 확대해야 하고, 그러지 못하는 의료기관을 위해서 간병인을 자격화 및 제도화 시켜야 합니다. 그래서 간병비를 급여화 하면서 점점 더 높여가야 합니다.

또 가정에서 돌봄하는 이들을 위해서 지방자치단체와 각 단체들과 함께 '지역사회 통합돌봄서비스'와 '사회 참여센타' 등을 대한민국형으로 만들어서 누구나 쉽고 편리하게 많은 이들이 이용할 수 있도록 확대해야 합니다.

그래서 제가 여러 활동가들과 함께 '간병시민연대'라는 단체를 만들어 정부, 지자체, 국회에 목소리를 내며 노력하고 있는 이유이기도 합니다.

저희 어머니도 의료사고로 결국 돌아가셨습니다. 수년 동안 부모님을 모시고 병의원, 종합병원 / 대학병원, 상급종합병원, 요양병원, 요양원, 가정 돌봄 등을 다니면서 수많은 경험과 각종 의료범죄와 불법 비리들을 목격 했습니다.

의료 피해자 이지만 더 이상 다른 국민에게는 피해자가 없길 바라는 마음에 벌써 5년째 행정기관에 공익신고와 여러 언론에 공익제보를 하며 '의료개선 공익 활동'도 하고 있습니다. "누군가는 해야 할 일이고 누군가가 목소리를 내어야 결국 의료계가 개선되고 세상이 바뀔 수 있기 때문입니다." 힘든 일이지만 기꺼이 제 시간과 노력을 들여서 목소리를 내고 있습니다.

하루빨리 국민의 건강과 안전이 보호되고 마음 놓고 치료받을 수 있는 대한민국 의료계가 개선되길 간절히 바라고 있습니다.

대한민국의 의료 개선. 모두가 함께 노력해서 더 안전한 대한민국이 되길 바래봅니다.

"지금 부모 세대가 겪고 있는 일. 곧 국민 모두가 겪을 일"

공정한 정치미학을 위하여:
'대통령'大統領이 아닌 민중의 평평한 동반자적 존재자

김대식 / 숭실대학교 철학과 강사, 함석헌평화연구소 부소장

갈대꽃 같은 민중을 위하는 '한' 정치적 동물

고대 그리스 철학자 아리스토텔레스Aristoteles가 인간을 '정치적 동물'zoon politikon로 규정한 이래로, 인간이란 특정 인물을 선출하여 자신의 중첩된 공동체를 잘 이끌어 주기를 바랐습니다. 이러한 위탁과 의탁 과정은 자연스럽게 자신의 권위權威, auctor를 대리하게 하는 수순을 밟게 했습니다. 하지만 정치는 늘 개별 인간과 공동체를 배신하였고, 그것은 다시 수많은 지도자가 등장했다 사라지는 악순환을 반복하였습니다. '권위'를 나타내는 'auctor'는 '제작자', '시조', '권한을 가진 책임자', '저자'라는 뜻을 가지고 있습니다. 이 명사는 '자라게 하다', '북돋아주다', '더 발전시키다', '높여주다'라는 라틴어 augeo에서 연원한 말입니다. 그렇다면 실제로 정치 공동체의 특정한 정치적 동물이 정치적 힘을 위임받은 자로서 책임을 다하고 정치 공동체의 삶을 더 북돋아주고 발전시켜주는 제작자의 역할을 해왔는가에 대해서는 의문을 제기할 수밖에 없습니다. 민중은 한 사람의 정치적 동물, 혹은 소수의 무리를 시험대에 올리고, 그 시험을 잘 통과해 주기를 바랐습니다. 정치의 구현은 개인과 개인, 개인과 집단의 긴장과 갈등, 조화와 화해를 어떻게 현실화시키는가에 그 성패가 달렸다고 해도 과언은 아닙니다.

작가 이해인 수녀는 "갈꽃 같은 얼굴로/ 바람 속에 있었습니다"이해인, "가신 이에

게", 민들레의 영토, 가톨릭출판사, 2016, 70라는 말로 시어를 던집니다. 추상적 정치가 아닌 구체적인 현실정치 속에서 가장 염두에 두어야 하는 대상, 객체적 주체는 민초민중입니다. 당연한 듯하지만 이 당연하고도 상식적인 정치가 제대로 구현되지 못하고 있는 게 현실정치의 모습입니다. 실제로 '한 사람'의 정치가는 정치적 동물의 '한 인간'으로서 성숙한 이성과 감성의 조화를 겸비해야 합니다. 민중, 곧 정치적 동물들의 참여를 평등하게 공유하는 정치적 동물의 한 사람이어야지, 결코 민중을 지배하고 군림하며 다스리려는 정치가가 한 공동체를 이끌겠다고 하면 안 됩니다. 정치적 동물 중에 '참으로' 정치적 감각과 감성, 그리고 이성의 탁월성덕스러움, arete; virtue 때문에 정치를 하겠다는 사람은 민중의 가장 약하고 어려운 삶을 우선적으로 공감하고 고려할 줄 알아야 합니다.

시인의 감성언어처럼 민중은 화려한 꽃이지만, 그 화려함 속에 감춰진 금방 시들어버릴 수 있는 속절없는 갈대꽃입니다. 민중은 바람에 흩날리면 금방이라도 사라질 듯 살아갑니다. 바람 속에서 자신의 의지와 상관없이 흔들리고 또 흔들리면서도 삶의 자리를 지켜나가려고 무진 애를 씁니다. 그래서 민초民草입니다. 그 민초 혹은 민중은 자유로운 바람 속에서 절대 자유를 갈망하는 낯빛으로 다가옵니다. 민중의 얼굴은 배려와 심려, 사려의 객체적 주체입니다. 정치가는 민중의 낯빛을 읽어서 대낮처럼 밝은 삶을 살게 해주고, 실제로도 그러한 삶을 함께 사는 폴리스polis의 공동체적 민중의 삶이 되도록 해야 합니다.

민중은 정치적 공동체가 꿈꾸는 삶, 한없이 연약하지만 그 얼굴에서 절대 자유를 희구하는 자신을 짓밟는 정치가를 원하지 않습니다. 늘 폴리스 안에서 작고 소박한 삶을 지향하는 민중들이 그러한 삶을 펼쳐 보이겠다고 하는 한 정치적 동물을 선택합니다. 하지만 역설적이게도 선택받은 한 정치적 동물은 민중을 선택하지 않습니다. 민중이 폴리스에서 향유하는 자유를 유린합니다. 작위적으로 자유를 만들어놓고 그것을 민중의 자유라고 말합니다. 오히려 경찰police국가가 되어 민중의 선택을 자유롭지 못하게 하고, 민중의 삶의 선택을 방해함으로써 삶을 바람 앞에 서게 합니다. 그렇게 민중은 예나 지금이나 차갑고 낯선 바람 앞의 갈대꽃잎으로 살아갑니다.

민중의 맑은 영혼에 울림을 주는 삶의 수사학을 구사하는 '한' 정치적 동물

이해인 수녀는 "가신 이에게"의 시 3연에서 "살아 있는 이들보다/ 더 깊고 맑은/ 영혼의 말을 건네 주십시오"이해인, 위의 책, 70라고 기도합니다. 수많은 사람들이 이 땅을 딛고 살아갔습니다. 살아 있는 이는 살아 있는 말을, 죽은 이는 죽어서도 말을 해왔습니다. 때론 살아 있는 이의 말보다 죽어 있는 영혼의 말이 더 깊고 순수할 때가 있는 법입니다. 만일 그렇지 않았더라면 인간의 역사는 이미 사라졌을 것입니다. 민중의 삶이 풀과 같아 짓밟히고 또 짓밟히면서도 면면히 이어왔던 것은 그들의 삶의 언어가 더 순수했기 때문이었을 것입니다. 과거 선현들이 남긴 민중을 위한 정치언어와 삶의 언어는 진실에 가까울수록 고된 삶, 슬픈 삶이 되었습니다. 그만큼 청순순전??하였기 때문입니다.

한 정치적 동물이 폴리스 안의 정치적 동물인 민중들과 함께 살아가겠다면 과거의 언어보다 더 정련되고 진실된 언어를 구사해야 합니다. 그 언어를 통해 그 언어의 삶이 현실이 되지 못해서 미안해하며 자성하는 해석학적 삶이 담겨야 합니다. 하지만 정치언어는 진리의 언어가 되지 못합니다. 말 그대로 삶을 탈-은폐a-letheia하는 언어가 되지 못합니다. 은폐된 언어, 밀실의 언어, 거짓과 속임의 언어로 눈 가리고 아웅하는 그들의 언어가 되기에 정치와 진리는 늘 괴리가 생기는 것입니다. 물론 정치가 진리는 아닙니다. 정치는 진리를 구현하는 방편이기에, 만일 정치가 진리가 된다면 자칫 폭력이 될 수 있습니다. 진리는 규정, 판단, 정체성, 배타성, 배제성, 좌우를 따집니다.

그 진리의 언어가 민중을 향해 사용되어질 때 정치적 관계에서 다른 정당은 늘 적으로 인식됩니다. 어떤 특수 정당을 지지하는 민중도 친우, 호혜자, 동반자의 관계가 아닌 적으로서의 사물관계가 됩니다. 따라서 정치언어는 조심해야 합니다. 한 정치적 동물이 사용하는 언어가 특수한 계층을 선호하는 반면에, 또 다른 계층은 배제, 소외되는 언어가 된다면 정치는 실패입니다. 정치가는 말을 사용하는 존재입니다. 말이 삶이 되어야 하는 존재이자 자신의 말이 바로 좋은 정치와 정책이 되어야 합니다. 그러기 위해서는 반드시 말의 투명성이 담보되어야 합니다. 말의 순수성 안에는 말의 앞뒤가 다르지 않아야 한다는 것도 내포되어 있습니다. 따라서 과거의 정치사적 인물을 소환하여 그 얼굴의 장단점을 성찰하는 것은 물론 민중의 옛 얼굴을 복권하고 미래 민중의 얼굴에 환한 미소를 안겨줄 수 있는 말을 나타내 보여주어야 합니다.

정치가는 말을 적게 하고 대신에 진정성이 있는 정치행위가 더 많이 드러날 수 있어야 합니다. 말보다 손짓, 눈짓, 발짓, 몸짓에서 정치적 동물의 공동체를 위한다는 것을 보여주어야 합니다. 말은 쉽고 '짓'의 순수성은 어렵습니다. 몸으로 말을 숨기려는 정치가는 아예 선택하지 말아야 합니다. 과거사를 통해 가늠해 볼 때, 그들의 말이 순수하지 않을 때는 항상 무슨 '짓'을 했는지 잘 알기 때문입니다. 죽은 이들의 순수한 언어가 말을 걸고 있습니다. 정치가에도, 민중들에게도 말을 걸고 있습니다. 맑은 영혼의 사람으로 살며, 그러한 공동체를 구현하자고 말입니다. 민중은 그 말을 잘 식별해야 할 것입니다. 공자가 음音과 성聲을 구분한 것에 주목해보자면, 음은 심미적 노랫소리요, 성은 단순히 목울대에서 나오는 소리에 불과합니다. 어느 쪽의 소리에 경도되어 있는지 자신의 귀를 의심해봐야 합니다.

민중과 인문학적 삶을 이야기할 수 있는 '한' 정치적 동물

"당신의 말은 나비가 되어/ 나의 하늘에서 춤을 추고/ 그것은 또 꽃이 되어/ 내 마음밭에 피고/ 하나의 별이 되어/ 어둔 밤을 밝혔습니다"이해인, 위의 책, 70 이해인 수녀의 시 한 구절입니다. 사회학자 김홍중은 philosophia진리에 대한 사랑; 지혜에 대한 사랑란 죽음도 두려워하지 않는다고 말하면서, 그 사표로 소크라테스Socrates를 내세웁니다. 김홍중, 은둔기계, 문학동네, 2020, 304-305 순진무구한 민중은 정치가의 말에 따라서 울기도 하고 웃기도 하며 희망을 품을 뿐만 아니라 분노하기도 하고 절망하기도 하며 급기야 죽음을 선택하기도 합니다. 우리는 자신의 권력을 위임한 존재자가 하는 말이 현실이 되어 민중을 춤추게 하고 삶이 꽃처럼 아름답게 피어나도록 해야 하는데, 그러지 않는 정치사건을 많이 경험했습니다. 문제는 '언행일치' 혹은 '언행합일'입니다. 이것은 단순히 동양철학적 수양언어가 아닙니다. 정치적 동물로서 정치행위의 모범을 보이고자 하는 모든 존재자에게 해당되는 말입니다. 이른바 인문학적 인간을 지향하는 것입니다.

인문학을 가볍게 여기거나 그저 상업적 수단으로 여기는 것이 아니라 한 정치적 동물로부터 시작해서 모든 정치적 동물, 곧 민중에 이르기까지 말과 행위가 일치, 합일되는 삶을 살려는 정치를 의미합니다. 인문학이 정치를 바로 잡아 올바른 정치를 하게 하고政者正也, 인문학이 모든 사람들의 삶과 의식을 살찌우도록 해야 합니다. 그렇게 민중은 인문학을 홀대하지 않고 정치와 민중 자신의 삶을 성찰하는 학문이자 교양으로 든든히 세워나가는 이끄미, 한 정치적 동물을 원합니다. 정치적 테제와 방향, 목적과 목표 더 나아가 국정에는 그야말로 인문적 철학이 반영된 것이어야 합니다. 인문적 철학이 없이 민중의 삶을 편하게 한다는 것은 단순히 수치적 정치, 통계적 정치, 수량적 정치로 눈속임에 지나지 않습니다.

민중의 마음밭에 정치가의 말이 피어나고 별이 되면 자연스럽게 삶의 어두운

밤은 밝게 빛나게 마련입니다. 민중의 마음을 움직이는pathos 말logos에는 인문학적 삶, 인격의 삶ethos이 전제되어야 합니다. 정치적 동물은 특정 정치가가 때가 되면 철 따라서 이곳저곳 말을 바꿔 옮겨 다니면서 거짓의 선동정치만 구현한다면 민중의 눈 밖에 나기 마련입니다. 민중의 마음밭에 이식되는 씨앗이 생길 수 없습니다. 정치가의 로고스 씨앗은 가장 순수한 마음자리에 떨어져 그 삶을 밝히는 매체가 되어야 합니다. 민중의 마음밭과 정치가의 로고스 씨앗의 심연이 너무나도 커서 별개의 삶이 되는 경우가 허다한 이유가 거기에 있습니다.

정치적 동물 모두가 소크라테스가 되자고 하는 것은 아닙니다. 하지만 삶은 죽음조차 사랑할 수 있어야 온전해집니다. 그것은 진리와 지혜를 사랑하는 바탕에 있습니다. 인간의 천성이 본능적인 이기적 동물만이 아니라 저 높은 이상적 세계를 함께 실현하고자 하는 이타적 동물이라고 자부할 수 있는 것은 오직 인문적 인간, 인문학적 철학에 서 있을 때 가능할 수 있습니다. 앞에서 말했다시피 정치가 진리는 아닙니다. 하지만 반대로 진리가 정치가 되도록 하려는 사람이 있다면, 인문학적 수양과 수행을 전제하는 인물이어야 합니다. 따라서 민중은 말의 선택, 말의 행위 안에 그 정치가의 인문학적 소양과 수양이 자리 잡고 있는지 잘 점검해야 합니다. 그럼으로써 민중은 인문학적 삶을 살아야 하고, 그 인문학적 삶에 양질의 삶을 덧입혀줄 수 있는 언행일치, 언행합일의 한 정치적 동물을 선택해야 할 것입니다. 그것은 달리 율곡栗谷 이이李珥가 말한 완전한 덕의 실현, 완전한 인격의 실현으로서의 인仁의 정치를 위함이라고 볼 수 있습니다.

민중의 상호부조와 돌봄의 정치를 구현하는 '한' 정치적 동물

경제학자 조지프 스티글리츠Joseph E. Stiglitz는, "21세기 의제는 차별과 편견, 배제의 폐해 없이 모두가 중산층의 삶에 접근할 수 있는 상태에서 공평 및 안전과 더불어 발전의 열매를 공유하는 과제에 집중한다"Joseph E. Stiglitz, 박세연 옮김, 불만시대의 자본주의, 열린책들, 2021, 348고 말했습니다. 또한 피케티Thomas Piketty도 평등한 교육, 사회보장국가, 불평등이 감소한 사회정의를 주장했습니다.Thomas Piketty, 이민주 옮김, 피케티의 사회주의 시급하다, 은행나무, 2021, 30 이해인 수녀는 "시시로 버림받고/ 시시로 잊혀지는/ 당신의 목쉰 소리는/ 이승과 저승을 잇는 바람과 같은 기도가 되어"이해인, 앞의 책, 71쪽라고 읊조립니다. 죽음의 소리로 잦아드는 민중들의 삶이 어떠한 경우에도 편견 속에서 망각되는 일은 없어야 합니다. 정치 공동체의 장에서 삶은 누구에게나 공평해야 하고 전체 발전에 기여한 가치를 공유하며 분할해야 마땅합니다. 정치인은 공평과 분배에서 민중의 죽음을 도외시하지 말아야 합니다. 이미 정치 공동체의 장에서 소외되고 불이익을 당한 죽은 자들이 오늘의 산 자들을 위한 목소리요 삶짓이었음을 기억해야 합니다. 정치 공동체에서 한 정치적 동물이 죽은 자의 목소리와 산 자의 목소리를 잇지 못한다면, 정치과거와 정치현실, 그리고 정치미래 사이에서 반쪽만 관심을 갖는다는 의미입니다.

따라서 정치인은 시시로 잊히고 마는 민중을 잊지 않기 위해서라도 특정계급의 이익만을 위해 정책화하지 않고 상호부조mutual aid할 수 있는 시스템을 구축해야 합니다. 자본주의의 극단에서 죽은 자의 영혼을 더 수치스럽게 만들고 산 자의 영혼을 더 닦달하여 자신을 착취하도록 하는 비천한 존재가 되지 않도록 책임의식을 가져야 합니다. 정치현실에서 죽은 자와 산 자의 삶의 목소리를 잇기 위해서 쉰 목소리로 외치는 정치인은 무엇보다도 살기 위해서 죽어간 자와 살기 위해서 죽을 정도로 살고 있는 자의 삶을 그들의 지평에서 해석할 수 있는 능력을 갖추지 않으면 안 됩니다. 해석interpretation은 삶의 텍스트에 대해서 상호침투적inter-pres 시선을 가지고 다른 언어로 말할 수 있는 능력입니다.이광래, 미술과 문학의 파타피지칼리즘, 미메시스, 2017, 56 이는 삶으로 인해서 죽은 자와 산 자 양자의 목소리가 교환되며 동시에 정치인 자신의 시선, 의식, 감정이 이입전이됨으로써 민중의 삶을 더 잘 이해할 수 있는 것을 뜻합니다.

　민중은 이승과 저승 사이에서 갈림길의 삶을 사는 이들입니다. 민중은 수없이 잊히고 또 잊히는 사물적 존재가 되어 살아가고 있습니다. 그들의 삶을 위해 외칠 수 있는 목소리는 모두가 서로 잘 사는 공동체를 이루는 데 필요한 감성적 몸짓입니다. 살아서 죽음의 목소리를 내는 이들이 있습니다. 그들 민중의 목소리조차 결단코 자본의 목소리가 가장 중요하다는 목소리에 묻히지 않도록 해야 합니다. 한 인간의 목소리, 인문의 목소리를 통해서 삶다운 삶을 살겠다는 염원의 기도를 가볍게 여긴다면, 정치인의 목소리는 죽은 자와 산 자 모두에게 쓸데없는 목소리가 될 수밖에 없습니다. 자신이 정치 공동체의 지도자가 되고자 할 때는 그 목소리가 산 자를 향한 쉰 목소리가 됩니다. 그러나 정작 민중의 외침이 잦아드는 때가 되면 언제 그랬냐는 듯이 쉰 목소리를 거두고 맙니다. 죽은 자로서의 민중과 산 자로서의 민중을 업신여기는 것이니 이런 정치적 동물에게 권력을 위임해서는 안 됩니다.

　권력의 위임은 보편적 돌봄care; cura; Sorge, 마음씀과도 연결되어 있습니다. 전 지구적 차원의 민중과 약소자까지 아우르는 돌봄, 곧 민중을 심려心慮, Fürsorge하고 염려念慮하며 사려思慮하는 정치인이 요청되는 시대입니다. 돌봄은 민중을 생각함, 민중을 약자의 얼굴로 생각하고 배려함Besorge입니다. 상호부조와 돌봄은 서로의 얼굴 속에서 죽은 자와 산 자의 이름을 호명하여 공통의 염원이 현실이 되도록 노력하고자 하는 표시를 읽는 것입니다. 서로 돕고 서로 보완하며 개인과 공동체의 질곡과 아픔을 나누는 것, 그것이 정치요, 그 정치현실이 경제, 문화, 교육, 주거, 복지, 의료 등으로 나타나야 합니다. 정치적 동물은 정치 공동체의 도구입니다. 대표나 지도자가 따로 있는 것이 아니라 각 개별 존재가 지닌 공동체적 특성과 재능을 나눌 뿐입니다. 공동체community는 선물munus을 공유하고 나누는 이성과 감성적 집단입니다. 따라서 선물의 우열은 없습니다. 선물에 담긴 마음과 무상성無償性, 무대가성을 생각한다면, 공동체의 보편적 돌봄은 구성원 그 누구도 잊히지 않는 고려의 대상임이 분명해집니다. 정치인은 자신의 정치적 행위도 돌봄의 주객을 넘어선 호혜성Reziprozität이자 무상성이라는 것을 알고, 평등한 정치 행위와 정치적 돌봄에 역점을 두어야 할 것입니다.

민중과 정치적 공생 관계를 설계(techne)하는 '한' 정치적 동물

이해인 수녀는 "내가 믿지 않은/ 사랑하지 않은 잃어버린 시간들은/ 울게 하고 있습니다 … 당신이 누운 어둠 골짜기/ 강 건너 저 편엔/ 순간마다 촛불 켜는/ 누군가의 큰 손이/ 새벽종을 치는 이의/ 흰 옷자락이 너울대고 있습니다"이해인, 앞의 책, 71라고 적고 있습니다. 앞으로는 정치적 삶bio이 아니라 생물학적 삶zoe이 더 중요해지는 시대가 될 것입니다. 우리 시대의 메커니즘이 생에 대한 사랑philo-zoe를 요청하고 있기 때문입니다.김홍중, 앞의 책, 306 잊어버린 시간, 잃어버린 시간은 역사의 일부분입니다. 역사는 수많은 사람들과 중첩된 시간을 공유한 시간입니다. 중첩된 시간을 사는 사람들은 홀로 시간을 향유하지 않습니다. 공생과 상생입니다. 생명이라는 공통성이 정치인과 정치현실, 죽은 자와 산 자 모두의 관심사가 되어야 합니다.

삶의 어둡고 힘겨운 구석에 민중의 촛불을 켜는 것이 정치인의 사명입니다. 누군가의 큰 손, 곧 정치인의 손 내밈, 오로지 손님처럼 민중을 어렵게 생각하며 환대의 손을 내미는 민중을 오히려 더 어려워하는 정치인이 민중을 정치의 파트너로 인식할 수 있습니다. 민중은 정치의 대상이 아니라 정치 주체입니다. 정치적 동물 모두가 주체이지만 사실상 정치의 객체이기도 합니다. 객체의 평평함 속에서 각각의 민중들과 정치인이 삶을 공유합니다. 그래서 민중은 자신의 옷자락이 너울대는 신호를 가볍게 보지 않고 바삐 살아가는 일상의 삶을 소중하게 바라보는 정치인을 기대합니다.

민중의 개별 신호signum는 다를 수 있습니다. 하지만 생명의 신호는 같습니다. 모두 다 살고 싶다는 신호입니다. 그 신호를 읽어내는 데 차별이 있어서는 안 됩니다. 정치인은 그 신호에 대한 응답으로 밥을 먹고 사는 공생자Symbiont입니다. 정당정치를 통해서 자신과 다른 당의 이념의 신호를 파악하고, 그 신호를 적으로 인지하는 정치만이 정치인이 해야 할 일이 아닙니다. 민중이 보내는 신호를 민감하게 느끼는 정치인이 필요합니다. 새벽같이 일어나 직장으로 나서는 민중들을 향해 생에 대한 사랑을 기조로 살아감을 안타깝게 여기면서 '생명정치'생에로의 정치를 펴야 할 것입니다. 이것은 생에 대한 사랑을 통해 서로에게 머물기 위한 것입니다.

서로에게 머문다는 것은 역사의 흐름, 곧 삶의 시간에서 죽은 자와 산 자가 잊히지 않기 위한 삶의 자세입니다. 정치적 동물의 시공간 위에 서 있는 자들이 결코 소홀히 할 수 없는 것이 생의 가치입니다. 죽은 자와 생명으로 산 자가 오늘을 살아간다는 점에서 우리는 모두 이 지구의 공생자oikos입니다. 이승에서 저승으로, 삶의 이편에서 저편으로 발길을 옮길 때 민중의 촛불을 켜주는 자가 있다면 그가 바로 공동체의 인도자입니다. 그러한 정치술techne을 펼칠 수 있는 유능한 정치인이 나와 주기를 소망하는 것은 어쩌면 자연스러운 일일 것입니다. 그러나 정치술을 지닌 정치인의 출현은 두 번째이고, 그 정치술을 민중을 위해서 발휘할 수 있는 정치인을 길러내는 것 또한 민중들의 깨어 있는 정치행위 중의 하나라고 볼 수 있습니다. 정치술은 정치인이 자기를 민중에게 자신의 정치의식을 드러내는 방식, 기예입니다. 따라서 정치술은 정치인의 자기 진리를 민중에게 설득하는 기예이며 동시에 그것은 대부분의 민중에게 보편적 진리가 되어야 하는 부담을 안게 됩니다. 자기 진리라고 해서 곧바로 정책화하는 정치행위로 이어져 강제, 강요한다면 아무리 좋은 정치진리라 하더라도 지배 이데올로기가 될 수 있습니다. 그러므로 정치술은 말 그대로 민중을 위한 진정성이 있는 정치 창작, 삶의 창조술이어야 합니다.

정치술은 민중의 삶의 밝힘Lichtung입니다. 그것은 예술작품Werk이 작용-Werk인 것과 다르지 않습니다. 그럼으로써 예술가적 창작이란 일종의 산출함, 곧 이쪽으로 앞에 데려옴Hervorbringen입니다. 이는 예술이 앎의 한 방식이며, 본 적이 있음Gesehenhaben을 의미합니다. 예술이 탈은폐entbergung 혹은 비은폐Unverborgenheint의 진리를 밝히는 존재론적 성격을 지니는 것이라면, 그것은 어떤 자기 자신의 실존 앞으로, 이쪽에-세워놓음Her-stellen, 내세움, 비은폐성으로 앞에 데려옴입니다. Fridrich W. von Herrmann, 이기상강태성, 옮김, 하이데거의 예술철학, 문예출판사, 1997, 340 이미 말했다시피 정치인은 정치적 수공업자이면서 동시에 정치적 예술가입니다.

하이데거M. Heidegger는 예술이란 비은폐성을 창작하는 보존이자 "진리의 한 생성Werden이요 발생Geschehen"이라고 말합니다. 마찬가지로 정치인이 자신의 정치술을 통해서 민중의 삶을 창작하고 새로운 삶을 산출한다는 것은 비은폐성을 데려온다는 것입니다. 민중의 삶을 어두움에서 밝음으로 열어 밝히는 것뿐만 아니라 자신을 비롯한 민중의 삶을 기투 혹은 기획하도록 꺼내옴입니다. 정치술은 민중을 향해 자기를 던짐, 자기 자신을 내던짐sich uns zu werfen입니다. 그 무엇보다도 정치인의 정치술은 자기 자신을 민중 앞에 내던지고 앉아 있음입니다. Fridrich W. von Herrmann, 위의 책, 435-437 참조 대통령을 의미하는 라틴어 praesidere는 우리나라 현실에서 너무 지나칠 정도로 그 개념을 확장, 확대시켜 번역한 말입니다. 민중 앞에 앉아 있음은 탈은폐의 자기 자신으로 현전함이요 민중의 요청에 자기 자신을 불러내어 민중의 요청Bestellen에 부응하는 창조자, 정치정책의 불러 세움, 설립자Aufsteller입니다. 그는 민중의 앞에 정치정책, 정치이론, 정치설득, 정치언어 등을 통해서 입안立案하는 것, 곧 편안한 삶을 세우는Stellen 존재입니다.

따라서 우리가 관례적으로 부르는 대통령이라는 호칭이 영어의 the president 를 번역한 말이라면 그것이 라틴어 praesidere앞에 앉다에서 온 말임을 상기해야 합니다. 그렇다면 기실 이 개념은 많은 사람들 앞에서 회의를 주재하고 합의와 조율, 타협과 조화의 삶을 가능하게 하는 자리를 의미하는 것은 아닐까요? 나아가 정치 공동체의 민중보다 한 발 앞서 삶의 최전선에 앉아서 삶을 전체적으로 조망하는 자리라는 뜻은 아닐까요? 그 자리는 결단코 권력의 쏠림이 생기는 자리, 곧 제왕이 아니라 섬김과 봉사직이라는 사실을 말하는 것은 아닐까요? 지금 감히 정치 일선에 서서 깃발을 들어 보이겠다는 정치인이 있다면, 민중은 그런 한 정치적 동물의 도래를 바라고 있다는 것을 눈살펴야 할 것입니다.

정치가 정치로서 자기 자신을 드러내는 곳은 민중의 삶의 자리입니다. 정치의 자기 개현과 정치인의 현전은 오로지 민중의 삶의 자리입니다. 정치인은 외따로 자기 자신일 수 없습니다. 민중의 현존재와 민중의 삶의 자리 터가 밝혀지는 곳에서만 존재합니다. 이를 잊어서는 안 될 것입니다. 아울러 민중은 자신들이 앉아 있는 삶의 자리에서 숱하게 잊어버린 시간들, 그 삶의 시간들을 되돌려주는 정치를 고대합니다. 민중은 그 삶의 자리에서 정치인도 더불어 앉아 있어야 한다고 철썩 같이 믿습니다. 따라서 정치인은 자기를 넘어서 인위로서 자신의 권력을 각인시키려는 존재가 되어서는 안 됩니다. 정치인은 민중을 위한 정치술이란 자연에서 배우는 창조적 삶의 진리비은폐성를 지금 이곳으로 데려와 세우는 것임을 마음에 아로새겨야 할 것입니다.

바람에 날리고 있어요 *'Blowin' in the wind*

밥 딜런 Bob Dylan

사람은 얼마나 많은 길을 걸어야

사람이라고 불릴 수 있을까?

흰 비둘기는 얼마나 많은 바다를 건너야

모래밭에서 편안히 잠들 수 있을까?

얼마나 많은 포탄이 날아가야

영원히 포탄사용이 금지될 수 있을까?

친구여, 그 대답은 바람결에 흩날리고 있다네

그 답은 불어오는 바람 속에 있다네

산은 얼마나 오랜 세월을 서있어야

바다로 씻겨갈 수 있을까?

도대체 얼마나 많은 세월을 살아야

자유로와질 수 있을까?

도대체 얼마나 여러 번 고개를 돌려야

보이지 않는 척 외면할 수 있을까?

친구여, 그 대답은 바람결에 흩날리고 있다네

그 답은 불어오는 바람 속에 있다네.

사람은 얼마나 여러 번 올려다 봐야

하늘을 볼 수 있을까?

도대체 얼마나 많은 귀가 있어야

사람들이 울부짖는 소리를 들을 수 있을까?

도대체 얼마나 많은 사람들이 죽어야

너무나 많은 사람들이 희생됐다는 사실을 알 수 있을까?

친구여, 그 대답은 바람결에 흩날리고 있다네

그 답은 불어오는 바람 속에 있다네.

그 답은 불어오는 바람 속에 있다네.